本书是国家自然科学基金资助项目"网络导向、创业能力与新创企业竞争优势的影响机理研究"和吉林大学平台基地建设项目"利用式创新匹配视角的新企业动态能力绩效机制研究"

网络导向、创业能力与新创企业竞争优势

主　编：董保宝

副主编：于　丽

中国出版集团

世界图书出版公司

广州·上海·西安·北京

图书在版编目（CIP）数据

网络导向、创业能力与新创企业竞争优势 / 董保宝
主编. -- 广州：世界图书出版广东有限公司, 2025.1重印
ISBN 978-7-5192-0298-9

Ⅰ.①网… Ⅱ.①董… Ⅲ.①企业竞争 – 研究 Ⅳ.
①F270

中国版本图书馆 CIP 数据核字（2015）第 230319 号

网络导向、创业能力与新创企业竞争优势

责任编辑	钟加萍
封面设计	高　燕
出版发行	世界图书出版广东有限公司
地　　址	广州市新港西路大江冲25号
印　　刷	悦读天下（山东）印务有限公司
规　　格	787mm × 1092mm　1/16
印　　张	15.75
字　　数	247 千字
版　　次	2015 年 9 月第 1 版　2025 年 1 月第 3 次印刷
ISBN	978-7-5192-0298-9/F · 0201
定　　价	78.00 元

序

论成败，什么豪迈？

1889 年 9 月，山内房治郎在日本京都府京都市创建任天堂（Nintendo Co., Ltd.），企业创建初期的主营业务是纸牌。但随着时代的发展，任天堂认为，纸牌由于缺少创新而会逐渐变得单一、无趣。开发新的娱乐产品将会弥补不足。任天堂最初开发了电视游戏，但由于无法携带并未受到市场追捧。而后来开发的掌上型游戏机"Game & Watch"引起业界轰动，二期开发的佳通游戏更是抢占了市场先机。与美国迪斯尼公司和索尼的合作将任天堂的业务推向了高峰。目前，任天堂是最有影响和有名的游戏平台生产商，是便携式游戏机平台的领导。

1946 年 5 月，索尼（Sony）成立于日本东京都。创建初期的发展步履维艰，企业曾经一度难以为继。随着科技的发展，这家企业认为晶体管技术将会是前沿性和革命性的技术，因而它抓住了机会，抢先开发了当时并不被看好的晶体管技术，并开发出世界第一台晶体管收音机，此后企业的发展渐入佳境。而后，索尼与 JVC、松下共同开发了 U-Matic 磁带录影系统，又一次抢占了市场先机，正式为日后的录像带规格竞争揭开序幕。接着，索尼在探视了日本动漫市场和全球动漫产业的发展之后，开始和任天堂合作开发游戏主机和游戏产品，取得了不错的业绩。目前，索尼是世界视听、电子游戏、通讯产品和信息技术等领域的先导者，是世界最早便携式数码产品的开创者，是世界最大的电子产品制造商之一、世界电子游戏业三大巨头之一、美国好莱坞六大电影公司之一。

1963 年，斯坦利和西德尼两兄弟和他们的搭档拉尔夫在美国马萨诸塞州洛厄尔市创建了 CVS（CVS Caremark）。在创业初期，他们主要生产健康和美容护理产品。在运营过程中，他们发现，医药暴力使得诸多企业开始涉足医药行业，整个医药行业呈现极度混乱的状态，医药产业链呈现不规范发展，药品广告漫天飞。为了让客户深度理解"这就是您寻找的药店"的经营理念，他们通过品类管理和客户购买行为管理，不断降低药品价格，在产品零售市场以具有竞争性的价格优势为客户创造价值，同时注重优质的服务、不断的创新及处处为客户创造便利的购物条件。他们的这些市场行为其带来了巨大的商机和市场。目前，CVS公司已是美国最大的药品零售商。

1964年，麦德龙超市（Metro AG）创建于德国杜塞尔多夫。与传统超市不同，麦德龙经过市场调查发现，传统的超市运营模式毫无新意，日复一日，年复一年，企业的运营早晚会走下坡路。如何才能在市场一鸣惊人，建立特有的竞争优势成为麦德龙创始人奥托·拜斯海姆（Otto Beisheim）思考的一个关键问题。最终，麦德龙以"现购自运"（现金交易，自选自运）的营销新理念在市场上引起了极大的关注。这种商业模式的创新不仅为麦德龙提供了发展良机，更为重要的是，"我们是顾客的仓库"的理念深入人心，吸引了大批客户。目前，麦德龙是德国最大、欧洲第二、世界第三的零售批发超市集团。

1966年，百思买（Best Buy）成立于美国明尼苏达州，1983年改名为百思买。在企业创建初期，百思买创建了佣金式的营销模式，获取了良好的市场效益，而随着传统零售手段的过时，百思买又引入了自助式折扣店的经营理念，在购物过程中为消费者提供了更多的自主权和空间，并且针对特定产品采用了更多的互动演示手段，向顾客提供更为完善的服务，降低成本，从而进一步提升了效率并改进了销售模式，不断抓住市场先机，赢得市场竞争。目前，百思买已经成为全球最大家用电器和电子产品零售集团。

1971年，前美国海军陆战队队员Frederick W. Smith在阿肯色州小石分货仓库城创立联邦快递（Federal Express），由于小石城机场官员拒绝为公司提供设施，联邦快递在1973年迁往田纳西州孟菲斯。Smith在分析了工业革命对美国经济带来的冲击后发现，那种从原料基地通过铁路、公路甚至运河把原料运至大工厂，再由工人制成体积庞大的工业产品的时代正在悄然消失。在美国的运输市场上，急需要一种能够保证快速、可靠地传送货物的公司出现。这是时代的挑战，更是难得的机遇。史密斯在美国历史上首创了"隔夜快递"这一新兴的服务行业，并将联邦快递的业务推向了顶峰。目前已经发展成为世界500强中排名第250位左右的大型跨国企业。

1978年家得宝（Home Depot）创建于美国亚特兰大。在创建初期，这家零售企业对于市场风险把握准确，创建了一系列可供货员加快理货速度与效率的校验系统和知识链条系统，极大地提升了运营效率，降低了成本，首次开启了美国家居"一站式"购物模式的先河，创造了极大的社会效益。现在已成为美国第二大零售商，全球领先的家居建材用品零售商。

1983年9月，好市多（Costco Wholesale Corporation）创建于美国西雅图市。两位创建者Jim Sinegal和Jeffrey Brotman在分析了当时的零售业市场之后，发现充分整合小型企业资源将会有很大作为，于是他们与众多小型企业主建立了长期的合作关系，并开始了以低价格向客户提供高质量的商品，他们向会员收取小额年费并为他们提供较大折扣的商品，积累了上亿的客户。经过三十多年的发展，作为会员制仓储批发俱乐部的创始者，好市多已经成为美国最大的连锁会员制仓储量贩店，也成为了美国第三大、世界第九大零售商，在零售行业具有强劲的竞争优势和明显的竞争力。

1984年，海尔在青岛成立。海尔在创业初期的发展也很不顺，曾经一度资不抵债、濒临倒闭。在张瑞敏的带领下，海尔锐意创新，不断扩展市场，积极研发，以满足市场上的新需求。海尔不拘泥于现有的家电行业的产品与服务形式，在工作中不断求新求变，在新的业务领域挖掘新的机会。而海尔内部的运营离不开人才，动态地人才观以及授权与监督相结合的管理体制保障了运营管理能力的不断提升以及运营效率的不断改善。目前，海尔已成为全球领先的整套家电解决方案提供商和虚实融合通路商，中国百强品牌之首。

1987年宗庆后在杭州创建娃哈哈集团。在创业初期主要为别人加工口服液，并没有自己的主打产品。而在创业的第三年，娃哈哈看到了市场先机，即可以开发出一系列产品来解决孩子不吃饭问题。在"药食同源"理论的指导下，娃哈哈开发了儿童营养口服液，并依靠确切的疗效而一炮走红，创造了"校园里的"经济奇迹。经过多年的发展，娃哈哈集团已成为中国最大全球第五的食品饮料生产企业，展现了强劲的竞争优势。

1993年11月，俞敏洪在北京创建新东方。面对20世纪80—90年代的出国热，新东方审时度势，抓住了出国英语培训这一契机，整合了多类型人才资源，将出国英语培训做到了极致，而此后二十多年英语培训机构层出不穷，然而没有一家企业能可与新东方媲美。在发展过程中新东方所编著的培训教材也满足了市场对此类书籍的需求，赢得了很大的市场份额。与剑桥大学出版社、培生教育集团、麦格劳—希尔公司等跨国出版企业的合作也为新东方的发展奠定了网络基础。目前，新东方已成为国内规模最大的综合性教育培训集团。

2003年5月，马云创建淘宝网。马云利用电子商务网络打破了传统的服务营销模式。淘宝推出的支付宝以及阿里旺旺等工具也是突破陈规，以创新的方式开创了网络购物交易平台，受到年轻人的追捧和认可。而后推出的淘宝基金理财以及淘点点，也满足了一部分人对理财产品的需求和对餐饮服务的要求。这种全新的商业模式不仅抓住了市场先机，更为重要的是符合目前社会对电子商务平台的需求。目前，淘宝网已成为国内甚至是亚洲最大的购物网站。

2010年4月，雷军在北京创建小米。在创建初期，小米就展现了强大的竞争优势，小米首创了用互联网模式开发手机操作系统以及发烧友参与开发改进的模式，这种模式更加关注客户的需求和个性特色，有利于客户参与手机的开发，这种始于客户端的营销更有利于产品的未来销售。与优酷的战略合作进一步提升了小米的发展优势。日前，小米第一次通过小米之家在线下销售手机而开始进军高端手机市场，逐步开始了与苹果、三星等国际一线品牌的"厮杀"。

2011年8月15日，谷歌以125亿美元的价格收购了摩托罗拉移动，2014年1月30日，联想宣布以29亿美元收购摩托罗拉移动智能手机业务，并将全面接管摩托罗拉移动的产品规划。

2013年9月3日，微软宣布以约54.4亿欧元价格收购诺基亚设备与服务部门（诺基亚手机业务），并获得相关专利和品牌的授权，2014年4月25日，诺基亚宣布完成与微软公司的手机业务交易，正式退出手机市场。

在上述的这些企业中，一些企业已逾百年仍然是市场上的领导者，如任天堂；一些企业却没能打赢市场攻坚战，败下阵来，如摩托罗拉和诺基亚；一些企业发展初期步履维艰，但凭借对机会的把握赢得了市场，如海尔；一些企业则在创业初期就显示了强劲的生命力和特别的竞争优势，如小米、新东方；一些企业利用先机实现了长久的发展，如联邦快递、索尼、CVS以及麦德龙；一些企业主要依赖内部的有效运营赢得了客户，如家得宝；一些企业通过降低成本来实现盈利，如百思买、家得宝、好市多；还有一些企业通过合作实现了双赢甚至多赢，如好市多、新东方和小米。

由此可见，论企业之成功或是失败，都离不开机会、运营管理、网络战略联盟，三者所形成的竞争优势将决定企业的未来。而上述老企业的创业历程与新创企业（成立时间在8年之内的企业，详见本书对新创企业的界定）的创业实践都表明了构建竞争优势的简单逻辑：利用网络拓展机会，加强运营管理，构建并提升竞争优势！但如何操作，却是一门学问！

《周易·系辞下》中提出了"变则通，通则久"的观点，新创企业应该借鉴这一观点。要想成为业界的翘楚，甚至是翘楚中的翘楚，实现长盛不衰的目的，企业就必须要审时度势，破除迷思，以强大的能力和管理来构筑"具有竞争力的优势"。

从竞争优势的本质与价值谈起

战略管理领域存在着这样一个故事：有两位在同一产业相互竞争的经理，他们在野营时走进了密林深处，突然遇到一只灰熊，灰熊直起身子向他们吼叫。其中一位经理立即从背包中取出一双运动鞋，另一位经理对他说："喂，你不要指望跑得过熊。"取鞋经理回答说："我可能跑不过那只熊，但肯定能跑得过你。"这个小故事形象地比喻了战略管理活动的意义，即实现和保持竞争优势。

上述小故事指出了竞争优势的本质和价值。竞争优势的本质就是"优于对手"，而其价值就是"活着"。一家企业不能优于对手就谈不上有优势，其市场竞争和表现将会羸弱，没有优势便很难活着。上述企业案例也很好地说明了这个道理。但是，关于竞争优势的深层次内涵，战略管理的研究者和实践者仍旧在苦苦追寻，希望破解竞争优势之谜。

新创企业真的具有竞争优势吗？

答案是肯定的。由于工作关系，笔者自 2006 年开始与不同类型的企业接触，这些企业中既有中国企业，也有外国企业，既有已建企业，也有很多新创企业。在与这些企业的高管、中层管理人员和技术人员探讨关于竞争优势的问题时，我发现，一些老企业面临着诸多发展瓶颈，组织略显僵化，但其仍旧创造了市场奇迹，究其原因，乃是其构筑的竞争优势使然，强劲的竞争力是其对手难以赶超的；一些新创企业虽然柔性较佳，适应性较强，然而构筑自己的竞争优势却难度较大，虽然现金流良好，但竞争力却不强；但也有一些新创企业，由于对机会把握准确，对机会的整合利用能力较强，已经建立了初步的竞争优势，后续优势随着企业的发展也将不断显现。虽然与国外的一些新创企业相比，我国的新创企业在市场环境和制度等方面面临着压力，但是，这些企业不畏竞争，正凭借自身一点一滴积累起来的优势严阵以待，积极参与市场竞争，为构建新的竞争优势而不断努力着。

探究竞争优势的源泉

具体来说，形成新创企业竞争优势的源泉是什么？科林斯和波勒斯（2006）认为，企业要想在 21 世纪立于不败之地，那么其竞争优势战略首先就是要把握住企业的"优势"及形成优势的源泉，并且最大限度地发挥其优势，使其得以持续。而网络导向战略不仅解读了新创企业所面临的资源瓶颈问题，也为解决这一问题提出了对策，即利用网络合作、关注网络价值并构建组织内部的开放型合作网络来创新匹配与整合内外部资源，通过组织机会能力和运营管理能力的改善来构建新创企业的竞争优势。因此，网络导向战略和创业能力是新创企业提升竞争优势的法宝，也是新创企业应对高不确定环境的绝佳选择。

孙子兵法云："知己知彼，百战不殆。"这一两千多年前提出的战略理论，至今还被企业不断实践着。要想完全准确地把握自身的优势，并使得这种优势最大限度地发挥作用，21世纪的中国新创企业应该从上述战略理论的基础做起。国外一些成功企业的发展历程就是分析这种"优势源泉"和"优势持续"的绝佳材料。通过分析国外成功企业的创业发展情况，提出可供借鉴的经验，也有助于我国新创企业利用网络和能力来构筑竞争优势。

总之，快速的技术发展、客户偏好的不断变化、新产品的不断引进以及高强度的竞争使得企业所处的经营环境变幻莫测。日益变化的环境破坏了企业当前能力的价值。在日益激烈的全球化的竞争环境中，企业想要抢占市场，赢得消费者，只有在竞争的环境中不断突破，持续创新与学习，不断整合资源，才能获得领先于竞争对手的核心能力，才能获得持续的竞争优势。

社会网络无论是对成熟企业还是新创企业的成长和发展都有十分重要的意义，因为它是个人、团队和组织从外部获取信息和资源的重要渠道。而新企业往往因为"新"和"小"而先天就有"新进入缺陷"和"小规模缺陷"，从而面临严重的资源约束（Siu & Bao，2008）。创业者在实施创业的过程中，通常会通过建立和利用社会网络来获得有价值的信息和资源，识别和开发有价值的机会，培育核心能力，进而创建新企业的竞争优势并不断确保其持续性（董保宝，李白杨，2014）。而利用网络解决创业实践问题的倾向或态度被称为网络导向（network orientation 或 network-centered）（Sorenson et al.，2008）。如前所述，中国转型经济情境下的新企业面临着诸多约束，其资源匮乏，信用缺失，难以获取必要的资源。因此，它们便寻求网络关系以解决上述问题，也即，新企业的网络导向较高。作为创业研究领域的一个新课题，国内外网络导向的研究仍处于起步阶段，关于网络导向的实证研究进展也较缓慢，网络导向与竞争优势关系的相关研究更是缺乏。

无论新创企业还是已建企业都应该拥有创业性的能力，以一种积极的态度来加强组织对机会的把握与认知，通过内部的有效运营来完善其创业能力，加强竞争优势的基础。因此，研究创业能力与新创企业竞争优势的关系具有特殊意义，也许能够打破能力陷阱，突出新创企业竞争优势的特点。

本书将基于此，从网络导向出发来研究创业能力与新创企业竞争优势的关系，以其丰富战略管理理论和创业理论。

本书的研究内容及结论主要有：

第一，从网络导向出发，研究了网络导向的三个维度，即网络合作性、网络关注度以及网络开放性对创业能力的作用机理，结果表明：网络导向对新创企业创业能力有显著的影响。具体的影响主要有：新创企业网络合作性对机会能力具有显著的影响、新创企业网络合作性对运营管理能力具有显著的影响、新创企业网络关注度对机会能力具有显著的影响、新创企业网络关注度对运营管理能力具有显著的影响、新创企业网络开放性对机会能力具有显著的影响以及新创企业网络开放性对运营管理能力具有显著的影响。

第二，利用多元回归探究了创业能力与新创企业竞争优势的关系，结果表明：创业能力的两个维度均与企业竞争优势之间存在正相关关系。具体的关系主要有：机会能力和运营管理能力均与企业竞争优势呈正相关关系。

第三，利用调节回归分析方法，探究了创业能力的调节作用，结果表明：创业能力的不同维度在不同的网络导向—竞争优势之间扮演了不同的调节作用。具体结果主要有：机会能力正向调节网络关注度与新企业竞争优势的作用关系以及机会能力正向调节网络开放性与新企业竞争优势的作用关系，但机会能力正向调节网络导向与新企业竞争优势作用关系的假设得到部分支持，而机会能力正向调节网络合作性与新企业竞争优势的作用关系、运营管理能力正向调节网络导向与新企业竞争优势的作用关系、运营管理能力正向调节网络合作性与新企业竞争优势的作用关系、运营管理能力正向调节网络关注度与新企业竞争优势的作用关系以及运营管理能力正向调节网络开放性与新企业竞争优势的作用关系等假设未获得支持。

第四，利用中介回归方法，探究了创业能力的中介作用，结果表明：创业能力在网络导向—竞争优势之间扮演了桥梁的角色。具体的结果有：新创企业机会能力在网络导向—竞争优势之间起到了中介作用以及新创企业运营管理能力在网络导向—竞争优势之间起到了中介作用。

本书希望实现以下目标：

第一，基于网络导向视角构建新创企业竞争优势提升的综合概念模型，并利用新创企业数据进行实证检验。通过理论回顾，本书发现，以前的研究主要关注成熟企业竞争优势的来源以及什么因素促进了企业竞争优势的出现，比如企业的资源、核心能力以及动态能力等，虽然有文章分别从网络视角和内部能力视角研究企业的竞争力，但是这些研究的角度不一，很少有研究从创业能力视角分析新创企业竞争优势的持续性问题。而关于网络导向与竞争优势的关系研究则更是鲜有。目前并没有研究将网络导向、创业能力与新创企业竞争优势整合到一个框架下进行研究。本书以竞争优势为主线，研究了新创企业的网络导向、创业能力与竞争优势的关系，将三者有机地纳入到一个框架体系内，这是对企业竞争优势研究的丰富与发展，同时运用我国的新创企业调研数据对此问题进行了实证研究也是一次较新的尝试。

第二，探究创业能力在网络导向与竞争优势之间的调节作用。以前研究要么研究网络导向与竞争优势的关系，要么研究创业能力某一维度（如机会能力）与竞争优势的关系，很少有研究探究创业能力在网络导向和新创企业竞争优势之间的作用。本书首次从调节效应的角度出发，研究了创业能力的这一角色，并得出了比较特殊的研究结论，这不仅完善了创业能力相关研究，更进一步地解释了网络导向与竞争优势之间的关系机理。

第三，打开网络导向与竞争优势之间的黑箱。如上所述，以前的观点均认为网络导向对新创企业竞争优势具有直接的影响效果，忽略了二者关系的间接性，即也许会有第三方变量"介入"二者的关系。本书从影响新创企业生存与发展的关键能力，即创业能力入手，深入挖掘其在网络导向与新创企业竞争优势之间所扮演的角色，并分析了机会能力与运营管理能力的中介效应。在丰富组织能力理论的同时，也打开了网络导向到竞争优势的黑箱，使二者之间的关系更加明了。

从 2007 年开始，我就开始关注企业的竞争优势持续问题。在与台湾学者的交流中我发现新创企业竞争优势"很特"，因此逐步开始研究新创企业的竞争优势问题，并分析究竟是什么原因导致了竞争优势的持续性，是什么原因导致竞争优势失效。在这一新的旅途中，我结识了很多好朋友，也正是因为有了这些好朋友，我的研究生涯才丰富多彩，充满了无限正能量，也正是这些正能量支撑着我不断前行，义无反顾。在此，我要对帮助过我的人表示衷心的感谢！

首先，我要感谢我的学术导师葛宝山先生，是他将我带入学术的殿堂，是他告诉我如何阅读、怎样阅读，是他告诉我如何构思、如何选题，是他指点我如何才能提升研究能力，取得丰硕成果。我努力了，现在仍在努力，这些都得益于葛老师的谆谆教导。网络导向、创业能力和竞争优势关系研究的很多研究材料都得到了葛老师的点拨，他高屋建瓴的学术指导都使我受益良多。每一次与葛老师的学术研讨都使我"获得新生"，不仅了解了最新的学术动态，更理解了如何把握学术动态。既是良师，也是益友，葛老师给我的财富将会使我受益终生！

其次，要感谢蔡莉教授的指导。蔡老师深厚的学术造诣不仅令我吃惊，更加令我佩服。蔡老师每次提出的 idea 都会给我诸多灵感，让我在学术的海洋中汲取营养。蔡老师认真的研究态度和严谨的治学作风更是我应该学习的。与蔡老师的学术研讨虽然很辛苦，但却收获颇丰。

在吉林大学管理学院多年的学习工作中，还有一笔财富就是认识了许多优秀的同学以及师兄、师姐、师弟和师妹，他/她们的聪明、勤奋好学以及活跃的学术思维都给我留下了深刻的印象，与他们的交流和探讨也使我受益匪浅，获益良多。感谢师姐孙红霞博士，师兄马鸿佳博士，师妹王侃博士、张兰博士以及师弟孟宣宇博士。正是在这样一个团队中学习、生活才使得我的学习和工作充满无限精彩。

感谢美国德州大学圣马克斯分校市场营销系教授 Rodney Runyan 对本书构思的建议，尤其是在网络导向方面的建议让我受益良多，在同 Rodney 的探讨中，他的学贯中西让我望尘莫及，在与他的交流讨论中让我体会到了什么是真正的学术前沿，什么是真正的学术研究。感谢密歇根大学社会学系 Mark Misruchi 教授，他在经济学领域的造诣真的是让人难以企及，他对网络导向的经济学解释至今让我难忘。感谢圣托马斯大学欧珀斯商学院 Ritch Sorenson 教授，他在网络导向方面前沿性的研究为本书的写作提供了很好的 ideas。正是在他们的帮助下，本书才得以顺利完成。

感谢众多企业人士在本书写作过程中贡献了智慧，他们是美国好市多（Costco）弗吉尼亚州运营总监 Parker Smith 先生，CVS 弗吉尼亚州营销副总监 Frcd Lcung 先生以及百思买（Best Buy）德克萨斯州资深经理 Chris Patterson 先生。感谢大连高新技术开发区管委会刘滨先生，沈阳中小企业管理局杨惠文女士以及在本书调研过程中给予帮助的所有朋友。

感谢众多中外作者的前瞻性研究，他们的研究成果成为本书写作的基石，他们翔实的基础性研究为本书的写作带来了诸多方便，减轻了本书创作过程中的阻力和不便。他们为本书的顺利完成打下了牢固的文献基础。根据文献引用规则，本书在文中引用之处已经标注文献来源且在文末列示了参考文献，若有其他遗漏之处或不妥之处，请与作者联系。

感谢我的父母，感谢他们将我养育成人，感谢他们对我的教育，感谢他们对我的支持与理解，他们是我一生中最好的老师，尤其是我的父亲，在我来美国前夕，我的父亲因病去世，这对于我们家庭来说是一个很大的损失，"子欲养而亲不待"，我对父亲也充满了无限愧疚。感谢我的叔叔和婶婶，感谢他们对我学业和生活上的支持。还要感谢我的岳父与岳母，感谢他们在我留美期间对我爱人和孩子的精心照顾。没有他们，许多事情是无法想象的。

感谢于丽——我的爱人，也是本书的副主编。感谢她在此书写作过程中所给予的帮助，尤其是数据收集、数据录入以及实证研究部分，这些繁杂的工作她一力承担，十分辛苦。没有这样一位亲密伙伴，这本书是很难完成的。

谨以此书献给我的女儿，希望她健健康康、平平安安、快快乐乐且无忧无虑地成长；也将本书献给我已在天堂的父亲和母亲，愿二老安息。

囿于本人的研究水平，书中肯定还有诸多不尽如人意的地方，敬请专家学者和读者批评指正。

本书的第五章由于丽编写，其他章节编写以及全书定稿由董保宝负责。

当然，本书文责自负！

董保宝

2015 年 8 月 1 日于美国 ODU

目　录

1 绪 论

1.1 研究背景

1.1.1 理论背景

为何相同产业内的不同企业会呈现出不同的发展面貌，为何一些企业能够"基业长青"，为何一些企业却"昙花一现"？为了解决这些问题，过去三十年来无数的战略管理学者们纷纷进行实证与理论研究来试图回答这个问题，但这个问题至今仍让学者们感到困惑（海斯等，2010；巴尼，2013；Zott & Huy，2003）。此外，关于新创企业是否有竞争优势这一问题，学者们也是争论不休。一些人认为新创企业相比老企业具有明显的创新性和柔性，竞争优势很明显，而也有一些人认为，新创企业"新且小"，毫无优势可言。这些问题也成为战略管理领域的热门话题，吸引了大批学者的研究兴趣。

在日益激烈的全球化的竞争环境中，企业想要抢占市场，赢得消费者，只有在竞争的环境中不断突破，持续创新与学习，才能获得领先于竞争对手的核心能力，才能获得持续的竞争优势（Helfat et al.，2007）。对新创企业而言，获取竞争优势并非一朝一夕的事情，这需要企业持续不断地投入和积累，在这个过程中需要学习、消化、再学习、再消化……，积累必要的知识和信息，以提升企业的内在竞争力，并将之逐步演化成企业的核心能力，构建竞争优势持续性的基础（Teece et al.，1997）。因此，对于新创企业而言，其更应该注重能力的培育，积极地引导和鼓励创新行为，不断加强企业内外部的沟通、合作和互动，以产生新的信息、知识和资源来获取有价值的新机会，并不断促进组织能力的改善。这些都说明了，利用组织的内外部网络联系能够改善组织的知识和资源基础，构建组织能力完善的基础，进而提升其竞争优势并保持其持续性（West et al., 2008; Pieterse et al., 2011）。

在社会科学领域，众多学者最为推崇的当属社会资本和社会网络的相关研究。社会资本是来自于个体或群体所构成的社会关系，通过社会关系的结构和内容可以让网络个体或群体获得必要的信息和知识，对于整个社会关系可以获得较高的影响力和群体的团结意识（Alder & Kwon, 2002）。社会资本存在于知识的传播和整合的过程中，并且随着社会资本的流动能够为组织带来活力、创造价值（Tsai & Ghoshal, 1998），这对于新创企业而言尤为重要，新创企业应该在构筑社会网络关系时着重关注知识资源的价值，利用网络获取关键资源以确保其顺利成长。对于关系个体而言，在与社会关系网络中其他成员进行互动时，会伴随着知识资源的传播和共享，在吸收这些知识与不断学习中个人能够发现问题（Trevelyan, 2009），以此从网络中获得利益。比如，Yang 和 Farn（2006）认为个体在与其他成员进行互动时，双方在信任和互惠原则的基础之上进行有效的互动，那么就产生满足其自身工作和发展需要的内隐知识。对于新创企业而言，社会资本发挥着不可估量的作用，因为它可以消除组织成员因为业务上的竞争而产生的敌对关系，通过社会资本的调节和互动，使得组织成员消除彼此的戒心，选择沟通和合作，进而信任他人（Welter, 2012）。Lin（2001）认为社会资本是个体或群体为其行动所需而获得的各种资源和信息，而且这种资源和信息是镶嵌在社会网络中的。Lin 关于社会资本的界定，有两层含义：认为社会资本是资源，是镶嵌在社会网络中，而不是在于网络成员个体；资源的获取源于网络中的各个体。网络各成员通过运用网络关系，获得各自需要的资源和知识，进而提高自身能力，在网络获得较深的影响力和地位。从资源基础观的角度来谈社会资本，吴思华（2003）认为在企业的各种经营活动中，社会网络关系发挥了巨大的作用，不仅能够促进成员之间的有效沟通和协调，而且还能加深企业之间的伙伴关系，因此社会网络关系也成为企业经营管理中的重要内容。在高科技新创企业中，不仅需要管理者拥有特殊的技能、过人的胆识和丰富的知识，也需要不断地专注和鼓励组织成员间的沟通、互动和合作，这对于技术主导型企业和创新型企业是非常关键的，因为技术研发和创新都是非常复杂、繁琐的工作，需要集体的智慧来协助，这样才能帮助企业进行产品和流程改造、生产商业化产品以及相关专利的获取，即组织的 R & D（Research and Development）产出（Lee，Wong & Chong，2005），这对于科技型新创企业尤为重要，在一定程度上决定了它们的生死。汤普森（2006）认为，在组织的知识管理中，最重要的是组织成员间知识的分享，但同时也是最困难的。在知识经济时代，任何企业持续竞争优势都源于知识积累，尤其是隐性知识（Coad & Tamvada，2011）。Elfring 和 Hulsink（2003）强调了外部网络对知识获取的重要性以及组织内部网络对知识分享的关键影响。Liao，Chang，Cheng & Kuo（2004）认为当企业员工与企业的关系较为良好时，那么员工就会倾向于主动与其他成员进行互动和交流，进而分享知识和经验。由此可见，社会网络无论是对成熟企业还是新创企业的成长和发展都有十分重要的意义，因为它是个人、团队和组织从外部获取信息和资源的重要渠道。而新企业往往因为"新"和"小"而先天就有"新进入缺陷"和"小规模缺陷"，从而面临严重的资源约束（Siu & Bao，2008）。创业者在实施创业的过程中，通常会通过建立和利用社会网络来获得有价值的信息和资源，识别和开发有价值的机会，培育核心能力，进而创建新企业的竞争优势并不断确保其持续性（董保宝和李白杨，2014）。而利用网络解决创业实践问题的倾向或态度被称为网络导向（network orientation 或 network-centered）（Sorenson et al.，2008）。如前所述，中国转型经济情境下的新企业面临着诸多约束，其资源匮乏，信用缺失，难以获取必要的资源。因此，它们便寻求网络关系以解决上述问题，也即，新企业的网络导向较高。作为创业研究领域的一个新课题，国内外网络导向的研究仍处于起步阶段，关于网络导向的实证研究也是进展缓慢，网络导向与竞争优势关系的相关研究更是缺乏（Sorenson et al.，2008）。这也是本书的研究出发点之一。

社会资本理论和社会网络理论均强调，企业的社会资本可以有外部社会资本和内部社会资本。外部社会资本通常也是一种"桥梁"（bridging）式的社会资本（Gargiulo et al.，2009；Alder & Kwon，2002；Putmam，2002；Kilduff & Brass，1999），通过这种"桥梁"的作用，企业可以获取更多的外部利益。例如，企业的外部社会资本不仅可以为企业提供外部资源，获得外部市场信息，提升企业的影响力和控制力，而且更重要的是可以为同时具有市场导向和创业导向的新创企业提供市场先机，根据环境的动态变化，分析企业的优势劣势，然后采取有效的行动以规避风险，赢得市场（Chong & Gibbons，1997；董保宝，2014），创造竞争优势。而企业的内部社会资本，通常也是一种"结合"（bonding）式的社会资本（Alder & Kwon，2002；Putmam，2000；Kilduff & Brass，1999），通过这种"结合"的作用，可以有效地激发组织成员合作和团结意识，构建组织内部的合作网络，协调组织内部的关系与资源，强化组织学习，进而提升组织能力，影响竞争优势和组织绩效。内部社会资本通过组织关系不仅可以促进组织成员间进行有效互动和交换，提高获得知识和资源的数量、质量，而且也能通过组织成员间的互动，提高组织的团结意识（solidarity），提升组织的凝聚力（coherence）和创新力（Alder & Kwon，2002；袁进进，2010）。通过组织关系非正式的调节，可以有效增加企业的管理和应变能力以此提升组织的综合能力。因此，网络导向可以分为外部网络导向和内部网络导向，它们对组织竞争优势的作用值得进一步挖掘（董保宝等，2015）。这是本书的研究出发点之二。

Teece 等（2008）所提出的"动态能力困境"中详细描述了组织管理者进退两难的状态，他们是这样表述的，即"对于一些动态能力较强、制度较规范、管理较先进的企业而言，其所开展的创新创业活动也有失败的情况，其原因可能在于其创新创业的视角只针对已有的和隐藏的市场，其动态能力体系构建忽略了新的机会及其价值，导致动态能力不够动态，能力提升陷入自己所设之毂中而无法完善，出现了困境"。Teece 等人提出的这种"动态能力困境"使得一部分的管理者较为不安，他们应该积极获得市场信息、分享市场信息并采取行动。而 Noble 等（2012）认为，无论新创企业还是已建企业都应该拥有创业性的能力，以一种积极的态度来加强组织对机会的把握与认知，通过内部的有效运营来完善其创业能力，加强竞争优势的基础。因此，研究创业能力与新创企业竞争优势的关系具有特殊意义，也许能够打破能力陷阱，突出新创企业竞争优势的特点。这也是本书的研究出发点之三。

Blackwell 等（2001）认为，当今企业所面临的竞争环境是行业内的竞争，即需求链（demand chain）上的竞争。而在新创企业的生产活动中，由于自身资源的限制和信息的不对称，需要得到交易关系或竞争关系的企业给予资源和信息的帮助，这样的互动是在社会网络中发生的，需要互动双方的共同认知、结构位置以及关系信任才能有效进行（Nahapiet & Ghoshal，1998；Ahuja，2000）。新创企业的网络导向即是在社会网络中参与者通过互动交换达到资源和信息共享的意愿与态度，它反映了新创企业的对网络关系的发展规划，其最早是社会学家在研究人和人之间通过相互关系所共享的资源中提出的（Mitchell，1969）。随着学者们对它的不断研究，将其拓展到组织的研究中，认为企业在其所有的关系网络中的结构位置和关系会影响企业获得知识、信息和资源的能力，因而这些企业必须要有网络导向，构建网络关系。对于一些关系较多、复杂且在关系中的位置较好的新创企业而言，关系优势和位置优势可能会为其带来较强的管理能力和应变能力，并强化其创业能力的培育与发展，帮助新创企业积累雄厚的社会资本，同时也会为企业带来源源不断的竞争优势和超额利润（董保宝等，2015）。

对于新创企业而言，由于其经营管理和实践方面的经验是比较欠缺的，其对于竞争优势的认识也是不足的，它们的一些行为也缺乏理论的指导。目前在学术界还没有能够有效结合企业内部创业能力和网络关系倾向的学术成果来有效指导新创企业如何创造竞争优势。虽然 De Noble 等（1994）首先从企业的创业能力入手，认为其能够提升企业的竞争优势，但是缺乏完整性和具体性的研究。

Hamel 和 Prahalad（1990）认为，企业需要不断地搜寻、培养和形成核心能力，并提出以"机会占有率"来取代"投资报酬率"，这个想法虽好，但对相应的步骤和过程的描述都还处于理论的模型阶段，尤其是核心能力的分解以及一些特殊能力（如创业能力）如何驱动竞争优势也缺乏研究，因此新创企业实施起来非常的困难。他们提出了有效地预测未来，然后建立起相应的战略模型，有效发挥企业创业能力的关键作用等一系列观点，但这些想法仍然属于传统意义上战略管理的内容，未能提出充分完整的具体实施方法来提升竞争优势。

据上所述，在已有的文献中，对网络导向、创业能力与竞争优势相互间的研究较少，而针对新创企业的相关研究则更少，可以供企业界参考的研究也有限。本书基于这个现状，整合已有文献，以企业的内、外部网络关系建立期望为切入点，研究网络导向、创业能力以及新创企业竞争优势之间的关系。希望通过本书的研究，让学者们更深入地了解到社会网络关系，并从提高企业竞争优势的角度出发，为理论界提供一些具有建设性的意见，进而进一步丰富战略管理理论、创业理论以及竞争优势理论。

1.1.2 实践背景

2008 年 9 月 15 日，在次级抵押贷款市场（次贷危机）危机加剧的形势下，美国第四大投资银行雷曼兄弟最终丢盔弃甲，宣布申请破产保护。2009 年 4 月 30 日，克莱斯勒向美国政府申请破产保护。2009 年 6 月，在经济危机的冲击下，全球最大的汽车制造商通用汽车实施破产保护，成为 2009 年汽车行业最大的新闻，这一新闻震惊全球，引起了全球汽车行业的关注。2011 年 8 月 15 日，谷歌以 125 亿美元的价格收购了摩托罗拉移动，2014 年 1 月 30 日，联想宣布以 29 亿美元收购摩托罗拉移动智能手机业务，并将全面接管摩托罗拉移动的产品规划。2013 年 9 月 3 日，微软宣布以约 54.4 亿欧元价格收购诺基亚设备与服务部门（诺基亚手机业务），并获得相关专利和品牌的授权，2014 年 4 月 25 日，诺基亚宣布完成与微软公司的手机业务交易，正式退出手机市场。这些事件说明，尽管这些企业曾经是业界的翘楚，曾经是市场上的佼佼者，但是，环境的变迁和激烈的竞争使得这些企业败下阵来，但究其原因，其内部的经营管理不当才是其运营失败的根本原因，但深层挖掘与分析之后，我们发现，这些企业的失败主要原因有三：一是高管团队频繁变更，内部凝聚力不强（卢茨，2013）；二是内部战略运营不当，尤其是创新战略的制定和实施出了很大问题，后续创新无力导致战略难以为继（久保铁男，2009）；三是组织能力构建机制和维持机制欠缺，组织能力无法保障企业的有效运营与管理，组织陷入"能力陷阱"中无法自拔，无法构建新的能力体系以维持竞争优势（董保宝，2014）。

根据法国 Altares 公司公布的数据，2014 年，法国企业破产数量为 62586 个，相比 2013 年下降 0.8%，但仍高于 2012 年。这些企业的破产使 24.44 万个就业岗位受到威胁。从企业规模来看，破产企业主要是新创小型微型企业。10 人以上的中小企业破产数下降至 4600 个，是 2008 年以来的最低值。50 人以上的中小企业破产数减少 20%。从行业分布来看，2014 年，制造业破产企业数为 2850 个，比 2013 年减少 4.5%，达到 10 年来最低值。此外，农业食品、企业服务、交通运输、信息等领域的企业破产数均有所下降。尽管有所下降，但这一组数据也表明新创企业生存的艰难。

吉姆·柯林斯和杰里·波勒斯在《基业长青》一书中探寻了全球著名公司长久保持旺盛的生命力，不断取得快速发展以及他们与其他企业保持差异的秘密。他们从摩托罗拉开始创业的故事说起，讲述了摩托罗拉如何从一个破旧的电池修理企业转向车载收音机、电视机、半导体、集成电路和蜂窝通讯技术，并成为市场霸主，而现在却又在市场销声匿迹。为了破解竞争优势之谜，他们探究了 100 多家企业如何从小发展到大，当这些企业刚创建时，其竞争优势又是如何体现的，他们总结了三点可供新创企业借鉴：一是组织能力的不断构建和提升，强调了能力体系的螺旋式升降以及过时能力的摒弃（Aldrich 和 Zimmer，

1986）。他们要求组织强化专属能力并根据任务环境而不断变化；二是组织资源，尤其是内部资源的整合与利用，强调了资源的利用功效；三是组织管理的有效性（Alvarez & Barney，2000），尤其对于"管理不上道"的新创企业而言，强化内部有效的管理对于其竞争优势的维持十分重要。

上述研究和业界均认为，组织能力是组织永葆青春、竞争优势不断持续发展的关键。而对于新创企业而言，哪一种组织能力是其生存与发展的关键性能力呢？在竞争如此激烈的市场中，在知识经济主导的时代，新创企业如何在激烈的竞争中赶上甚至超过同行业的老企业？如何维持自身的市场地位并不断地创造新的竞争优势？这些问题不仅是战略管理领域的热门话题，引起了学术界的关注，更为重要的是企业家们也在不断地通过各种手段实现竞争优势的持续。

（1）知识经济和网络经济的冲击

在信息科技时代，信息的流通、传播速度非常之快。企业所处的产业环境、科技环境和国际环境也无时无刻不处于一种变化的状态，企业想在这种不断变化的环境中，提升自身的核心竞争能力，获得持续的竞争优势，不断创新是关键要素（Tidd，Bessant & Pavitt，1997；Hill & Jones，1998）。知识创新是企业获得持久竞争优势的源泉，而知识创新能否有效防止其他竞争者的效仿是保护竞争优势的主要内容（Grant，1990；Barney，1991；Fahy，1993；Peteraf，1993；Szulanski，1996）。关于资本、土地、劳动力的资产竞争已经不再是现代企业关注的重点，而在于企业能否获得、吸收并整合各种知识，以创造新的知识（Zahra & George，2002）。知识创新是企业获得绩效的中坚力量。企业如何获得知识是关键，需要有效整合和利用内外部网络关系，通过网络联系来增强企业的知识吸收能力、知识整合能力和知识创造能力对企业的竞争优势有很大的影响。只有企业不断地通过网络联系以吸收新的知识，才能为组织保持长久的竞争优势（Amit & Schoemaker，1993），以便在激烈的竞争环境中处于不败之位。由此可见，社会网络对组织获取知识资源具有重要价值。当组织面临困境时，构建网络导向战略有利于其摆脱困境，实现发展（王小伟，2014；Alvarcz & Merino，2003）。

而新兴的网络经济可以快速响应动荡、不确定和变化的市场环境，这种经济的特点是传统的经济形式所不具有的。而且随着各种高科技的使用，各种信息和资源的流动性很强，如果企业只关注自身所拥有的资源和自身核心能力的构建，而忽视外部科技信息的应用，就会在快速变化的网络经济中被淘汰（Teece et al., 1997; Anderson et al., 2010)。为了在激变的竞争环境中获得持续的竞争优势，企业需要有一系列完整的应对环境的战略，较强的学习能力和整合资源信息的能力，以及丰富的市场敏感性等，这样才能形成柔性、较灵活的组织体系。而这些能力对于新创企业而言更加重要。但是，对于新创企业而言，如何构建反映这些能力价值的创业能力呢？如何才能确保其整合的信息资源以及获取的其他资源充分发挥作用呢？这就需要新创企业培育其独特的创业能力，利用这种能力来整合其网络关系，将网络导向型战略与组织创业能力相结合，实现二者的匹配，这样才能提升其竞争优势，确保新创企业的生存与发展。

（2）网络关系的价值

知识经济时代，企业面临着动荡、不确定和激烈的竞争环境，由于各种高科技的使用，使得产品的研发周期不断缩短，产品更迭更是迅速，这一系列的变化都对企业的经营管理能力提出巨大的挑战。企业为成功应对这一系列的挑战和问题，获得持续性的竞争优势，只有不断地构建关系网络，利用网络的价值来回应环境的变迁，并同时构筑内部能力体系。通过这种关系网络的社会互动来获得关键性的资源和知识，以创造自身的核心竞争能力。因此，企业需要持续性地与外部环境进行交流和合作，利用网络导向战略来实现其战略目标，通过自身的关系网络的特性，强化关系成员之间的互动和合作，加快资源和信息在网络中的流通和转移速度，以获得企业所需的关键知识和战略性资源，以快速形成企业的核心竞争能力，维系企业的持久性竞争优势并创造经济利益（Moller & Halinen，1999；Anderson，Hakansson & Hohanson，1994；Hakansson & Snehota，1995），这些对新创企业而言尤为重要，可以帮助它们克服"新且小"的缺陷。此外，企业的关系网络可以促进企业创新，进而打破竞争障碍对企业的限制（Anh et al.，2009）。在动态、权变和竞争的环境中，企业如何构建并运用关系网络提升企业的创新绩效，这也是企业家们不断探讨的重点议题。

企业关系网络构建和运用受到企业对外部环境认知的影响。当企业的外部市场环境、竞争环境以及技术环境发生变化时，企业的一切经营管理活动面临着严峻的考验。因此，企业出于自身的竞争优势和经营绩效出发，就会积极主动地应用各种资源、信息和技术来预测外部环境的变化，以采取相应的措施应对变化，降低企业的经营管理风险。企业最有效的方法是运用关系网络的协调作用，通过关系网络上的各成员之间的共享、交换以及有效分工来获取关键资源（Ulrich & Barney，1984；Miles & Snow，1992；Gomes-Casseres，1996；Gulati，1998；Nohria & Zaheer，2000）。

（3）内部创业能力对新创企业竞争优势的意义

在企业内部，企业也正积极主动地构建自身的核心竞争能力，主要是搜寻、创造和培养各种稀缺、有价值、难以复制和模仿的关键资源，并利用这些资源以充实企业的能力基础。但由于新创企业自身资源和能力的限制，往往需要借助于关系网络的构建及其应用，通过成员之间的社会互动，获取企业所需的关键资产和战略性资源，形成企业资源的互补模式，发挥关系网络对企业核心竞争优势的最大功效（Arikan & Mcghacth，2010）。当新创企业获得所需的关键资产和战略性资源之后，会根据战略导向的原则合理地将这些关键资源有效分配给企业的各部门，如果分配之后仍有部门缺乏此种关键资源，企业通常的做法是借助关系网络的互动和合作来获得这种关键资产和战略性资源（Gulati & Martin，1999；Gemunden & Heydebreck，1995；Herden，1992；Asli et al.，2010），以达到充分发挥能力的最大效用。因此，企业的网络导向会影响企业的关系网络的互动、合作程度。而对于新创企业的内部能力，一些企业家认为，创业能力将会是新创企业有效运营和发展的关键，拥有这种能力的企业，将会更加有效地识别潜在的新机会，并极力加强其运营管理能力，以发挥关系网络的最大功效，实现其竞争优势的提升。但目前，国内的很多新创企业对于创业能力的内涵并不理解，只是对其泛泛而谈，缺乏对其的深入解读，这就导致新创企业的创业能力不能很好地被构建并发挥作用（马鸿佳等，2010）。

新创企业为了保持其持久性的竞争优势，逐渐地意识到其自身所具有的独特性资源的重要性（Barney，1991；Brush et al.，2001）。Kogut 和 Zander（1993）认为，新创企业自身所掌握和控制的知识资源决定了企业的能力和获得竞争优势的程度。为了有效保护自身的资源，防止其他竞争者的效仿和复制，新创企业的资源获得多会采用内部自我发展和外部吸收的战略。企业为了保证其持久性竞争优势，需要内外两种方式的有效结合，利用网络导向战略从外部获得新资源，然后在组织内部进行有效的整合和利用，这样才能创造并提升其创业能力。网络导向与创业能力的有效结合，可以为企业提供良好的绩效，进而保持企业的长久竞争优势。

结合企业当前的经营环境和市场环境，由于其高度的动态性和不稳定性，行业内今天的领先企业明天就可能被其他的企业所取代，企业内部的创业能力也是如此，今天所构建的创业能力可以为企业带来效益，由于未来的不确定性，可能也会被其他的能力所取代。基于这一点的考虑，DeNoble（1994）提出的创业能力的观点还需要实践的不断检验。

理论研究与企业实践之间的差距，要求我们应从新创企业的发展要求出发，为新创企业构筑竞争优势提供一定的理论借鉴，这也是编写本书最重要的实践动机。关于上述问题，战略管理和创业领域的学者们进行了很多应对动态、权变的网络经济环境的竞争优势的研究，研究的重心多集中于对竞争优势本身的研究，以及企业的各种能力对竞争优势和经营绩效影响方面的探讨。有很多学者们都对创业能力进行了详细的研究，但大多都是从创业能力的形成以及其与企业其他动态性能力的关系或者路径依存性（path dependence）出发，很少能够从新创企业的内部出发，针对网络导向对创业能力的影响进行研究。如果能够将企业的网络导向和创业能力相结合，这样不仅可以更加详细、具体地描述新创企业的创业能力，而且也可以将关系网络和创业能力相连接，这样可以更加详细地了解和探讨影响企业竞争优势的各种因素，并且能够更好地指导企业基于网络导向战略的角度来构建其创业能力，完善其竞争优势的基础。

基于此，为了解决新创企业的这一难题，本书将会提出一个整体性的概念模型，以指导新创企业通过网络导向战略获得关键资源和创业能力，并且能够从资源依赖理论和战略管理理论层面深入挖掘新创企业获得成功的秘密。

1.2 研究意义

进入 21 世纪，企业经营环境发生了前所未有的变化。利用网络关系获取关键性资源是新创企业在创业过程中必然要使用的一种手段，通过这种方式获取资源，提升创业能力，以此来加强组织的竞争优势，在市场竞争抢占新机会，通过积极竞争战略来加强其市场绩效，实现竞争优势的持久性。这对于新创企业而言具有重要意义。因此，研究网络导向与创业能力对新创企业竞争优势的影响具有明显的意义。

新创企业竞争优势又称新企业优势（New Firm Advantage），它是近年来新出现的一个学术术语。以往关于竞争优势的研究主要集中在老企业上，关于新创企业竞争优势的研究较少（Weerawardena & Mavondo，2011；Wu et al.，2009）。

在创业领域的研究也才刚刚开始。新创企业竞争优势反映的是新创企业如何较竞争对手能够迅速对市场做出反应，并在生产效能、产品质量和创新速度上高于行业平均水平的特质。

网络导向（Network Orientation 或 Network-centered）对于新企业的创建和成长具有决定性意义（Sorenson et al.，2008；Anderson et al.，2010），尤其是对于新企业竞争优势的持续性具有特殊的意义。一些学者认为，网络导向是企业运用网络关系去识别机会、整合资源的一种态度或倾向（Sorenson et al.，2008），很明显，它对竞争优势的构建具有一定影响。众多学者认为，新创企业的竞争优势是内生的，但也有学者认为，企业构建和维持网络关系的态度和倾向，即网络导向对这种优势的持续性具有重要的价值（Ramachandran & Ramnaraya，1993；Smirnova et al.，2011）。但是，关于两者之间关系的相关研究却十分匮乏（Sorenson et al.，2008；Roininen et al.，2010）。上述争议刺激了更浓厚的关于网络导向与新创企业竞争优势关系的研究兴趣，并引发了这样的疑问，即网络导向对新创企业来讲是否总是能够确保其竞争优势的持续性，网络导向与新创企业竞争优势之间的关系机理应如何揭示。为此，需要突破网络导向与企业竞争优势之间的直接作用关系，基于权变视角探索其他变量在二者之间所起的作用（Brinckmann et al.，2010；Wu et al.，2009）。

此外，Teece 和 Pisano（1994）曾经指出：破解企业的竞争优势之谜是一项极具挑战性的行为，因而也就受到诸多学者的关注。由于研究范式的限制，一些理论（如环境理论、网络理论）不能全面地解释企业的竞争优势问题，因而其应用价值受到了限制（肖海林等，2004）。March（1991）研究了探索式能力和开发式能力对竞争优势的影响，Alvarez 和 Barney（2000）提出了动态性创业能力的观点，这种能力贯穿创业的整个过程，由创业者和新创企业承载，它是一个完整的能力体系，对新创企业的竞争优势有一定的影响。Man（2002）和Shane（2003）基于 March 的研究，将探索式能力和开发式能力整合为创业能力，并提出了创业能力能够保障组织各项创业活动的有效实施，这在一定程度上解决了竞争优势的持续性问题，为企业的发展做出了一定贡献。而且，近年来新兴的网络导向理论也逐渐地开始研究网络导向对新创企业竞争优势和竞争力的影响（Leung et al.，2006；Sorenson et al.，2008；Williams & Lee，2009），基于网络导向的竞争优势研究正逐渐成为研究的焦点。此外，网络导向对企业相关能力（如学习能力、创新能力、创业能力等）的相关研究也受到诸多学者的关

注（如 Elg, 2007、2008；Zhang et al., 2008；蔡莉等, 2010）。本书将基于此，突破网络导向与新创企业竞争优势的直接关系，将创业能力引入其中，研究创业领域的这一焦点问题。

基于上述分析，本项目基于以下三点提出并凝练科学研究问题：第一，新创企业竞争优势近年来成为创业研究的焦点问题；第二，网络导向不仅是网络理论研究的前沿问题，也是创业研究领域的新问题，更是影响新企业创建和成长的重要因素；第三，创业能力对新创企业发展的重要意义。本项目选题的主要科学意义在于识别和聚集网络导向和创业能力等影响新企业竞争优势的关键因素，基于中国转型期这一特定情境，构建理论框架，深入揭示网络导向、创业能力与新企业竞争优势的作用关系。

本项目研究的理论与现实价值具体表现在以下方面：

第一，研究企业网络导向对新创企业竞争优势的影响。网络导向是新创企业识别机会和整合资源以确保其创建与发展的关键要素之一。网络导向有利于促进机会识别和机会开发进而促进新企业的竞争优势的持续，同时，在基于网络导向的网络关系构建中能够确保新创企业有效地整合并利用内外部资源，缓解小企业创建的资源约束问题。研究网络导向对新创企业竞争优势的影响，可以将创业的网络理论、机会理论、资源理论与竞争优势理论有效结合，提供了一个全新的创业研究视角（Soh & Dong, 2009；Williams et al., 2009），对于深化创业研究具有重要理论意义。同时，对于新创企业如何利用网络导向在企业创建初期就建立竞争优势并实现竞争优势的持续性，解决新创企业不能发展长久等问题具有重要的现实指导意义。

第二，研究创业能力对新创企业竞争优势的直接影响。创业能力是新创企业不断地对企业的资源以及能力进行整合、配置并根据外部环境的变化对它们进行重组的能力，创业能力体现了企业的"创业型行为"和"创业性倾向"的发展，而且它会根据企业的生命周期而不断地演化和发展（Baraldi et al., 2012；Baker & Sinkula, 1999）。它的变化也能动性地保证了新创企业能够有效整合企业内外部资源，不断推出适应市场发展需要的优质产品和服务，给客户带来价值增值的产品和服务，使企业获得持续的竞争优势。创业能力的引入能够深入揭示和引导新创企业不同发展阶段和不同情境下竞争优势的动态演变及对创业实施的作用。对于丰富新创企业能力理论、竞争优势动态演化研究具有重要理论价值。同时，对于新创企业利用创业能力，延续企业的持续竞争优势，促进创业行为的有效实施具有重要现实意义。

第三，以创业能力为调节变量和中介变量，揭示它对网络导向与新创企业竞争优势之间关系的作用机理。网络导向是新创企业基于网络构建的创业型倾向（Anderson et al., 2010），而这种行为倾向有利于企业能力的改善和提升，进而影响到企业的竞争优势。研究创业能力的调节和中介作用，有利于从多元的视角来揭示网络导向与新创企业竞争优势的关系，而不仅仅关注某一点或某个环节，这将更加有助于全面地理解新创企业竞争优势差异化以及新创企业发展演化的根源。

第四，基于中国转型经济背景展开理论研究，对于揭示转型经济中创业活动的特殊规律具有重要意义。同时，为政府部门制定创业政策、加强创业教育、培育创业文化提供现实依据；为新创企业利用创业政策、创建社会网络，识别机会和整合资源、提升企业创业能力和持续竞争优势提供决策启示。

1.3　研究内容

本书的主要目的在于深入探讨并说明我国新创企业如何通过构建有效的网络导向来提升自身竞争优势的问题。在转型经济背景下，面临复杂性和动态性的市场，新创企业需要与不同的主体构建动态变化的网络体系，以此来调整内部能力并最终实现竞争优势的提升。因此，本项目基于网络理论、能力理论和竞争优势理论，重新对竞争优势进行界定，综合考察新创企业竞争优势的构建及演化规律。

通过对相关理论文献的系统梳理与回顾，基于中国转型经济背景，构建了网络导向、创业能力与新创企业竞争优势三个变量之间的理论模型。基本研究思路框架如图1-1所示。

本书基于前人的研究，在中国特定的环境下构建了网络导向、创业能力以及企业竞争优势等三个变量之间的理论模型（图1-2），主要围绕"网络导向如何不断地提升企业的创业能力"以及"创业能力对新创企业竞争优势的影响如何"这两个紧密相联的问题展开研究。在对变量维度进行划分的基础上开展了实证研究并讨论了相关研究结果，最后提出研究展望。

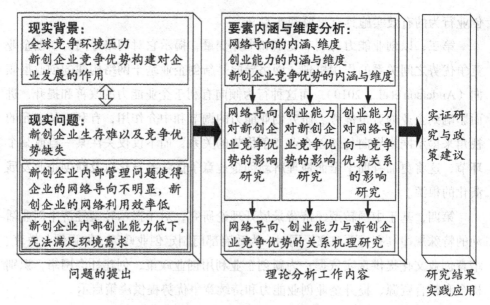

图 1-1　本项目的总体研究思路

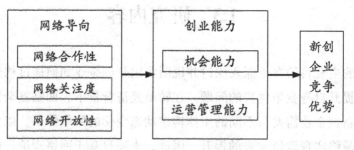

图 1-2　研究内容框架

　　因此，本项目将根据创新、突出理论融合特点以及基于中国情境的原则，在对国内外文献进行梳理的基础上，兼顾理论前沿，突出应用价值，探索和选择对企业实践具有重要价值的课题。本书将网络观和能力观整合到一个框架下，基于中国转型经济的特点，将网络导向、创业能力以及新创企业竞争优势纳入到一个研究框架中，研究这些变量之间的关系以及它们对企业实践的影响，也即围绕以下四个基本关系展开研究：一是网络导向对新创企业竞争优势的影响；二是创业能力对新创企业竞争优势的影响；三是网络导向对新创企业创业能力的影响；四是创业能力在网络导向和新创企业竞争优势之间所扮演的角色。本项目针对网络导向、创业能力如何影响新创企业竞争优势这一创业领域的热点问题展开深入的理论和实证研究，在丰富创业理论、指导创业实践方面具有重要的价值。

本书的研究结构及详细内容如图1-3所示。

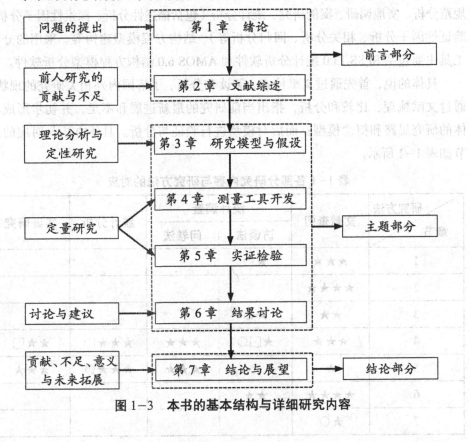

图1-3 本书的基本结构与详细研究内容

1.4 研究方法与研究思路

1.4.1 研究方法

本研究提出的是"网络导向—创业能力—竞争优势"理论命题，因此，主要应用建立在已有企业理论基础上的逻辑推演方法，在分析过程中辅之详尽的理论解释以佐证理论分析的可信性。在一般的管理学教科书中，对逻辑推演法和案例法这两种研究方法都有说明，其中案例法是企业史学家钱德勒、管理学家德鲁克等推崇和倡议的研究方法，《哈佛商业评论》（HBR）中的几乎所有文章，都有使用这一研究方法。因此，本研究采用的主要研究方法包括文献整理、规范分析、实地调研、案例研究、统计分析（包括描述性分析、探索性因子分析、验证性因子分析、相关分析、回归分析等）、结构方程模型建构等。采用的分析工具主要包括 SPSS 13.0 统计分析软件和 AMOS 6.0 结构方程模型分析软件。

具体的说，首先通过文献检索、阅读和分析，了解国内外相关研究的现状，通过文献梳理、比较和分析，指出当前研究的最新进展和不足，并初步形成具体的研究思路和概念模型；而后对模型进行验证与分析。具体方法与对应的章节如表 1-1 所示。

表 1-1 各部分研究内容与研究方法的对应

研究方法 章节	文献查阅	统计调查		统计分析	实证研究
		访谈法	问卷法		
1	★★★	★○			
2	★★★★				
3	★★	★○			
4	★★★	★□○	★★★	★★★□	★★□
5	★		★★★	★★★○	★★★
6	★★★★	★★			
7	★○				

注：用"★"的数量表示重要程度，□表示数据收集时运用追溯性研究；○表示运用跟踪性研究。

1.4.2 研究思路

基于对文献的梳理与分析，结合专家访谈，本书首先提出了网络导向、创业能力与新创企业竞争优势之间关系的一体化模型并提出相关研究假设；接着编制问卷并进行预调研，以修正问卷；而后进行大规模数据收集及问卷调查并结合理论模型对研究假设进行实证研究；最后对假设检验结果进行讨论，得出研究结论。

由此可见，本书的研究路径是从"提出问题"到"分析问题"，再到"解决问题"的思路，针对本书的四个研究问题，完成"从理论到实践"，再"从实践到理论"的思维过程。研究的技术路线如图1-4所示。

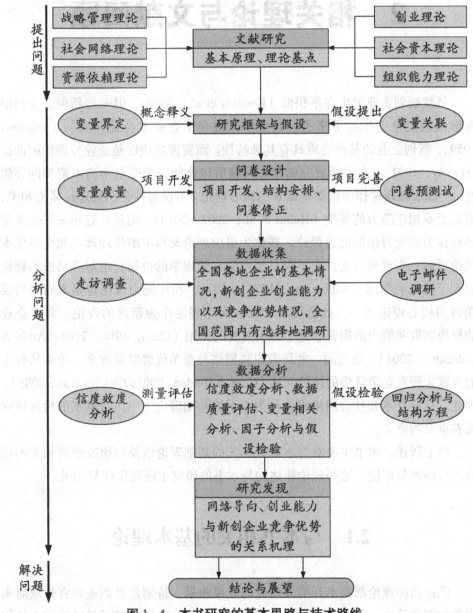

图1-4 本书研究的基本思路与技术路线

2 相关理论与文献回顾

虽然新创企业的生存率很低（Ronalds et al.，2006），但一些新创企业仍旧在激烈的竞争中生存下来了，其根本原因在于企业本身是异质的（Penrose，1959），新创企业的某些特质具有其独特性。而资源异质性是企业异质性的前提（Barney，1991）。本书所研究的核心问题所包含的三个变量均离不开资源的异质性，资源依赖理论作为资源基础观的核心理论，不仅与社会网络理论紧密相关，更是企业构建能力的基础（Helfat et al.，2007，2010）。而且，近年来以企业差异性作为研究对象的能力理论，被称为组织理论架构中继代理理论和交易成本理论后的一个重要分支，它不仅是经济学与管理学的桥梁，也对交易成本理论起到了补充的作用（Williamson，1975）。因此，组织能力理论也是本研究所要探讨的核心理论之一。社会资本和社会网络理论作为新兴的理论，对于企业的资源获取和能力的提升起到了至关重要的作用（Chen，1996，2005；Amin & Cohendet，2004），最近的一些研究也将网络与竞争优势联系起来，重新从外生的角度来研究竞争优势的持续问题（Chan & Heided，2001；Charles et al.，2005）。因此，社会资本和社会网络理论作为本书的基础理论之一，对本书的后续研究具有重要的意义。

综上所述，本书主要对与本研究相关的基础理论以及与研究要素相关的理论进行回顾与评述。这些理论评述均与本书的研究主题竞争优势相关。

2.1　与本书相关的基本理论

无论何种理论都离不开前人研究的成果积累，特别是对创业研究领域尚未成熟的网络导向、创业能力与竞争优势研究而言，我们更需要借助于前人的相关研究成果。"站在巨人的肩上我们能够看得更远",认真汲取相关学科的研究成果仍将是战略管理研究的重要研究思路之一,也只有这样,网络、能力与竞争优势的理论研究体系才有希望最终逐步建立与发展。

2.1.1 战略管理理论

近几十年来,在关于企业管理的研究中,竞争优势的相关研究是其最重要的核心内容之一(Porter,1985)。各行各业都有一些企业,因为有较高的市场占有率,或者是有较强的收益率,或者是产品广受消费者喜爱等,成为行业的领导者,究其原因在于这些企业具有其他企业所不具有的独特竞争优势。

在探讨企业管理的研究领域中,企业如何构建、发展和创造持久性的竞争优势已成为最重要的研究议题。对企业而言,也正积极探索并采取各种有效的战略管理来获得企业的持久性竞争优势,例如多元化经营、纵向整合、战略联盟、差异化战略、低成本战略等。

2.1.1.1 战略概念的内涵

源于军事的战略概念在运用于企业后,便成为指导企业根据产业及市场规律,主动适应经营环境,采取积极恰当的市场活动,通过组织和分配关键资源,形成自身独特的实力以实现经营目标的指导思想。这一指导思想的形成过程就是战略性思维过程,这一指导思想本身就是战略。与军事战略概念的内涵一致,企业战略内涵也包括四个方面的内容。

其一,企业战略是对实现企业一段时期内经营目标的谋划。从现代企业目标演变历程看,企业经营目标经历了产品导向、市场导向(对手导向)、消费者(投资者)导向等阶段,企业战略也相应经历了功能型战略、竞争型战略和价值型战略等阶段,不同战略导向造成企业在对环境的态度、对资源的利用和对战略手段的采取上的差别。

其二,企业战略同样要受环境影响,只是在功能型战略阶段,企业战略观中对环境的动态性和淘汰性认识尚不足,在战略的环境适应上更多地受供应支配战略思维的主导,试图通过对市场的完全覆盖来支配环境,这是对环境的被动适应;随着环境表现出的淘汰作用日益明显,战略指导思想转为主动适应,主动适应的方式主要是针对竞争对手的活动进行针锋相对的进攻或反击。这种竞争性环境观使企业活动成本和风险越来越高。到了 20 世纪 80 年代后期，一些持有生态概念的理论家和企业家开始形成与环境融为一体的战略意识，以共同价值提升取代环境敌对观。

其三，战略管理自形成以来就一直试图探索共同的规律性，规模经济性对兼并战略的支持，范围经济性对垂直一体化和多元化战略的支持，这都是战略规律性的体现。但是，在不同战略阶段，对企业战略活动影响更大的规律有所不同。

最后，企业战略高度依赖于资源，这种依赖性到 20 世纪 80 年代中期甚至形成了基于资源的战略观。

2.1.1.2 关键战略要素

战略设计对企业资源的配置和重新配置，由此将影响到企业的活动领域和竞争地位。因此，在考虑战略问题时，需要考虑四项关键的战略要素。

（1）企业的业务组合

业务组合决定了企业的经营范围。例如，选择集中于钢铁业的企业，其业务组合可以包括整个钢铁行业价值链的炼铁、炼钢、轧钢、涂镀、钢材贸易等一体化业务。选择多元化经营的钢铁企业，其业务组合除了包括钢铁业务外，还可以包括其他行业的业务，如向下游发展的汽车制造业、与钢铁行业不形成必然价值链关系的金融业等。业务组合的确定除了受到企业战略领导人（团队）对战略概念和企业性质认识的影响外，还要受到企业能力和资源的影响。

（2）资源配置

资源配置包括资源配置的水平和资源配置的结构，关系到业务组合中各业务发展之间的相互关系，例如有些业务发展所需的资源由另一些业务提供。核心能力突出的企业，在战略设计中会特别关注将核心能力扩散运用于业务组合中尽可能多的业务，这种核心能力的扩散运用也属于资源配置。资源配置在战略中具有相当重要的作用，不仅关系到是否能实现所设计的业务组合，并借此实现企业的战略目标，更关系到企业是否能在更大程度上通过扩散运用其核心能力而强化自己的持续竞争优势。

（3）竞争优势

竞争战略的核心就是企业运用自身的竞争优势来利用环境机会，以相对于竞争对手更高的价值实现战略目标。扩大竞争优势的运用范围构成了企业业务组合的有效范围，也构成了企业最大的资源有效利用范围。反过来，每一阶段性战略的实施和战略目标的实现，都突出、优化或强化、重构了竞争优势。竞争优势具有明显的相对性，任何企业的竞争优势都是相对于行业或竞争对手而言的，使竞争优势表现出非常强的动态性。

（4）协同优势

战略的协同优势是指通过一定的途径，有效的组合运用企业能力和优势，实现更大的价值。业务活动类型较多的企业，其活动之间形成协同优势的可能性也比较大。同样，业务组合中业务种类较多的企业，相对于单一业务种类的企业，更有可能取得协同优势。协同优势需要通过某些战略乘数而实现，战略乘数是对协同优势杠杆支点和杠杆作用大小的衡量。

企业战略及战略管理概念较早出现于 20 世纪 50 年代末期，更多地有关战略和战略管理的理论则出现于约 10 年之后。在吉姆·弗里德里克森（James W. Fredrickson）所著 *Perspectives on Strategic Management* 一书中，亨利·明茨伯格（Henry Mintzberg）曾对战略管理的十个思想流派进行了归纳。其后，在《战略历程——纵览战略管理学派》一书中，亨利·明茨伯格等人在归纳战略管理十个思想流派的基础上，进一步分析了流派之间的相互关系及它们共同对战略发展历程的贡献。20 世纪 90 年代初期，为适应全球化、信息化、结构调整三大事件引起的企业经营环境的突变，出现了一些新的以变革为特征的战略观，例如，综合基于资源、基于能力、基于时间战略而出现的核心专长理论及战略，适应全球化而形成的国际竞争力理论及战略，适应信息化和产业融合而出现的产业革命理论及战略。这些理论及战略不仅丰富了传统的对战略自身结构的研究和对竞争性战略行动的研究，而且逐步形成了网络形态和价值导向的战略观。

2.1.1.3 理性的战略分析模式

理性的战略分析模式用于确定企业的战略定位，其主要研究成果来自于战略的定位学派。战略的定位学派将战略制定过程视为理性的分析过程，认为战略过程就是确定和实现组织在市场上的位置的过程。为此，战略管理中需要注意三项工作：①以理性计算作为战略分析和选择的基础，通过分析企业所在产业的特性和企业竞争力来找出最适合企业的战略类型和实施战略的方式；②战略分析人员在战略定位过程中起着非常重要的作用，他们将计算和分析结果提供给经理，由经理进行最终的战略选择；③战略需要在企业内层层分解并给予执行，同时还需要根据战略管理的要求调整组织内的某些关系。

作为对该分析模式的补充，我们可以将产业组织分析的 SCP 模式运用于战略分析，形成企业战略的 S—SCP 分析模式。产业组织分析的 SCP 模式包括：市场（产业）结构分析—市场（企业）行为分析—市场（产业）绩效分析。其中，市场结构主要分析特定产业中竞争企业的数量和产业集中度、产品的异质化程度、产业进入和退出成本等因素，从而决定产业的竞争程度；市场行为分析包括特定产业中企业采取的价格接受、产品差异化、共谋及对市场力量的利用等策略性行为及其效果；市场绩效分析包括特定产业中单个企业的绩效水平以及由生产、分配效率和就业水平等因素反映的社会绩效。

S—SCP 模式是进行企业战略分析的有效方法。S—SCP 模式包括：产业结构—企业战略行为（一般战略类型和特定企业的战略类型—企业内各项活动与战略的结构性匹配—企业竞争力）—产业绩效。这一分析模式将产业结构作为企业战略分析的起点，反映了企业所处的产业结构（环境）决定了企业的战略行为；企业战略行为自身也可以形成 SCP 的逻辑关系：这里的 S 是指企业可能在其中进行选择的一般战略类型。企业在产业中的战略位势决定了企业所属的战略群，同一战略群中的企业往往会采取相同的一般战略类型。但是，具体企业会以特殊的方式来实施一般战略类型，由此构成了他们独特的战略类型及竞争方式。C 是指企业战略的实施行为。企业选择的战略类型及竞争方式决定了企业内部的各类结构、系统和活动，特别是资源配置方式和组织结构对战略的迎合。P 是指企业战略实施行为的效果——企业的竞争力和企业绩效。某产业中企业竞争力整体构成了产业竞争力，即产业绩效（图 2-1）。

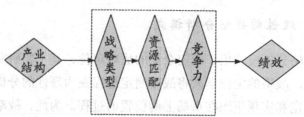

图 2-1　S—SCP 分析模式

波特设计的 5 力量模型（图 2-2）可以有效地分析产业结构，分析影响产业结构的各种因素及相应的产业获利潜力，从获利潜力角度提示企业是否应该及如何进入或退出某特定产业，为企业勾画了产业中主要利益关系群体的相互关系及变化趋势。

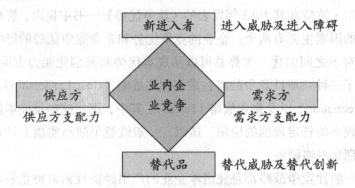

图 2-2 产业 5 力量关系

与此同时还出现了对影响企业战略观和战略管理内容的各类因素的研究，因此形成了战略的企业家学派、认识学派、学习学派、权势学派、文化学派、环境学派和结构学派。根据明茨伯格的研究，以上学派虽形成于 20 世纪 70 年代以前，但其受到更大关注的时期基本上在 80 年代及之后。

明茨伯格提出的"战略的 5P"概念（图 2-3）对以上各学派的战略概念进行了归纳，从战略的计划概念（Plan）、战略的计谋概念、战略的模式概念、战略的定位概念以及战略的观念概念五个角度分析了战略的基本含义。

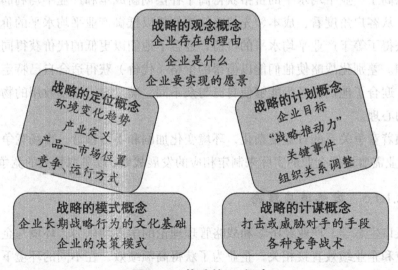

图 2-3 战略的 5P 概念

2.1.1.4　基本竞争战略

迈克尔·波特在其 1985 年发表的《竞争优势》一书中提出，影响企业选择竞争战略的因素主要有两个：企业的竞争优势和企业竞争优势的影响范围，而企业与其对手之间的优、劣势总可以从成本优势和差别化能力方面进行解释，由此构成了三种一般性竞争战略：成本领先战略（Cost Leadership）、差异化战略（Differentiation）以及聚焦战略（Focus）。其中，聚焦战略是成本优势或差别化优势在较小的特定范围的应用，所以，一般性竞争战略实质上只有成本领先战略和差别化战略两种。

三种一般性竞争战略都是凭借本企业的产出经济性而取得竞争优势的。20世纪 80 年代中期的美国企业战略仍由以企业为核心的竞争型战略观主导，因此以上三种一般竞争战略的经济性局限于企业的产出上，表现为企业产出物的价格（相对于产业平均价格）与企业产出活动成本（相对于产业平均成本）之间的差额。

从企业角度看，成本领先战略（含成本聚焦战略）的经济性表现为以低于或等于产业平均价格争取市场，以低于产业平均成本的代价实现利润；差别化战略（含差别化聚焦战略）的经济性表现为以高于产业平均水平的成本创造出新产品，开辟新市场，淘汰老产品和老市场，进而夺取竞争对手的市场份额，同时以高于产业平均水平的价格获得高于补偿创新成本和产业平均利润水平的收益。从客户角度看，成本领先战略使他们能以抵御产业平均水平的价格（代价）获得了等于产业平均水平的价值，迎合了他们以更低的代价获得同样价值的心理。差别化战略使他们能以值得的价格（代价）获得适合自己特定需要的价值，迎合了他们愿意为能够使自己与众不同，满足自己高端效用的物品支付溢价的心理。

随着竞争关系的日益复杂化，环境变化加剧和不可预计，市场竞争日益激烈，企业需要根据企业的实际来制定相应的发展战略，以牟取长久的竞争优势。

2.1.1.5　战略适应理论

人口生态学、产业经济学和战略管理理论的学者均认为，环境与企业战略的适应和企业绩效直接相关，企业为了获得高额绩效，在不同的环境下，必须制定不同的战略。这与后面的进化理论和组织学习理论具有相似性，均强调了环境的作用。

企业家可以在同样的环境下自由选择不同的企业发展战略，也就是说，企业战略的制定需要考虑环境的因素，却不完全由环境因素来决定。但是，只有那些战略与环境相适应的企业才能获得很高的绩效水平，而且，战略与环境不相适应的企业终将被别的企业战胜并走向失败。在特定的环境下，一些战略要优于其他战略，即是说企业选择的战略适应了环境变化，这种战略便是最优战略。

2.1.2 创业理论

著名的经济学家 Joseph A. Schumpeter（1934）在其创作的 "The theory of Economic Development" 中，对创业有详细的界定，它是指通过对一系列的各种经济资源进行有效整合和分配，而达到获取经济价值和利益的目的。在 "创造性毁灭"（Creative Destruction）中创业能够创造出新的产品与服务。因此，Schumpeter 认为，未来世界经济成长与快速发展的动力和源泉在于创业家及其创业活动。

关于创业相关理论，我们主要从创业精神与创业管理两大方面进行阐述，最后分析创业模型在创业理论发展中的价值及其对创业的指导意义。

2.1.2.1 创业精神

不同学者对创业精神有不同的定义。表 2-1 整理出了关于创业精神的一些观点。创业精神包括企业的整个组织及发展过程，具备多层面本质，其基本内容主要有创业与创新、机会的开发、资源获取与使用、新组织创建、风险不确定下新事业的获利与成长能力。由此可以归纳出创业精神的内涵，即它是一种创造与创新能力的体现，在不确定的环境下，组合各项资源成立新组织，并愿意承担风险与不确定性，追求获利成长以实现创业愿景。

2.1.2.2 创业管理

创业管理是创业精神的具体实践，是探讨创业的内涵、过程、条件与执行的领域等，Gartner（1985）认为，创业管理是以新事业开发为核心，加上资源能力、创业成员、环境和组织四个方面集合而成。

图 2-4 是创业管理的分析层面。

表 2-1 创业精神的内涵一览

学者	时间	观 点
Knight	1921	从承担风险与不确定中追求利润
Schumpeter	1934	能提供重新组合的企业组织,如创新产品、创新资源等
Hoselitz	1952	有效地整合资源、团队、机会,并能够承担风险与不确定性
Cole	1959	有计划地创建并发展获利导向的新事业
McClelland	1961	承受合理的风险
Casson	1982	稀有资源整合运用的决策与判断
Gartner	1985	创造新的组织
Stevenson	1989	突破资源限制,追求最大的机会
Hart 等	1995	突破资源限制,追求最大的机会,但受限于创业者先前经验与能力

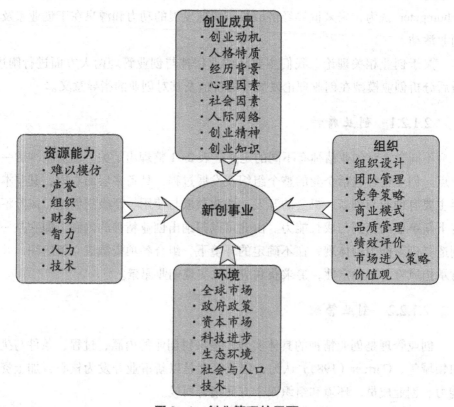

图 2-4 创业管理的层面

资源能力：一般而言，市场机会与经营战略很难专属独占，必须拥有难以模仿的战略性资源，才能创造持续性竞争优势。创业者应充分将创业愿景、市场洞察力与获取战略性资源相结合，才能造就成功的创业战略。

创业成员：创业团队成员的经验、知识、专业以及整体团队所发挥出来的能力，是促成创业成功的重要因素之一。创业团队对风险认知与承受程度，将影响新事业的格局与经营风险。创业团队的正直诚信，将决定新事业的声誉与价值。所以，必须树立正直诚信、顾客至上、品质第一的形象。

环境：对新创企业而言，环境创造了机会和威胁。机会通常以金钱、人才和技术的资源形式出现，所以创业者的机会挑战就是从环境中取得这些资源，并且结合原有资源来建立新事业。

组织：高度凝聚力的组织结构是难以模仿的战略性资源，具备创造顾客价值的能力，设计有效运作的组织结构、高绩效品质的组织文化并形成强大的竞争力和企业文化价值观，将有利于创业管理。

在创业过程中，机会处于中心的位置。一般而言，创业者拥有独特的认知处理技能有助于他们识别与开发机会。Kirzner（1971）认为，拥有特殊性格的人，即机敏、灵活的人容易成为创业者，他们在市场不均衡的情况下能够识别出有价值的机会。

创业企业的资源包括人才、团队组织、人际网络、固定资产以及资金等。Timmons（2007）认为，新创企业的资源必须具有创造性，这样的资源才能满足机会的要求。创业者对资源的态度是，极小化与控制相对于极大化与拥有，创造性的资源编制安排将有利于资源的合理利用。而精明的新创企业可以激励创造性的资源安排与使用，而这种做法正是一种再生性的企业家创业精神行为。创业企业资源使用的目的，在于开发与建立有价值的、不可模仿的、持久的与可获取价值的竞争优势。

大部分创业企业都拥有一个经验与技术的团队。创业不是单打独斗，他需要创业团队的共同努力，他们共同驱动了新创企业的成立与成长。而团队的形成是离不开机会的，他们根据机会组建而成。首先，创业者产生商业想法，并组成团队来开发这个新的冒险机会，接着，创业团队认定与确认此机会，并将此商业想法商业化进而获利，最后，经过一段时间团队被开发完成。

2.1.2.3 创业模型回顾与比较

对于创业现象的分析始于 18 世纪中期，经过两个世纪之后，在 20 世纪 80 年代得到迅速发展，最近十几年来，创业现象更是引起了人们的普遍关注，同时也吸引着众多学者在这一领域进行不断的探索。创业研究的蓬勃发展，也引发了国内外许多学者对如何创业、如何成功地创业等一系列问题的思考，其间不乏一些学者提出了许多独特的见解和有影响的创业模型，这些成果在理论上进一步丰富了创业研究，在实践中也指导着创业者的创业活动。

关于创业研究的综述已有很多，但是关于创业模型的回顾和综述性的文章却很少，本书对创业学领域有影响的创业模型进行回顾和评述，试图揭示出各个模型的特征和其共性，为国内学者开展系统的创业研究提供参考。

2.1.2.3.1 国外创业模型回顾与比较

许多国外学者提出了经典的创业模型，这些模型已成为创业学研究的典范，国内外的许多学者都依据这些模型或者模型中的某个或某些要素开展创业研究。本书对国内外创业研究的经典模型进行全面梳理和分析。在目前的研究中，创业模型基本上可以分为要素均衡模型和要素主导模型两类。要素均衡模型是指模型中的各个要素互相协调、均衡发展并发挥作用，主要包括 Timmons、Gartner 和 Sahlman 所构建的创业模型。而要素主导模型的核心思想是模型中各要素之间不再是协调均衡的关系，而是以某一要素为主导，协调其他要素间的关系，即一种因素的存在将会影响另一些因素的存在和相互作用，最终影响创业结果，Wickham、Christian、Zahra 和 George、Haiyang Li（李海洋）以及 Jain 所构建的创业模型就属于这一类。

（1）要素均衡模型

①Timmons 创业模型。Timmons 于 1999 年在他所著的 *New Venture Creation* 一书上提出一个创业管理模式，他认为成功的创业活动，必须要能将机会、创业团队和资源三者做出最适当的搭配，并且也要能随着事业发展而做出动态的平衡。创业流程由机会所启动，在组成创业团队之后取得必要的资源，创业计划方能顺利开展。

Timmons 认为在创业前期，机会的发掘与选择最为关键，创业初期的重点则在于团队的组成，当新事业顺利启动后，才会增加对于资源的需求。也就是说，Timmons 的模型十分强调弹性与动态平衡，他认为创业活动随着时空变迁，机会、团队、资源三项因素会因比重发生变化而产生失衡的现象。良好的创业管理就必须要能及时地进行调整，掌握当时的活动重心，使创业活动重新获得平衡。

Timmons 认为创业过程中，由于机会的模糊、市场的不确定性、资本市场的风险以及外在环境的变迁等，经常影响到创业活动，使得创业过程充满了风险。因此，必须要依靠创业者的领导力、创造力与沟通能力来发现问题，掌握关键要素，及时调整机会、资源、团队三个层面的搭配组合，使得新事业能够顺利进行。

此模型认为，创业是一个高度动态的过程，其中机会、资源、创业团队是创业过程最重要的驱动因素：商业机会是创业过程的核心要素，创业的核心是发现和开发机会，并利用机会实施创业，因此，识别与评估市场机会是创业过程的起点，也是创业过程中一个具有关键意义的阶段；资源是创业过程的必要支持，为了合理利用和控制资源，创业者往往要竭力设计创业精巧、用资谨慎的战略，这种战略往往对新创企业极为重要；创业团队是新创企业的关键组织要素。Timmons 认为，创业领导人和创业团队必备的基本素质有，较强的学习能力，能够自如地对付逆境，有正直、可行、诚实的品质，富有决心、恒心和创造力、领导能力、沟通能力，但最为重要的是团队要具有柔性，能够适应市场环境的变化。

Timmons 模型的特点是，三个核心要素构成一个倒立的三角形，创业团队位于三角形的底部。在创业初始阶段，商业机会较大而资源较为缺乏，三角形将向左边倾斜；随着企业的发展，企业拥有较多的资源，但这时原有的商业机会可能变得相对有限，这就导致另一种不均衡。创业领导者及创业团队需要不断探求更大的商业机会，进行资源的合理运用，使企业发展保持合适的平衡。这三者的不断调整，最终实现了动态均衡，这就是新创企业发展的实际过程。Timmons模型始终坚持三要素间的动态性、连续性和互动性。模型见图 2-5 所示。

②Gartner 创业模型。William B. Gartner 于 1985 年在其名篇 *A Conceptual Framework for Describing the Phenomenon of New Venture Creation* 中提出了新企业创建的概念框架，进而提出了独特的创业模型（图 2-6）。

Gartner 认为新企业的创建指组织新的组织的过程（organizing of new organizations），也就是将各个相互独立的行为要素组成合理的序列并产生理想的结果。他提出了一个更为复杂的创业学模型，他认为描述新企业创业主要包括四个维度：创立新企业的个人——创业者、他们所创建新企业的类型——组织、新企业所面临的环境及新企业创立的过程。任何新企业的创立都是这四个要素相互作用的结果。其中创业者个人需要有诸如获取成就感的渴望、善于冒险以及有丰富的经历等特质，创业过程主要包括发现商业机会、创业者集聚资源、开始产品的生产、创业者建立组织以及对政府和社会做出回应等步骤，而环境主要包括技术因素、供应商因素、政府因素、大学因素、交通因素、人口因素等，组织包括了内部的机构以及组织战略的选择等多项变量。我们只有充分研究这四个变量，并且要深入探究每个变量的维度与其他各个变量的维度的相互作用关系，才能够充分诠释新企业创建的全面性和复杂性。

Gartner 模型的特点是，这一模型不仅描述了新企业的创建，也适用于单个创业者的创业行为，此模型并不是专门回答"新企业是如何创建的"这一问题，而是为新企业的创业提出了可供参考的发展模型，因此这一模型也是动态的。

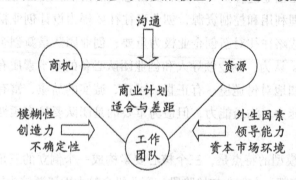

图 2-5　Timmons 创业模型

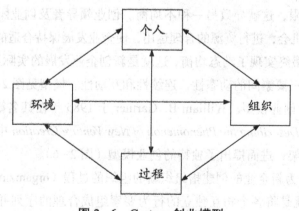

图 2-6　Gartner 创业模型

③Sahlman 的创业模型。Sahlman 在 *Some Thoughts on Business Plan*，*The Entrepreneurial Venture* 一书中提出了自己的创业模型，如图 2-7 所示。此创业模型认为，在创业过程中，为了更好地开发商业机会，提升企业价值，创业者需要把握四个关键要素：人（people）、机会（opportunity）、外部环境（external context）以及创业者的交易行为（deal）。人（people）是指为创业提供服务或者资源的人员，包括了经理、雇员、律师、会计师、资金提供者、零件供应商等等与新创业企业直接间接相关的人员。机会（opportunity）是指任何需要投入资源的活动，不仅指的是企业亟待开发的技术、市场，也包括创业过程中所遇到的所有需要创业者投入资源的事务。外部环境（external context）指的是管理直接控制之外的因素，诸如银行利率水平，相关政策法规、宏观经济形势以及一些行业因素如替代品的威胁等。创业者的交易行为（deal）指的是创业者与所有资源供应者之间的直接或间接的关系。

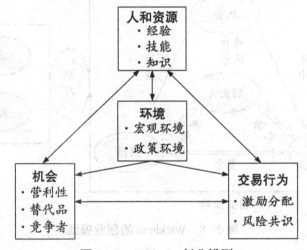

图 2-7 Sahlman 创业模型

在 Sahlman 的创业模型中，创业过程是四个关键要素相互协调、相互促进的过程。该创业模型中强调了环境的重要性，认为其他三个创业因素来源于环境并反过来影响环境。另外，该模型考虑了交易行为因素，交易行为指的是创业者与资源供应者之间的直接或间接的关系，即与利益相关者之间的关系，这一要素指出了创业网络的重要性。

Sahlman 创业模型的核心思想是要素之间的适应性，也就是人、机会、交易行为以及外部环境是否能够协调整合并共同促进创业的成功。只有这些因素都保持良好的配置，并且彼此协调，这样才能使得企业内部能够紧密地结合在一起，朝着同一目标前进。同时此模型扩展了要素的外延，为创业实践提供了理论基础，同时为创业过程的研究开拓了新的视野。

（2）要素主导模型

①Wickham 创业模型。Wickham 在其名篇 *Strategic Entrepreneurship* 一文中提出了基于学习过程的创业模型。Wickham 的创业过程模型如图 2-8 所示。该模型意义在于：一是创业活动包括创业者、机会、组织和资源四种要素，这四种要素互相联系。二是创业者任务的本质就是有效处理机会、资源和组织之间的关系，实现要素间的动态协调和匹配。三是创业过程是一个不断学习的过程，而创业型组织是一个学习型组织。通过学习，不断变换要素间的关系，实现动态性平衡，成功完成创业。

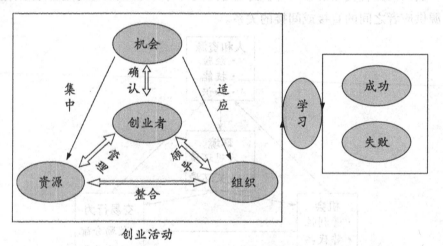

图 2-8　Wickham 的创业模型

这个创业过程模型告诉我们，创业者处于创业活动的中心。创业者在创业中的职能体现在与其他三个要素的关系上，即，识别和确认创业机会；管理创业资源；领导创业组织。该模型还揭示了资源、机会、组织三要素之间的相互关系。资本、人力、技术等资源要集中用于机会利用上，并且要至于资源的成本和风险；资源的集合形成组织，包括组织的资本结构、组织结构、程序和制度，以及组织文化；组织的资产、结构、程序和文化等形成一个有机的整体，来适应所开发的机会。为此组织需要根据机会的变化而不断调整。

另外，该模型还揭示了组织是一个学习型的组织。也就是说，组织必须不仅对机会和挑战做出反应，而且还要根据这种反映的结构如何来调整和修改未来的反应，即组织的资产、结构、程序、文化等要随着组织的发展而不断改进，组织在不断的成功与失败中得到学习与锻炼，从而获得更大的成功，得以发展壮大。

Wickham 创业模型的特点主要是，将创业者作为调节各个要素关系的重心，经过对机会的确认，管理资源并带领团队实施创业活动，在这个过程中组织不断加强学习，使创业者能够根据机会来集中所需资源，使组织适应机会的变化，进而实现创业成功。

②Christian 和 Julien 的创业模。Christian 和 Julien 于 2000 年认为创业管理的整个焦点应该放在创业者（entrepreneur）与新事业（new venture）之间的互动上，并以此为核心来开展创业活动，所以他提出来的创业模型（图 2-9）主要的两个元素为创业者与新事业。由于 Christian 和 Julien 的模型主要强调创业者与新事业的互动关系，因此他们将如何创立新事业（new venture creation），随着时间而变化的创业流程管理（new venture process management），以及影响创业活动的外部环境网络（environmental networking）三个议题视为创业管理的核心问题。

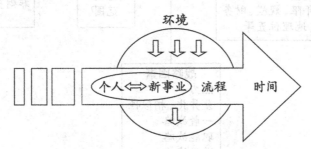

图 2-9　Christian 和 Julien 创业模型

Christian 与 Julien 的模型与 Timmons 的模型同样重视创业者的功能，视创业者为创业活动的灵魂与推手，说明如何发展创业者的创业才能将是创业管理工作上的一大重点。虽然有人说创业者的冒险犯难精神与积极开创的个性属于先天的人格特质，在后天上很难加以培养。但 Christian 等的模型所强调的"创业者与新事业互动的能力"以及 Timmons 模型所强调的"创业者随着环境变迁而动态调整创业模式的能力"，都与人格特质的关联性不高，也可说明创业者的能力确实可以经由有系统的创业管理教育加以培育。

③Zahra 和 George 的创业模型。在研究并分析了前人创业模型的基础上，Zahra 和 George 在其名篇 *International Entrepreneurship：The Current Status of the Field and Future Research Agenda* 以及 *Strategic Entrepreneurship：Creating an Integrated Mindset* 中提出了创业综合模型（图 2-10）。但这一模型主要是关于企业国际创业综合框架。我们知道，在国际创业模型研究方面，目前还只有很少的研究成果，也没有提出非常系统的模型。Zahra 和 George 于 2002 年提出的国际创业综合模型对于创业学，尤其是国际创业的发展做出了突出贡献。

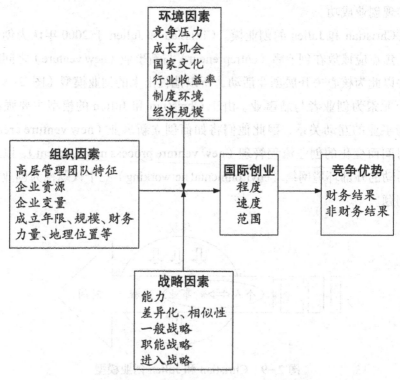

图 2-10　Zahra 和 George 创业综合模型

这一模型将国际创业看作是模型的重心，并将国际创业分为程度、速度和范围三个维度，国际创业受到环境因素、组织因素和战略因素这三大因素的影响，这些因素共同作用于国际创业的全过程。他们主要研究了高层管理团队（TMT）特征变量、企业资源变量和企业具体情况变量等组织变量。因为战略管理和创业研究者们一直以来就承认外部环境对企业不同战略选择的重要性，所以，他们二人又研究了环境变量的影响并开始探究企业外部环境对国际创业的不同方面的作用。最后他们还研究了企业竞争战略对国际创业的作用，研究的关键战略变量及其对企业国际创业的影响包括下列变量：一般战略、职能战略、和进入战略，各个要素相互关联、互相作用，共同为企业带来了竞争优势，主要表现为企业的绩效。

这一模型的特点是，综合性强，具有前瞻性和指导性，不仅探究了外部环境变量，也研究了内部组织因素以及这些因素对企业战略选择的影响，具有全面性。

④Haiyang Li 的创业模型。Haiyang Li 认为，影响创业战略选择的主要因素是新创企业面临的环境，在新创企业面临的环境和它们所选择的战略之间存在两种作用机制：环境决定机制（environmental determinism）和环境管理机制（environment management）。环境决定机制认为环境是战略的一个决定因素。环境管理机制认为企业实施的战略可以影响它们所面临的竞争环境。此模型认为企业战略是中心，战略的选择决定了企业的最终绩效。

因此，Haiyang Li 认为，新创企业的战略规划在环境—绩效这一关系间扮演着两种角色：中介作用（mediating）和调节作用（moderating）。中介作用意味着战略将调整环境对于企业绩效的影响作用。如果环境提供了对于业绩来说重要的机会，企业需要某种特定的战略来传递这种机会到业绩中去；如果环境充满威胁不利于企业发展，适当的战略将会降低不确定性减弱不利影响。调节作用则意味着企业热衷于影响或者控制他们的环境，特别是那些影响企业运营业绩的环境。基于这一观点，Haiyang Li 的模型如图 2-11 所示。此模型的特点在于关注企业的成长及其对绩效的影响。

图 2-11　Haiyang Li 的创业模型

注：实线代表 mediating 作用机制，虚线代表 moderating 作用机制。

⑤Jain 的创业模型。Jain 认为在创业中，新创企业绩效的影响因素除了战略这一要素之外，还包括风险投资因素以及行业结构特征。风险投资因素主要包括风险投资的尽职调查、机会评估、投资合同设计、投资后的控制活动以

及风险投资自身的经验等，行业结构因素则反映了环境因素的特征，包括行业集中程度、行业成长性，行业的广告和研发密集度等特征。此模型以绩效为中心，研究影响绩效的因素以及各个因素之间的关系，是影响企业发展和成长的重要模型。

Jain的模型的一个显著特点是风险投资因素对于战略因素存在着导向作用。除了为新创企业提供资金，风险投资者还常常运用他们拥有的专业知识、技能和关系来帮助创业者制定经营规划，甚至行使管理职能。Jain认为这种共同决策的机制其作用依赖于风险投资和创业者之间的战略匹配度（fit）：当风险投资—创业者之间关系紧密，共同决策较多时，风险投资对于创业绩效的作用主要是通过创业战略这一中介变量体现；当风险投资—创业者之间关系比较松懈，共同决策较少时，风险投资对于创业绩效的作用是一种直接作用的关系。如图2-12所示。

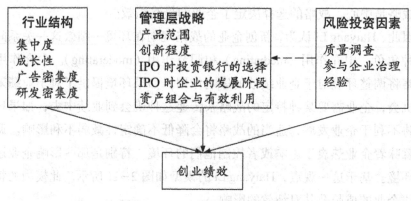

图2-12　Jain创业模型示意图

（3）两类创业模型的比较

从上面的分析可以看出，这两类模型都抓住了创业中最重要的因素，因此在实践中无论是对实际创业者还是对研究人员都有一定的借鉴和帮助。但是，在应用范围内，它们又有所不同。要素均衡模型强调模型中各个要素之间的关系是协调均衡发展的，在要素的选择上也基本上采用了目前创业研究中所认为的最重要的要素。但是所谓的均衡只是一种短期的、动态的均衡关系，创业领导者或者创业团队的主要工作就是不断地了解各种要素的配置情况，并通过多个渠道获取各种资源来开发商机以维持要素之间的均衡，在各种要素之间并不存在一种相对长期的均衡关系。因而，研究人员常常将之运用于典型案例考察与分析，在大样本的数据分析中很少应用，而在针对特定的企业发展所做的研究中，这种创业模型却显然能够发挥出重要的理论指导作用。

要素主导模型描述的则是一种要素的主导作用及其与其他要素的相关关系，这种关系的实质是一种相对长期的、稳定的均衡关系，通过各种计量分析，研究人员可以得到各要素之间量化的因果关系，因此，大样本的实证研究中，常常采用这种模型。然而，这种模型的缺陷主要在于模型中各要素的选择，特别是影响创业战略制定及创业绩效的要素，主要是参考了成熟企业的战略模型，显而易见的是，由于企业能力的不同，新创企业的战略选择、制定模式、实施效果都与成熟企业有较大的区别，因此，简单地套用成熟企业的战略模型，对于创业实践的解释能力不够，不能完全说明和指导新创企业的创业实践。因此，要素主导模型需要在创业实践中得到进一步开发与应用，使其符合企业创业的特点，并具有有效性。

（4）基于资源、机会和环境三维度的国外创业模型比较

要深入探讨各个创业模型的深层次内涵及其相互之间的异同，需要根据某种维度来对比分析。资源、机会和环境是影响创业的三大关键因素，因此本书拟从资源、机会和环境三个维度来比较上述八大创业模型间的异同点，以期能够对模型的内涵和关联有较深入的把握。各个模型之间的比较结果如表 2-2 所示。

表 2-2 基于资源、机会和环境三维度的国外创业模型比较一览

创业 模型　维度	资源	机会	环境	综合比较
Timmons 模型	资源的整合源于团队的形成和团队对机会的把握。经由团队实现了机会和资源之间的互动	创业源于对机会的识别，机会是创业过程中的关键因素	强调环境的不确定性，这是实现模型动态变化的前提，关注资本市场环境对领导力的影响	Timmons 模型强调弹性与动态平衡，它认为创业活动随着时空变迁，机会、团队、资源三项因素会因比重发生变化而产生失衡的现象。三要素随时空的变迁而实现动态的平衡是此模型的核心

维度 创业 模型	资源	机会	环境	综合比较
Gartner 模型	此模型中的资源主要是人力资源。创业者在创业过程中整合了内外部资源	无	这里的环境主要是指商务环境，而并非环境特性	创业者要协调模型中的四个因素，各个因素相互影响，构成了网状结构，阐释了企业创建的基本过程
Sahlman 模型	将人力资本和其他资源分离开来，探究资源与机会和交易行为之间的互动关系	从产品营利性、替代品和竞争者三方面阐释机会的内涵，根据市场机会整合资源，决定实施何种交易行为	此模型强调了环境的核心作用，其他三要素均以环境为中心而相互调节，同时对环境又有反作用	此模型强调了要素之间的适应性和匹配性，并扩展了要素的外延，从组织行为学的角度来研究创业活动
Christian 和 Julien 模型	无	无	强调环境随时间的变迁而变化，环境影响着创业的整个流程	强调个人能力随着环境的变化和创业过程的进行而不断地动态调整，新企业的创建是创业者创业能力动态变化的结果
Wickham 模型	资源是核心三角中的一角，源于对机会的识别和把握，创业者通过管理资源、领导组织来实施创业	此模型和Tim-mons模型一样强调机会的关键作用。机会既能够集中资源，又能够协调组织，是创业的直接诱因	通过对外部环境的适应，组织不断学习。此模型强调对环境的适应并从环境中获取知识，加以吸收和利用，强调了组织的不断学习能力	以创业者为核心来带领团队发现机会、组织资源，同时为适应外部环境而不断学习。动态学习过程成为创业能否成功的关键

创业模型 \ 维度	资源	机会	环境	综合比较
Zahra 和 George 模型	强调组织资源的整体性，尤其是高层管理团队的独特特征	无	从六个方面解释环境的内涵，深化了环境的内涵，扩展了环境的外延，以国际视角审视企业的国际化行为	此模型是国际创业领域较为完整的模型，并成为后续研究的基础。模型从程度、速度和范围三个维度研究了组织、环境和战略三因素对企业绩效的影响
Haiyang Li 模型	无	无	从行业角度和环境特性角度解释了环境的影响作用	以战略为核心，解释了环境的作用机理及战略对环境—绩效关系的影响
Jain 模型	无	无	模型中的环境包含两类特殊的因素：行业结构和风险投资因素，从这两个方面研究了他们对绩效的影响，同时不仅解释了战略选择对绩效的作用，还说明了战略选择对风险投资—绩效间关系的作用机理	此模型是一种典型的企业成长与发展模型，以绩效为核心，解释其影响因素和作用原理

资料来源：根据相关文献整理。

2.1.2.3.2　国内创业模型回顾

我国也开始有越来越多的学者致力于创业领域的研究，但是关于创业模型的研究还处于起步阶段，只出现了少量的探测性研究。大多数的研究工作都集中于对国外现有文献的整理和开发上。国内创业学模型的提出主要参考了国外的研究成果，但却基于中国特有的环境和情景，因而具有独特的中国特色。国内比较有影响力的创业模型主要有刘常勇创业模型。

我国台湾学者刘常勇根据对创业环境、创业网络、创业者以及创业执行等要素的研究，提出一个较为详细的创业学模型（图 2-13）。他认为新企业的形成是创业家、创业能力、创业精神及创业倾向相互作用的结果。在这种相互作用的过程中，会推动机会、资源、团队及商业模式之间的相互作用，从而产生创业执行力。而创业网络贯穿创业的全过程，影响着创业的每一阶段，同时创业网络还是联结创业环境与创业过程的主要桥梁。他将创业环境细划为政府政策与法律环境、社会及经济环境、技术与市场环境、资源取得环境、创业能力与企业发展环境、其他支持与鼓励环境，这些环境因素在创业外围形成环状，表明整个创业过程和创业行为离不开环境的影响。

刘常勇的创业综合模型是国内研究创业的比较完整的模型之一，他首先从人，即创业者的角度出发，基于一定的创业倾向和能力，首先发现机会，而后基于一定的商业模式整合团队和资源，形成创业执行力，实施创业行为，整个过程不仅受到网络这一小环境的影响，还受到大环境的影响。因此，这一模型既全面又具有动态性。

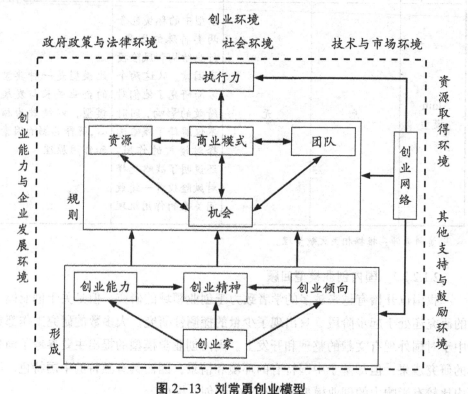

图 2-13 刘常勇创业模型

2.1.2.3.3 国内外创业模型异同比较与结论

根据对国内外创业模型的分析和比较,我们发现了这些模型之间的诸多异同点。

第一,所有模型均具有动态特征,在动态中构建各个创业要素之间的联系。根据外部环境的变化和时间的推移,创业模型呈现动态变化的特征,且这些动态的变化呈现出一定的连续性,体现了创业企业和创业者对内外部环境的认识和把握。

第二,Christian 的模型非常强调创业者与新事业的互动,其内涵正好可用 Timmons 模型的机会、资源和团队三要素的互动关系来加以说明。Timmons 模型强调创业系统的动态平衡,而 Christian 模型则更重视创业流程管理。这两个模型也都没有忽略外部环境因素的影响。由于创业所需的机会、资源和团队都必须经由外部的市场网络、资本网络、人际关系网络来获取,因此,认识市场环境和开发网络关系对于取得创业成功具有非常重要的意义。

第三,国际创业模型既源于传统、经典的创业模型,而又高于这些模型。国际创业模型基于企业国际化视角,根据企业的创业路径和步骤,勾勒出了企业走出国门,在国际舞台上展示自我的范式和愿景,但国际创业的模型有待于根据企业国际创业的时间和实践来进一步的开发和构建。

第四,国内创业模型源于国外的经典模型,虽然缺乏创新性,但在一定程度上却是基于中国情景的,具有典型的国家和民族特性。中国转型经济的这一特点,要求国内的创业研究者从中国的国情出发,研究适合中国企业和创业者的创业模型,以为我国的创业实践提供指导。

通过对创业模型研究工作的回顾,我们可以得出以下四点结论:

首先,通过应用多样化的理论观点,过去的研究工作收获颇多,创业模型也呈现多样性特点,有要素均衡型模型,也有要素主导型模型。这些模型的基本观点主要有基于资源的模型、基于机会的模型和基于环境的模型等。

其次,创业模型的开发很大程度上依赖于以发达国家尤其是美国为背景的案例,如 Timmons 创业模型以美国创业现象研究为基础,同样,Zahra 和 George 亚的研究也是以美国企业为研究对象而提出的。但遗憾的是,这些研究和那些使用了美国数据的研究彼此间呈独立态势。因此,在理论构建方面具有很少的一致性,同时因国别及其环境的不同,这些模型能否适合发展中国家,还需要时间和实践的检验。因此,一个前景看好的研究趋势就是运用不同国家的数据

（如发达国家和发展中国家）来进行比较研究，提出综合性较强的创业模型，以指导创业实践。

再次，基于案例研究或者小样本，过去的创业模型构建工作似乎得出了主题性的结论。例如，Christian 的创业模型主要是根据案例研究提出的，刘常勇教授的创业综合模型主要是根据台湾小样本分析并借鉴国外学者的创业模型构建的。因此，在肯定前述各研究者构建的创业模型的同时，我们认为有必要通过更具有代表性的案例分析或实证分析，建立更具代表性和实践性的创业模型。

最后，国内创业模型研究往往囿于国外的创业模型研究成果，有些研究是对国外研究的重复，缺乏创新，这样的创业模型研究现状远不能满足国内创业实践的需要。因为在发展中国家，尤其是在中国，创业类型以生存型创业为主，而关于生存型创业的模型几乎没有，在一定程度上不能够对发展中国家的创业行为有所指导，因而构建生存性创业模型是摆在研究人员面前的艰巨任务之一。我国学者应该立足于国内的创业经验，借鉴国外的研究成果，构建符合我国国情的本土化创业模型，以指导我国的创业实践。

2.1.3　社会资本理论

在当代社会学和经济学的众多研究领域中，资本的研究是其研究的核心内容和关键领域。关于资本的提出，可以追溯到马克思提出的古典资本理论，他认为资本是一种投资资源，而且这种资源是来自于企业的利润产出。马克思的资本理论被后来的研究资本理论的学者继承并得到发展（Lin，2001）。但在马克思的古典资本理论中，由于其是站在阶级区分的立场上提出的，这种阶级鲜明的资本是产生于资本家掌握的各种生产资料，并通过剥削劳动者的剩余价值而获得，在劳动者创造价值的过程中并未积累社会资本，因此其也具有一定的局限性。学者们对资本理论的不断探讨使之发展形成了新资本理论，摆脱了阶级理论的束缚和影响，并据此发展了影响至今的人力资本（human capital）、文化资本（cultural capital）和社会资本（social capital）。人力资本理论最早可以追溯到亚当斯密，将所有劳动者自身所具有的各种能力看成是一种资本；Johanson（1960）认为企业的劳动者也可以称为资本家，这是因为这些劳动者自身拥有各种知识、技能，可以有效地创造价值，劳动也因此可以凭借其所拥有的知识和技能，获得超过其作为劳动者所得的报酬。这种人力资本的观点和古典资本理论相悖，这两种理论经历了长期无休止的争论，双方最后达成一致，认为这两种理论的任何劳动者均能够投入资本并获得资本。自此之后，资本家和劳动者之间的关系得到有效改善，劳动者被视为企业的重要价值资本，不同的劳动者能够创造不同的价值并获得相应的报酬，这种价值和报酬的多少要根据劳动者投入生产的资本而定。

人力资本和文化资本理论都是通过强调个体在网络结构中的位置与行动而彼此的互动，并不断累积资本。关于这种互动的观点，在新资本理论中，只能发挥一种修饰的作用，因此这种观点只能是一种假设。社会资本理论对这种互动进行了详细的解释，认为企业为实现共同目标，通过投资或鼓励员工共同努力，这样资本就成为了一种不可或缺的资源，这种资源不仅可以透过投资获得，也可以透过企业的社会关系获得。在企业的经营活动中，资本就成为限制企业业务活动和发展的障碍，通过资本选择企业的各种经营活动和战略决策。

社会学家 Bourdieu（1977）最早将社会资本的概念引入到社会学的研究中，认为社会资本包含两层含义：社会关系和从社会关系中获得的各种资源和信息，社会关系可以使社会上的单个个体通过关系连接成一个整体。Bourdieu（1986）从经济资本的角度出发，将社会资本定义为：个体或群体通过一定制度化的关系连接，以相互了解、信任和承诺为原则形成社会网络，成员可以借由这个网络获得各种现有或潜在的资源。因此社会网络不是自发形成的，是基于成员的相互努力、资源交换和彼此关系的连接形成的，这样网络成员个体都能在群体的关系中获得必要的资源和信息。社会资本也即是，通过成员之间的相互努力而形成的紧密、稳固和长期的网络关系，网络的各成员可以有效获得和使用网络关系中的资源信息。网络关系越紧密牢固，积累的社会资本也就越高。此外，社会资本是一个不断动态变化的过程，在这个过程中，组织成员间或组织间通过持续地互动和交换，最终形成一个复杂的关系网络，当然这种互动可以是正式的也可以是非正式的。随着对社会资本的不断深入认识，已经成为当今企业提高绩效、保证持续竞争优势的源泉，而且当今企业的竞争已经是社会资本的竞争，因此对于社会资本的研究也越来越重视。相应的社会资本的研究范畴也不断拓宽，比如关系资本（relational capital）（Kale et al.，2002）、网络资源（network capital）（Gulati，1999）和组织嵌入性（embeddedness）（Rowley et al.，2000）等。

2.1.3.1 社会资本的起源与演进

在 20 世纪 70 年代末 80 年代初出现了社会资本的概念。早期的社会资本源于社会学，主要分析个人、群组、社会以及国家内部成员之间的关系，其关注点是因人际交往产生的信任、互动并因资源交换而为其带来的利益等。强调了关系的理性行为。社会学层面的分析单位主要以个人、社群以及国家为主（Burt，1992；Coleman，1990；Fukuyama，1995）。

社会资本最初是用来描述嵌入式（embedded）关系的一种资源，而且这种资源不是外显与组织的，而是隐藏在个体与个体的关系之中。随着对社会资本的深入了解，很多学者已经将社会资本拓展到社会关系的研究上，包括组织内和组织外的关系、企业内和企业外的关系研究等。如前所述，社会资本不仅影响企业的人力、物力、财力和信息等，而且还影响包括区域和国家的经济发展。究其原因，企业间、组织间和群体间都存在着复杂的社会关系网络，社会资本是产生利益和财富的关键点，通过社会关系网络可以让社会资本发挥更强大的作用，可以为企业带来利益并增加财富（Coleman，1988；Burt，1997）。

随着对社会资本研究的不断深入，越来越多的主流社会科学组织已经意识到社会资本的重要性。2000 年欧盟高峰会议明确了社会资本建立与积累的重要性；我们认为，要全面实现社会经济的目标，必须依托于健全的社会资本。依托于现有的法制结构，鼓励并增强跨区域的合作，以区域间非正式的沟通、交流和互动为手段，以达到积累社会资本的目的（Coleman et al.，2004）。经过几十年的发展，社会资本的运用更为广泛，更是分析国家经济发展的必备工具。Burt（1992）以社会组织为研究视角，提出了"结构洞"（structure hole）的概念，详细剖析了组织的网络结构，认为企业应该充分地利用其所拥有的各种网络，并不断地拓宽网络渠道，以获得更多的有用信息和资源，为企业创造更多的价值和利益。举个例子来详细描述结构洞的作用，A 个体是连接两个网络的关键点，即起着桥梁的作用，那么由于 A 的位置优势，当信息和资源在两个网络间进行传递时，他就拥有两个网络的资源和信息，实现了资源和信息的共享。网络由于其错综复杂的关系，可以使网络的结构更加多样化和复杂化，多样化和复杂化的网络更能促进资源和信息的流动，进而促进组织的学习和交流，在学习和交流的过程中，就会不断碰撞产生新的信息和知识，这即是知识的创造路径（Burt，1992）。Yli-Renko 等（2000）为了研究社会资本对知识获取的影响，选取英国的新兴厂商为研究对象，聚焦于新兴厂商及其重要客户的社会资本，最终得出厂商与客户之间通过建立畅通、完善的社会资本，借助彼此之间良好的互动，以达到知识获取的目的。

总而言之，社会资本越来越凸显出其对国家经济发展、社区建设、企业运作管理和组织管理的重要作用，也成为众多学者研究的重要领域。对于创业者而言，更应该重视社会资本的重要性，尤其是在创业初期，通过与各网络关系个体良好的互动，充分积累社会资本、、有效发挥社会资本对企业经营管理的重要作用，进而对企业的创业绩效发挥着积极的影响作用。

2.1.3.2　社会资本的界定

企业是内外网络连接成的整体，是由各网络关系个体组成的大的共同体，各关系个体之间都受到社会资本的影响。一直以来，学者们对社会资本的研究也不断创新，选取的角度和研究的方向都大不相同，因而其对社会资本的界定也有差别（Alder & Kwon，2000）。有的学者聚焦于网络结构，研究其对人的作用机制，并突出其对人的价值（Kostova & Roth，2003）；Baker（1990）主要从网络结构和网络关系入手，认为社会资本主要存在于网络结构之中，凭借网络结构的连通特性，各网络关系个体通过相互作用，进而获得必要的知识和资源，以实现利益最大化的目标。

学者们由于研究的角度、方向和运用领域的不同，就会产生多角度的定义。Jacobs（1965）从社会网络的角度来描述社会资本，提出组织由于长期的发展积累了很多的关系网络，可以确保组织以信任为原则下的良好互动、合作提供保障（Nahapiet & Ghoshal，1998）。还有的学者从群体的层次出发来界定社会资本，主要讨论两方面的内容：一是在将社会资本作为一种群体的资本下，群体是如何维持并取得发展；二是当社会资本成为群体的一种资产，如何为群体成员提供更好的资源和机会。很多学者（Bourdieu，1986；Coleman，1990；Putnam，1993）都探讨过这一观点，其中最有参考价值的是 Putnam（1993）的实证研究。最早将社会资本运用到社会学领域的是法国社会学家 Bourdieu（1986），提出了资本有三种不同的形态：经济资本、文化资本和社会资本。他认为绝大部分的资本都源自于彼此通过互动所形成的关系网络，这种互动是以彼此尊重、信任为原则，互动的结果就会为彼此产生感激，进而发展成为友谊，最终形成一种紧密的关系网络。以此，他将社会资本定义为：在个人或群体的关系网络中，通过彼此的互动和交流所形成的资源总和。同时，他也提出社会资本是属于群体成员所共有的，是一种资本的形式，通过成员之间的互动和交流，可以使得资本获得最大程度利用。通过 Bourdieu 的描述，可以这样理解资本，是一种集体资产，当组织成员基于此关系进行互动和交流时，会以信任、尊重为原则，不断地增加其社会资本（Lin，2005）。

一些学者认为各网络关系个体通过良好的互动，作用于社会网络结构，进而为各个体产生可观的利益，他们突出强调关系的重要性，认为关系个体从网络中获得利益，不仅取决于社会结构，更依赖网络关系的重要性（Kostova & Roth，2003）。Coleman（1990）从功能将社会资本界定为：社会资本是一个复杂体，由多个不同的个体组成，但所有不同的个体都有一定的共性，即社会结构层面和通过个体行为可以将整个群体连接起来。这种类型的社会资本是蕴藏在参与者的关系网络中，它不属于任何一个参与者，也不包含在组织的生产过程中。Coleman 对社会资本的界定，认为其蕴藏在企业的各种社会网络结构中，组织个体以信任、尊重为前提进行的交流和互动，能够产生有价值的信息和资源，这种资源和信息能够确保组织达成特定目标。Coleman（1998）将社会资本划分成三种不同的形态：第一种形态是责任、义务和目的，这主要依赖于组织成员对社会环境的信任；第二种形态是依附于社会网络的成员间的互动所产生的资源的数量；第三种形态为规则、规范和有效管制。Putnam（1995）借助于网络、组织和信任能够促进合作、增加利益，进而达到共赢，来阐释社会资本，认为网络中的各种复杂关系可以有效积累社会资本。Fukuyama（1995）从国家和社会的角度出发，强调个体与个体之间的信任程度，认为社会资本存在于各种社会群体之中，并且各群体中的个体成员通过非正式的沟通和互动，可以获得可观的利益和价值。Fukuyama 认为社会资本是一个群体的概念，不同于其他形式的资本，可以通过个体自身积累，社会资本是由各种不同的文化习惯、历史传统和宗教信仰碰撞并积累沉淀下来，是一个不断演进的过程。

本书基于文献，以表格的形式整理了众多学者们对社会资本的定义。如表2-3所示。

通过对社会资本定义的文献整理，发现主要有两种理论：个人社会资本理论和群体社会资本理论。个人社会资本理论认为社会个体通过其自身的关系连接，形成关系网络，而且这种关系是嵌入式的关系，并获得必要的资源和信息，提高自身绩效并创造价值；群体社会资本理论认为社会资本是群体与生俱有的，能够产出较强的凝聚力和影响力，使得成员之间以紧密的关系连接起来。将微观层面和宏观层面的社会资本结合起来，通过网络结构对参与者的行为予以促进和约束，二者是相互完善的，并非是对立的。

表2-3　社会资本的定义一览表

学者	年代	定义表述
Coleman	1988	社会组织是构成社会资本的单元，在组织和个体的关系结构中，通过社会资本的流动，为组织创造资源以实现组织目标。
Baker	1990	参与者在一定的社会结构中，获得必要的资源和信息，这种资源和信息会引起参与者之间关系的变化，以达到其利益追求的目的。
Burt	1992	通过个体或群体的关系互动和交换，可以产生更多的利益，包括人力、物力和财力。
Portes & Sensenbrenner	1993	在一个组织中，通过有目的的交流和互动，可以提高成员的团结意识，进而提升组织绩效，获得利益。
Putnam	1995	在组织中，成员的沟通、交流和互动(信任、规则、关系)都会直接或间接地影响企业的绩效。
Thomas	1996	通过个体的自发性的行为和方法以促进群体发展。
Brehm & Rahn	1997	个体或群体之间通过关系网络互动、交流、合作，能够有效解决群体活动问题。
Fukuyama	1997	群体成员间为达成集体目标，在共享非正式价值观和规则下，以相互合作的方式共同努力。
Tsai & Ghoshal	1998	社会资本有三个不同的层面：结构层面、关系层面和认知层面。结构层面特指互动关系，关系层面特指成员的信任，认知层面特指成员分享。
Nahapiet & Ghoshal	1998	镶嵌在个体或群体的关系之中的已有或隐性资源。
Kale, Sight & Perlmutter	2000	通过个体或群体间的互动可以增进彼此的信任、尊重、认可和友谊的情感。
Alder & Keok	2000	透过潜在的嵌入社会网络关系的群体间的信任、规则和约束来获取资源和信息。
Yli-Renko, Autio & Sapienza	2001	认为社会资本有三个重要层面：社会互动程度、关系程度和潜在的网络关系。

续表

学者	年代	定义表述
Adler & Kwon	2002	社会资本是对个人或群体可提供的善意，其来自于行动者社会关系的结构与内容，促使行动者获得信息以及团队精神。
Akdere	2005	从商业角度来定义社会资本，包括信息、商业机会、财务资本、权力、共同信念和信任等。
Wu & Tsai	2005	社会资本鼓励合作行为，它有助于战略联盟的形成和创新组织的发展。

2.1.3.3 社会资本的研究层面

由于学者们选取的研究层面不同，对社会资本的阐述和界定也不尽相同，但对于企业角度的社会资本的研究，以 Nahapiet 和 Ghoshal（1998）的研究成果得到学者们的一致认同。Nahapiet 和 Ghoshal 在前人研究的基础上，从三个不同的研究视角来阐述社会资本的内涵，具体如下。

（1）结构层面（structural）

从结构层面来探讨社会资本，将网络和社会系统结合成为一个整体，强调个体在网络中所处的地位，以及个体间的连通性和网络群体间的结构复杂性，Gulati（1998）将这种网络结构称为结构嵌入（structural ernbeddedness）。从结构层面来阐述社会资本，Nahapiet 和 Ghoshal（1998）认为有三个重要的元素要包含其中：网络组织（network organization）、网络关系（network ties）和网络构型（network configuration）。除了这三个重要因素以外，Nahapiet 和 Ghoshal（1997）以及 Yli-Renko 等（2001）认为，社会互动（social interaction）也应该包含在社会资本中，网络中的各个体通过彼此间的沟通、交流、互动和合作，形成一种关系网，关系网连接的各成员个体通过所在的网络达到知识、信息和资源的共享，最终达到整个网络个体都获益。网络关系个体通过运用其直接或间接的关系网，进而获得知识和信息等资源，以满足特定需求（Tsai & Ghoshal，1998）。根据 Nahapiet 和 Ghoshal（1998）的研究，可以对结构维度的连接程度进行细分。

第一，网络连接（network ties）。通过网络连接，可以降低参与者双方的互动成本，减少获得资源和信息的时间。Burt（1992）在对高科技企业进行研究时，提出了"结构洞"的概念，认为高科技企业的网络连接在其关系中处于关键的核心地位，通过较为广泛的网络连接，可以为企业带来位置优势（Burt，1997），以便获取更多有价值的资源和信息。他也提出网络连接有三个比较明显的优势：获取（access）、速度（timing）及参考（referral）。获取是指网络成员为了获得更有有价值的资源和信息，运用自身的关系网络，进行有效率的寻找各种可以利用的资源和信息，并且在寻找的过程中也可以知道资源和信息的来源，以便判断其价值；速度指资源和信息的流动过程，网络成员通过其自身的关系网络获得资源和信息的流程较快，因为其自身的关系是较为稳定、熟悉、信任的，因此通过这种渠道获得的资源和信息要比其他竞争对手更为迅速；参考网络成员的稳定关系，为组织发展较良好、信任的网络关系，以便拓宽组织获取资源和信息的渠道（Nahapiet & Ghoshal，1998）。

第二，网络构型（network configuration）。网络连接的构型，可以通过网络密度（density）、网络连通性（connectivity）和网络等级（hierarchy）来探讨网络构型。

第三，可用组织（appropriable organization）。网络结构中的资源和信息的交换和结合会受到网络连接、规则以及相互之间的信任的影响。比如，对于一些文化习惯和信仰不同的群体或个体进行互动时，其成员之间的信任也相应地加入新的网络中。新构建的网络构型会依据一些特定的目标而连接起来，同时也会产生一些新的功能，当新构建的网络功能越多、用处越广，就意味着该网络的社会资本就越雄厚。

一些学者认为，社会交互连接（interaction ties）是社会资本的结构维度。Tsai 和 Ghoshal（1998）认为，当组织成员通过一定时间的社会互动，会增强彼此之间的信任度和感情，也愿意彼此分享一些较为重要的资源和信息，进而也会增强彼此之间的共通性。因此，从这一观点来看，组织成员间的社会互动越频繁，相应也会有较高的社会资本结构维度（Sheriff, Hoffman & Thomas, 2006）。

（2）关系层面（relational）

从关系层面来探讨社会资本，主要涉及到网络关系个体间的沟通、交流、互动和合作，形成一种人际关系（Granovetter，1992），Gulatei（1998）将这种关系互动称之为关系嵌入。从关系层面来阐述社会资本，Nahapiet 和 Ghoshal（1998）认为有四个重要的衡量指标：标准（norms）、信任（trust）、责任和期望（Obligations and expectations）、认同（identification），在这四个衡量指标中，很多学者（Alder & Keok，2000；Coleman，1990；Nahapiet & Ghoshal，1998；Tsai & Ghoshal，1998；Yli-Renkoe et al.，2001）都采用信任作为常用的衡量指标。

第一，信任（trust）。以信任为基础的社会互动，互动双方都会为彼此考虑，在高度自愿性的合作下，双方会更快、更好、更高质量地完成集体目标，如果组织之间缺乏信任，那么组织之间的这种合作意愿就不会存在，也就没有组织关系（Coleman，1990）。Alder 和 Kwon（2002）认为在机会、动机和资源的结构中，社会资本的关键动机源自于信任，因此，信任是社会资本的重要内容。在组织的关系网络中，信任程度越高，组织传递和获取的资源也就越多。图2-14是社会资本与智力资本的创造路径。

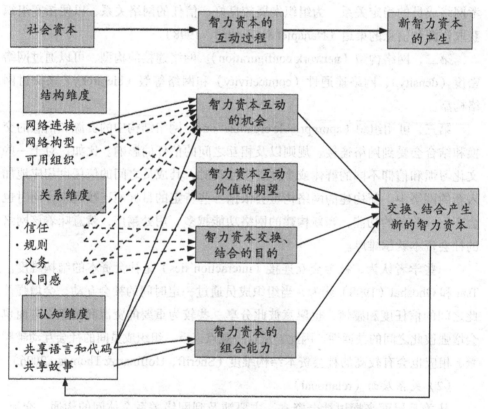

图 2-14 社会资本和智力资本的创造路径

资料来源：据 Alder 和 Kwon（2002）。

第二，规则（norm）。规则是互动双方所应共同遵循、认可的一项标准，通过这项规则可以约束和指导互动过程。

第三，责任（obligations）。责任是在互动过程中，互动双方对彼此做成某项事情的一种期望和承诺。如果关系网络中的每个成员个体都能积极地、富有责任心地去完成某项事情，那么组织的沟通就会顺畅，相应的效率也会有很大提高。

第四，认同感（identification）。认同感指关系网络中的所有成员认同组织的所有标准、规范和价值观，并希望成为群体中的意愿。当关系网络中个体对组织的认同感越强烈，组织的凝聚力就会越强，彼此之间的信任、支持、合作和交换的意愿也越强烈，这样就有助于组织群体目标的是实现。

（3）认知层面

从认知层面来探讨社会资本，可以增加对组织目标以及组织行为的深入认识，在这种不断深入认识的过程中，成员个体为完成共同目标，就会不断合作，提高组织的凝聚力和战斗力（Fukuyama，1995），这种不断的认识过程会形成专属组织的特定文化和资源（Nahapiet & Ghoshal，1988）。在组织不断形成认知层面的社会资本的过程中，组织成员为完成组织目标，会不断地交流和互动，彼此之间通过交换信息和合作，不断地为完成组织愿景而努力（Dyer & Nobeoka，2000）。

Nahapiet 和 Ghoshal（1998）所讲述的认知层面，通过共享语言和代码（share language and code）以及共享叙事（shared narratives）体现。Tsai 和 Ghoshal（1998）认为认知层面的社会资本，主要通过共同价值（common values）和共同愿景来体现。

第一，共享语言和代码（shared language and codes）。网络成员之间通过共享语言和代码能够加快知识的交换和结合，而且在组织的社会关系中，语言发挥了重要的作用，比如对社会资本的理解，组织成员可以通过了解一些相关的词语（社会资本、信任、网络和规范），这样对于认识社会资本就相对容易。共享组织代码指网络成员之间对一些事情的价值观、处理角度、假设以及应对方法等层面上具有相似性，彼此之间的这种相似程度越高，那么知识的交换和结合就更加顺畅（林东清，2003）。

第二，共享故事（shard narratives）。共享故事是指网络成员之间通过彼此分享有意思的笑话、故事以及隐喻等，在相互之间的交流中，可以提高彼此之间的沟通效率，拓宽沟通渠道。

Tsai 和 Ghoshal（1998）认为认知维度是网络成员认可组织的价值观、规范和目标，基于分享的基础上能够促进组织成员的信任关系程度，并以此提高组织的影响力和凝聚力。网络成员通过共享组织价值观、规范和目标，就会影响与其接触的同事、领导者，进而与其发生亲密的互动而影响他们（Grevensen & Damanpour，2007）。通过网络成员间的互动和交流，可以生成一种成员认可的语言来提高沟通效率（Sheriff，Hoffman & Thomas，2006）。总而言之，可以这样理解，在关系网络中，网络成员对群体认可、支持和维护的程度越高，意味着组织积累的社会资本就越多。

（4）社会结构层面

Alder 和 Kwon（2002）认为社会资本源自于社会结构，并提出了社会资本的概念框架，如图 2-15 所示。在社会结构中存在三种重要的关系：市场关系（market relations）、社会关系（social relations）和层级关系（hierarchical relations）。市场关系是指一种实物的互换关系，商品或服务通过一定的交换获得相应的实物或金钱；社会关系是指个体或群体间的社会互动，双方相互提供实物或支持、赞同等，这种交换是基于关系群体间的对等交换，一方通过付出各种相应的实物等，对方也以同等方式付出，这种关系是种对称关系；层级关系是指关系的权威者通过自身的威望树立的支配和控制群体成员的物质或精神上的稳定，是社会结构中的一种不对称关系。社会结构的这些关系为群体的社会资本提供了机会（opportunity）、动机（motivation）和能力（ability）。

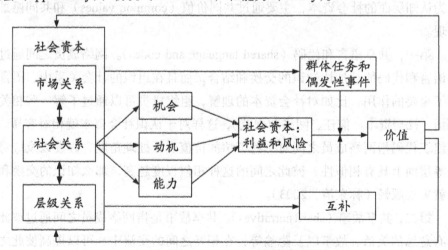

图 2-15　社会资本概念框架

资料来源：据 Alder 和 Kwon（2002）文献整理。

第一，机会（opportunity）。通过个体或群体的社会关系网络，可以为社会资本的流动、交换和积累提供机会，这种机会不仅源自于外部网络关系也来自于内部网络关系，外部网络关系可以为参与者提供获得资源和信息的机会，内部网络关系可以将整个群体的参与者都紧密地连接在一起，提升群体的凝聚力。在研究网络结构时，需要注意这种网络关系的复杂性、互动频率、紧密性和稳定程度等，还要注意网络的直接（direct）联系和间接（indirect）联系。Coleman（1998）和 Burt（1992）对网 X 络的构型的研究较为经典。Coleman（1998）认为较为紧密封闭的网络结构应该是由群体内各关系节点组合而成，并强调群体内个体间强连接的高频率的互动交流，及其群体内的约束和控制个体行为的规范，可以加强群体间的紧密度和信任感，进而产生较高的社会资本；而对于一些较为开放式的网络而言，由于群体的规范性和信任度较低，个体出于自身利益的考量而做出违反规则的事并未被群体所察觉，这样群体的社会资本也较低。Burt（1992）以群体中的个体为中心，提出"结构洞"（structural hole）的概念，两个群体如果缺乏相应的连接关系，那么在整个关系网络中就会形成断节、大洞。当组织中的某一个体通过自身的关系与其他组织的个体建立连接关系，形成一个整体的大网络，那么组织就可能因为该个体的"桥梁"（bridge）位置优势获得更多有价值的资源和信息。从这个观点出发，Burt 认为较为简单的、稀疏的、密度较低的网络结构，可以减少资源和信息丢失及可能性，才能为群体产生更多的社会资本，也是群体较为理想的网络构型。封闭式的网络结构可以提升组织、群体、社会、国家的凝聚力，进而积累较多的社会资本；"结构洞"式的网络结构强调群体中个体的重要性，能够为群体提供较为丰富、多元化、重复率低的资源和信息，降低群体的运作成本，进而提升群体的绩效。

第二，动机（motivation）。Portes（1998）从社会资本的微观方面，认为网络中的个体主动自发性地去帮助他人原因在于其自身的某种动机支配。Putnam（1993）认为社会资本不仅仅只存在于网络中，也受群体规则、信任的影响。动机有两个影响层面：标准的理性行动者模式（standard rational actor model）和网络结构。标准的理性行动者模式受到个体自身利益的支配。Portes（1998）将动机划分为两种不同的类型：实践型（consummatory）和工具型（instrument）。实践型是依据群体的规则和规范所进行的，这种规范是与群体成员共享的标准，群体成员按照这个标准进行各种行为活动；工具型的动机也会受到群体规则的影响，但是这种影响会得到大家的仔细考量，然后依据自身的利益而采取的行动，在行动过程中所参照的标准即为工具型动机。

第三，能力（ability）。在机会与动机的基础上，还需要有能力的支持，即在资源交换的过程中，是否有充足的资源能够满足交换者所需。例如，A 是产品设计师，那么 A 在进行产品设计时候，会找生产方面的工程 B 进行交流，希望 B 能够从专业制造方面得到一些有价值的信息，这样能够提升 A 在设计方面的能力。因此，能力的形式是多样的，除了信息、规则、网络、信任和分享外，还包括消化吸收所获信息和资源的能力，以及是否有能力开展互动行为（Lin，2001）。

Yli-Renko，Autio 和 Sapienza（2001）以企业为研究对象将社会资本衡量层面分成企业内部（firm-internal）和企业外部（firm-external）两种。企业内部的社会资本是从企业内部的部门和成员之间的关系远近、亲密程度等出发，认为其能够促进企业技能的学习、交流和提升，拓宽组织的沟通渠道，提升组织的沟通效率，组织的技术获得了提高，因此就会提高处理问题的速度和效率。Tsai 和 Ghoshal（1998）认为企业的内部资本能够加快企业内部组织之间的资源、信息的交流、交换和结合。企业外部的社会资本是企业如何通过有效的管理与应用自身的各种关系，使得其网络关系得到充分发挥，通过学习、互动产生有价值的资源和信息。企业的外部社会资本是来自于企业的领导者和管理者所建立的与客户和供应商之间的关系。由领导者和管理者所建立的客户与供应商的关系，会受到关系网络结构的影响（Burt，1992），因此只有不断地加强客户与供应商间的关系的学习、交流和合作，才能使得彼此之间的关系更加紧密和稳定。

综合多位学者们对社会资本的界定，Xiong 和 Sheng（2009）认为，社会资本大体可以分为两个层面：①以 Putnam（1995）为代表的宏观层面的社会资本（macro-level social capital），聚焦于群体（国家、社会、社区、企业）研究，剖析群体成员间通过互动所形成的关系网络、信任、非正式价值观及其规范；②以 Bourdieu（1997）为代表的微观层面的社会资本（micro-level social capital），聚焦于参与者个体，通过其所处的关系网络能够为其带来的资源的资源、信息的数量和质量。当然，除此之外，还存在第三种层面，以 Burt（1992）为代表的综观层面（meso-level），聚焦于网络结构，剖析网络的结构化及其成员间的互动程度（Siu 和 Bao，2008）。

上述研究与 Lin（2001）的研究是一致的。社会学家 Lin（2001）认为在社会网络中，通过战略性的网络构建和网络关系的位置优势，所形成的社会网络关系，网络成员可以获取必要的社会资源和信息，他的这种观点得到众多学者们的认可。Lin 将社会资本的研究层面具体化为三种：①微观层面。微观层面的社会资本是以社会的个体为研究点，以 Bourdieu（1977，1985）为代表，认为社会个体所处的各种关系网络使其获得必要资源的渠道。②宏观层面。宏观层面的社会资本以社会、组织、群体为研究点，以 Putnam（1993，1995，2000）为代表，研究群体中各成员间以信任、规范、责任为指导通过关系互动、交换和分享形成的关系连接。③中观层面。中观层面的社会资本是以社会结构为研究点，以 Burt（1992）提出的"结构洞"理论为代表，从网络结构和网络成员之间的关系入手，网络成员通过凭借自己在网络结构中的位置优势，如何有效地获得各种现有或潜在的资源和信息。

Coleman（1988）认为社会资本不仅具有以社会个体为中心的微观层面也有以群体制度制度和规范为目的的宏观层面。微观层面的社会资本强调个体之间除了以信任、责任和期望为原则连接形成网络关系外，还相信在这个网络关系中存在着各种现有的或潜在的资源和信息的流动、交换和分享，因此，社会个体为了共同的目标和愿景，会利用自己在网络中的位置优势，将关键资源和信息进行集中，形成了关系网络中的某些个体掌握了资源的控制权和支配权。宏观层面上的社会资本是以网络成员之间的关系为依托，成员之间通过信任、责任、规范为原则构建形成网络关系，成员之间的这种信任和责任会有效地驱使其为共同的目标而努力，这样不仅提高了整个网络的互动频率，也会提高网络的效率和社会效率。Putnam（1995）以信任为基础的社会网络关系会促成成员之间的合作关系，使得成员能够获取各自需要的资源和信息，同时这种信任也能有效引导成员的各种行为活动，提高网络的效益和社会效应，也能够带来社会资本的积累。Nahapiet 和 Ghoshal（1998）认为虽然众多学者们都认可社会关系是社会资本积累的重要来源，但对于社会资本的定义缺乏统一性。

2.1.3.4 社会资本的分类

如前所述，企业是内外网络连接成的整体，是由各网络关系个体组成的大的共同体，各关系个体之间都受到社会资本的影响。企业的内部关系网络（Nahapiet & Ghoshal，1998）和外部组织间网络（Yli-Renko et al.，2001，2002）都可以通过社会资本来阐述。对于创业者而言，其在创业初期的创业团队的组建也是基于对成员的信任，通常会采用一些特殊的方式来提高企业的凝聚力，以达到积累社会资本的目的。例如组织员工聚餐、解决员工子女就学的问题等活动。面对企业外部激烈的市场竞争，企业为了存活并取得一定的市场，对于一些中小企业而言，创业者为应对这种状况，通常会选择一切可以运用的人际关系网络来减轻或是避免这种外部因素对企业的冲击，同时也可能会结合企业所积累的社会资本来有效地减少和规避经营风险。例如从以前的同事、客户和企业获得有利的信息，选择对自身有利的行业进行创业活动。

关于内部社会资本的定义，主要参考学者们（Adler & Kwon，2002；Gittell & Vidal，1998；Putmaln，2000）提出的关系连接（bonding），认为内部社会资本是一种关系连接型式的社会资本，涉及企业内部网络个体或者是网络间关系的紧密程度和影响程度（Yli-Renko et al.，2002）。内部社会资本通过组织内部资源、信息的交换和整合，有效协调组织内部的各项资源，提高组织的凝聚力，增强企业应对突变环境的能力（Dyer & Singh，1998；姚小涛等，2009）。总之，企业内部社会资本涉及到，通过有效沟通（communication）、共享共同语言（shard common language）（Yli-Renko，Autio & Sapienza，2001）、社会互动结（social interaction ties）、共同愿景（shard vision）和信任（trust）（Tasi & Ghoshal，1998）来获取知识，并有效地传递知识，达到组织内部知识共享。内部社会资本的衡量指标包括信任、社会互动连接和共享网络。

关于外部社会资本的界定，可以定义其为一种桥梁（bridging）式的社会资本，通过这种桥梁的作用，将企业外部资源和企业连接起来，可以有效提高企业获得知识和利益的能力。外部社会资本存在于企业外部各种网络关系之中，凭借这种外部网络关系，不仅可以为企业提供外部环境中的市场状况、客户需求以及资源分配的详细情况，而且也可以为以创业精神为导向的企业提供市场先机，使其能够从权变的环境中及时地采取有效的行动和措施来规避风险（Chong & Gibbons，1997）。企业与其具有相关网络关系机制的企业之间互动和交流的次数越多，频率越高，其就越容易获得充分却有效的市场信息，进而获得必要的知识和资源，这样的典型企业当属日本的"财阀"系列企业（Ahuja，2000；Powell et al.，1996）。在企业的经济活动中，需要不断地与外部同行业或相关企业进行互动、交流和合作，以达到提高企业绩效的目的。在不断互动和合作的过程中，信任发挥着重要的作用。因此，外部社会资本的衡量指标有连接的密集程度、市场地位和信任，运用这三个衡量指标可详细剖析创业者精神导向及其对创业绩效的影响机制。

2.1.3.5　社会资本的研究概述

社会资本作为社会科学研究领域的重要部分，也获得其他领域（政治学、经济学、社会学）的学者们的关注，并开辟了全新的领域。比如，什么原因促成不同国家或区域在类似的自然资源和人员配备下会有完全不同的经济发展状况；为什么体制相同的国家会有不同的发展状况；还有一些涉及到学校、家庭和教育问题、公共行为、群体生活、社区生活、青少年的健康问题等领域（Alder & Kwon，2002）都受到学者们的关注。通过查阅文献，进行了详细的整理，如表2-4所示。

Nahapiet和Ghoshal（1998）认为社会资本不仅会影响组织智慧资本的形成和发展，还会影响组织内网络成员的知识获取、网络成员间知识分享以及基于社会秩序（social order）和成员间良好互动来达到知识的获取和分享，组织成员的分享意愿会影响组织智慧资本的形成与发展。从智慧资本的角度来研究社会资本是一个新的重要课题，而且基于社会资本的观点来研究知识管理也成为诸多学者们关注的焦点。

2.1.4　社会网络理论

社会关系是由一系列关系而组成的关系网，关系的类型可以有多种形式，比如亲戚关系、组织里的职权关系、同事关系、朋友关系、合伙关系等各种形式的关系网。在这个庞大的关系网中，既存的关系和基础信任关系发挥着重要作用。在关系网扩展的时候，我们首要的判断标准是自己和他人的关系如何，判断之后再从已有的关系中选择合适的交往方式来达到扩宽关系网的目的。Gemuden等（1996）认为，在社会关系网络中，个体或群体所形成的特殊关系连接，可以促进个体或群体信任、紧密、良好的互动，进而使得各种资源、信息、技术以及知识在整个关系网络中流通、转移和分享。当企业从这种互动关系网络获得必要的资源和信息，加以有效整合和利用，不仅能够提升企业能力，还能够为企业创造价值。同时，企业通过和个体或群体以正式或非正式的形式构建伙伴关系网络，并从中获得有价值的资源和信息，进而提升企业的能力和绩效，也成为提升企业竞争优势的重要来源。

表 2-4　相关学者对社会资本的研究

学者	年代	研　　究
Burt	1992	社会资本与职业成功(career success)的关系研究。
Belliveau, O'Reilly & Wade	1996	社会资本与领导者薪酬的关系研究。
Granovetter Lin & Dumin	1995 1996	社会资本可以有效协助个体成员寻找工作。
Fernandez, Castilla & Moore	2000	社会资本与建立企业招聘员工使用的人力资源库的研究。
Tsai & Ghoshal	1998	社会资本与组织内部资源交换和产品创新的关系研究。
Rosenthal	1996	社会资本可以提高跨功能组织的绩效。
Krackhardt & Hanson	1993	社会资本可以有效降低企业的离职率。
Chong & Gibbons	1997	社会资本可以有效促进创业精神的形成。
Baker	1990	社会资本可以有效协调企业与供应商的关系。
Kraatz	1998	社会资本可以有效促进组织内部学习。
Alder & Kwon	2002	详细介绍社会资本的界定。
陈荣德	2004	从社会资本的观点探讨组织内部社会网络的形成及其影响。
方世杰、林丽娟	2005	对科技型企业的组织学习、社会资本以及技术转移的实证研究。
Lee, Wong & Chong	2005	人力资源和社会资本对 R & D (research and development)产出的影响。
Lin & Kuo	2006	社会资本对知识分享和群体价值观形成的实证研究。
李思宏	2006	战略导向与社会资本对不同人力资源的影响——以人力资源管理创新为中介变量。
黄家齐、林亿明	2006	社会资本和国际导向人力资源管理对知识分享与创新的影响。

资料来源：本研究根据 Alder & Kwon（2002）文献整理而来。

在西方国家，社会关系网络的研究主要强调人的"同质性"，而在我们国家，对社会关系的研究主要强调人的共性即"同源性"，从与自身具有某种共同特性的人发展关系，比如家人、亲戚、朋友、同事等。也可以说，我们社会关系的构建，是以关系网中人与人之间具有某种共同的特性为基础，形成关系网，这种共同的特性可以是具有相同的工作经历，可以在某方面达到共鸣，这与西方社会的人的"同质性"有所不同（Child et al.，2009）。

2.1.4.1 网络的概念及其形成

（1）网络的内涵

在社会学研究人与人之间的关系时，最早出现"网络"（network）这一词语。随着研究的不断深入，及其企业外部环境的不断变化，越来越多的企业通过构建外连的伙伴关系网络，以合作、信任和分享的方式彼此交换各种资源和信息，进而在剧变的环境中获得较好的收益，这种现象也引起了众多学者们的关注，并不断地研究其本质，发现存在于个体与个体或群体之间的这种关系是一种复杂的网状结构，并将其定义为网络，而且这种网络是存在于各层级和市场之间的（Ouchi，1980；Jarillo，1988；Powell，1990；Williamson，1991）。

Johanson 和 Mattsson（1987）进一步研究了网络关系的深层含义，并提出关于网络关系的五种特性：①网络是由一堆相互联系且复杂的关系形成的。②透过网络可以有效协调各种关系的互动和合作以及精准的分工。③关系的互动可以包含相互之间的交换（exchange）、合作（cooperation）、适应（adaptation）和分享（share）。④网络关系互动中交换的目的在于从外部环境获得企业所需的各种资源，知识学习，技术进步等；适应的目的在于通过交换了解自身的差异，进而调整，使得整个关系网络能够能够稳定、持久。⑤在关系网络中，不仅存在竞争关系也存在合作关系。

Elfring 等（2004）认为，网络是由两个或两个以上的个体或群体相互连接而形成的紧密关系；事业型网络是针对一些企业的战略决策而和其他企业形成的相互连接关系；事业型网络体系是由很多企业以分工、合作、资源共享的原则形成的能长期共同繁荣和发展的统一体；产业合作网络是针对于产业中相互关联、复杂紧密的连接关系。Liang 等（1999）对产业网络进行了更为详细的界定，认为在企业的各种生产、营销、宣传和分销等业务活动中，通过和价值链上的相关企业合作，形成伙伴关系，以谋求共同利益为目的，构建企业与企业之间共同繁荣和发展的关系组织。

Wong 等（1994）将网络定义为个体或群体之间形成的组织集合体，以互利互惠为原则，形成的彼此之间稳定、持久和紧密的连接关系。组织的集合体是由很多不同角色的组织构成，包括消费者、供应商、政府，以及其他的投资企业和金融机构。Siu 和 Bao（2008）对于网络的定义有不同的看法，他们认为，在产业内形成的各种网络关系是企业与市场的合作关系，在这种合作关系中，企业可以获得各种资源和信息，提升自身的各种效率和产出；市场是一种协调和控制的角色，通过发挥自身的协调机能，有效配置各种资源，以达到市场的稳定。

Smith 等（2001）将各学者对网络的定义进行了归纳整理，认为网络需要包含三个内容：①网络连接的各成员之间的关系是一种稳定、持久和紧密的关系，成员之间可以通过关系互动获得各种必要的资源和信息，形成自身的竞争优势，这种优势是网络外部群体所没有的。②按照资源统治理论的观点，认为网络既不是一种正式组织也不是市场形式，而是一种混合式的结构形式。③从企业所面临的外部环境分析，关系网络连接的个体通常只有少数几个企业，这些企业之间不断地进行互动、交换，获取彼此需要的资源和信息，同时这些企业也有类似于交易形式的活动，那么对于个别企业而言，这种网络即是该企业的外在环境。

对于网络的定义，各学者们由于角度和方向的不同，也是有很大差异的。本书整理了一些学者对网络的定义，具体可参考表 2-5。

表 2-5　相关网络定义的文献汇总

学者	时间	观　点
Ouchi	1980	网络是存在于各层级和市场之间的形式。
Johanson & Mattsson	1987	网络是由一堆相互联系且复杂的关系形成。
Jarillo	1988	网络是一种基于目的性的关系，网络成员之间的合作可以有效抵抗其他竞争者，有助于提升自身的优势，获得竞争的胜利。
Powell	1990	网络是一种介于市场和统治者层级之间混合式的结构形式。
Wong et al.	1994	网络是由两个或两个以上的个体或群体相互连接而形成的紧密关系。
Elfring et al.	2004	个体或群体之间形成的组织集合体，以互利互惠为原则，形成的彼此之间稳定、持久和紧密的连接关系。
Siu & Bao	2008	在企业的各种生产、营销、宣传和分销等业务活动中，通过和价值链上的相关企业合作，形成伙伴关系，以谋求共同利益为目的，构建企业与企业之间共同繁荣和发展的关系组织。

资料来源：本研究整理。

从以上对网络定义文献的回顾，本研究认为，网络是成员之间通过互动和交换形成的关系网络，促进资源和知识的流动、交换和分享，成员之间精确分工，组织成员以合作的方式，共同应对其他竞争者的攻击，实现共同目标和愿景。

（2）网络的形成

Kilduff 和 Tsai（2003）认为网络是有一系列节点和边组成的，节点代表网络中的各成员个体，边是成员与成员之间的连线形成的，这种连线即为两个体之间的关系，众多个个体之间的连线关系就形成网络关系。

Pfeffer 和 Salancik（1978）从资源依赖理论的角度来研究网络关系中成员之间互动。他认为没有一个企业可以单独孤立地存在于市场中，都是和其他企业或多或少的存在各种联系，由于企业资源和禀赋的限制，使得其需要不断地与外部环境进行互动，以获得生产经营所需的各种资源和信息，尤其是构成企业竞争优势的核心资源掌握在其他企业的手中时，企业要想获得这种资源，只能和其他企业形成伙伴关系，通过交换和分享来获得。因此，总结了企业形成伙伴关系的三个影响因素：关键的资源、企业对持有资源的支配和控制能力、资源控制的集中程度。Kogut（1988）认为企业的无形资产也能促成企业之间的合作关系，通过市场的交易、转移和流动手段实现。

Porter 和 Fuller（1986）对网络关系形成的动机进行了总结，具体有：规模经济、降低成本、降低运营风险、获得关键性技术以及有效改善竞争局面。Jarillo（1988）从企业的成本考虑，认为当企业的交易成本和外部经营成本小于企业的内部运作成本，企业基于成本优势的考虑，会将这种业务活动外包出去。吴思华（1994）对产业合作网络的效益进行了探索，认为其效益具体表现在四个方面的内容：转移风险、降低成本、取得关键性资源、提高竞争地位。Badaracco（1991）对网络的形成动机进行了总结，概括为：降低成本、降低运营风险、有效监督竞争、核心知识的转移、加快产品的上市速度、有效防止恶意竞争。Sun（1996）认为企业形成网络的动机主要有：降低交易成本、获得关键性资源、相互依赖形成战略联盟、共同目标、价值观、信念等。

Oliver（1990）对网络形成的动机进行了概括总结为：①所处环境的要求；②资源、经济和政策的依存性；③资源交换；④降低交易成本，提高生产率和获益能力；⑤减少外部环境的不确定性；⑥合法合理地取得资源和信息。Hamel（1991）以组织学习为切入点，通过成员之间的网络关系获得的资源和知识，可以进行二次学习来创新和改进，也获得自身的竞争优势。

关于网络形成的动机，本研究进行了详细的文献整理，具体可见表2-6。

表2-6　网络形成动机的文献梳理

学者	时间	动机观点
Pfeffer & Salancik	1978	认为没有企业可以孤立存在，都和其他的企业有一定的关系，具体的动机有：关键的资源、企业对持有资源的支配和控制能力、资源控制的集中程度。
Porter & Fuller	1986	规模经济、降低成本、降低运营风险、获得关键性技术以及有效改善竞争局面。
Kogut	1988	企业的无形资产也能促成企业之间的合作关系，通过市场的交易、转移和流动手段实现。
Jarillo	1988	当企业的交易成本和外部经营成本小于企业的内部运作成本，企业基于成本优势的考虑，会将这种业务活动外包出去。
Oliver	1990	①所处环境的要求；②资源、经济和政策的依存性；③资源交换；④降低交易成本，提高生产率和获益能力；⑤减少外部环境的不确定性；⑥合法合理地取得资源和信息。
Hamel	1991	通过成员之间的网络关系获得的资源和知识，可以进行二次学习来创新和改进，也获得自身的竞争优势。
Badaracco	1991	降低成本、降低运营风险、有效监督竞争、核心知识的转移、加快产品的上市速度、有效防止恶意竞争。
Sun	1996	降低交易成本、获得关键性资源、相互依赖形成战略联盟、共同目标、价值观、信念等。
Kilduff & Tsai	2003	网络是由一系列节点和边组成的，节点代表网络中的各成员个体，边是成员与成员之间的连线形成的，这种连线即为两个体之间的关系，众多个体之间的连线关系就形成网络关系。

资料来源：本研究整理。

2.1.4.2　社会网络的起源

社会网络最初源于社会学和人类学的研究，人类学家Barnes于1954年在研究挪威某渔村的社会结构中最早使用了社会网络的概念，他认为正是这种非正式的网络关系，促进人与人之间的互动和交流，进而对整个渔村所有人员产生影响。他还指出这种互动关系是正式的社会阶级、地位、职业等结构所不具有的。随着对社会网络的不断深入的研究，研究成果也不断的被呈现出来，各领域的学者才意识到社会网络理论的重要性，并普遍地运用到社会科学的研究中，以探究基于一定社会结构的人际关系对特定个体的影响。Burt（1984）将网络理论与管理学和经济学进行完美结合，并提出了网络分析模型，广受研究企业理论的学者们的推崇。Krackhardt 和 Hansen（1993）在分析组织的行为活动时，首次采用网络分析的方法，认为个体在组织中的各种行为和认知活动并不是孤立存在的，而是在相依的人际关系中发挥着重要的联络人的作用，与其他个体进行社会互动，以获得各种有价值的资源。

社会网络理论最早源于社会群体中个体人际关系的研究，其研究的中心点在于社会个体，其个人的人际关系于社会结构特性对个体的行为活动的影响。这里的社会个体，不单单指个人，也可以是组织、群体、社会等不同类型的个体，由于其应用的范围较广泛，受到众多学者们的认可，并将其运用到各种不同的领域，也很好地体现了社会网络理论的应用和分析能力（Kilduff & Tsai, 2003）。

因此，网络不仅仅局限于社会网络，也可以广泛地应用到其他的各研究领域，比如人类学、心理学、经济学、管理学、医学、政治学等，学者们可以详细探究个体关系间的互动连接，也可以研究个体与环境的关系。由社会科学领域延伸出的社会网络的概念，应用范围非常的广泛，尤其是社会资本理论更是受到广大学者们的推崇，认为社会资本是一种嵌入在社会网络中的资源。20世纪 60 年代西方社会心理学界首次使用网络分析方法来研究个体的人际与其行为活动的关系，受到了众多学者们的认可，并将社会网络分析方法广泛应用于各研究领域。

2.1.4.3 社会网络和社会资本的关联

社会网络中的网络个体由于其自身的差异，以及其在网络结构中位置的不同，个体间的互动所带来的信息和资源，就会因为位置的差异而有所不同，组织或网络由于个体位置的差异产生的各种资源，进而获取知识，积累社会资本（social capital）（Child, 2004）。Coleman（1988）从组织关系出发，提出社会组织是社会资本的构成单元，社会资本存在于各种关系网络中，关系网络是由多个参与者构成，在参与者之间的互动和交流中，会彼此的信任并产生情感上的亲密性，进而会为整个组织或网络带来信息和资源。Nahapiet 和 Ghoshal（1998）

认为社会资本理论的关键内容在于有价值的资源，有价值的资源来源于企业在关系网络中的行为，认为社会资本是蕴藏在企业已有的或潜在的各种资源当中，各种资源取决于网络关系中的个体或组织自身所拥有的可以利用的资源。Alder和 Kwon（2002）认为社会结构产生社会资本，而且社会资本的积累量受到社会网络所处的环境的影响。社会结构是一种关系，不仅包括社会关系、层级关系，而且也包含市场关系，这种市场关系是由产品的价格决定的，同时也是一种对称的交换关系，交换双方均获得自己需要的产品和价值。社会关系是基于信任和互利互惠的原则而形成，信任双方通过自己的付出，获得另一方的回报，也是一种对称关系，而且这种关系是受成员之间的信任的支配和主导。层级关系是由相应的机构或部门制定正式的制度和规则，一方对另一方有指挥和支配权，属于一种不对称的关系。当社会结构形成一定的社会关系时，社会资本也就相应产生。

Lin（1982）提出社会资源理论（social resources theory），聚焦于网络资源，网络参与者可以凭借其自身所拥有的关系网络，获取社会资本，并且社会资本的积累量受到其自身关系网络的弱连接数量、强连接数量和网络中心度的影响。当网络个体或组织积累的社会资本越多，那么其与其他的个体或组织进行互动的行为就越频繁，对整个关系网络而言，就会产生更多的利益互惠（reciprocity），不仅使关系网络中的每个参与者获益，而且还促进整个关系网络的社会资本的积累。Lin（2001）认为社会资本是一种在社会网络中的嵌入式资源，社会成员通过社会互动获得必要的资源和信息，进而有效地指导行为活动，创造价值。Leana 和 Van Buren（1999）将社会资本定义为可以有效体现群体中社会关系的特性的资源，通过成员之间的共同目标，而形成信任、依赖和共享的社会关系，进而促进共同的进步，也即是通过社会关系可以获得并积累社会资本。社会结构具有一定的稳定性，一旦社会结构发生变化，相应的会引起一系列的变化，社会资本的型态、社会关系以及利益生成。因此，从社会资本的积累量上考虑，需要保持长期、稳定、紧密的关系，同时以一定的规范和制度进行约束，这样就能保持稳定的社会资本。通过社会网络关系可以获得必要的资源，这种资源的获得是以网络关系成员的互动和交换意愿产生的，因此成员的互动动机是产生社会资本的关键。关于互动动机的产生可以有两种不同的驱动：出于自身的利益考量和网络结构的影响。自身利益考量产生的动机，主要是在互动前经过仔细的思考，权衡利益得失，然后再做出决定，这种决定一般是对自身有利的；

网络结构影响而产生的动机，主要是从网络中的制度、共同目标以及群体之间的信任等的变动而引起网络的变化，进而考虑这种变动对网络是否有利，而且通常考量的是长期利益，而非短期利益，属于一种情感性的驱动（Lin, 2001）。然而对于互动成员而言，光有动机还是不够的，还需要成员有交换的能力，包括对知识和资源的吸收能力以及整合能力。

通过社会网络的关系连接，包括互动的频率、强度，网络关系的复杂性，网络结构的型态，以及网络的连接形式，直接连接还是间接连接，有效地促进了各种资源和信息的交换和分享。Coleman（1998）从网络的开放模式来探讨与社会资本的关系，认为在封闭式的网络关系中，范围较小群体成员之间的互动频率很高，且带来的是群体之间的强连接，通过群体成员之间的信任、责任以及规范，可以有效地约束成员之间的行为，提高群体的信赖程度，进而产生并累积雄厚的社会资本；在开放式的网络关系中，成员之间的信任程度不高，也没有有效地约束成员行为活动的规范和制度，而且成员有可能会处于自身利益的考量而做出有害群体成员利益的事情，而且这种事情还不一定为其他成员发现，不能及时地处罚，以至于类似的事情经常发生，这样的网络结构，效率不高，相应的社会资本也不高。

关系网络个体在关系网络中所处的地位不同，就会产生不同的影响效果，具体主要有：弱连接优势、结构洞优势和强连接优势。

（1）弱连接优势

"弱连接优势"的概念是由 Granovetter（1973）提出的，认为网络个体通过投入有限的时间、财力、物力等，能广泛构建不重复的关系连接，对于各关系连接的维系只需要投入较低的成本，便可以为网络个体带来较多的收益和价值。通过网络的弱连接优势不仅可以以低沉本获得较多的资源和信息，而且由于关系没有重复，那么获得的资源也没有重复的，有助于创新和技术研发。此外，Granovetter（1973）认为，在不同的组织中，关系个体通过弱连接获得的信息、知识和资源要多于处于强连接的关系个体，并且其重复率也较低。网络个体的强连接通常会涉及到较为密集的连接并且这种连接会形成交叉，因此在这种密集且交叉的强连接下，获得的信息、知识和资源的重复性也较高。相反，弱连接因为其自身的关系网较为稀疏，通过互动所产生的信息、资源的重复性就较低，甚至是组织的一种重要资源。

（2）结构洞优势

结构洞（structural hole）是由 Burt（1992）率先提出来的，并广泛运用于社会网络的分析中，强调在人际关系网络中，关系个体由于所处位置的不同，那么对于通过互动所产生的资源、获得的权利会因为结构位置的差异而有很大的区别，这种区别更容易体现在弱连接网络中，因为在弱连接网络中，处于"桥梁"（bridging）位置的关系个体因为其位置的优势而获得更多有利的信息和资源，这种有利的信息和资源可以指导企业进行有效的运作，进而抢占先机，赢得市场（罗家德和朱庆忠，2004）。但是，处于结构洞位置的个体，其自主性和互动性都较高，但由于它的关键位置，容易和其他个体的规则发生冲突，使得关键位置的个体工作强度较大，压力也较高，这样就降低其满意度，降低组织的效率（Flap & Volker，2001）。

（3）强连接优势

强连接通常会涉及到关系个体间或组织间较为频繁的互动，这种互动会伴随着个体间或组织间较高的情感紧密性和互惠行为（Granovetter，1973）。这种互动所带来的互惠行为，需要以互动双方的信任和支持为基础（Krackhart，1992）。"强连接优势"的概念是由 Krackhart（1992）首先提出来的，认为关系个体通过与其他个体进行互动和交流，形成一个较大的关系网络，而且这种互动和交流是较为频繁的，进而就会加深关系个体间的紧密性，这样较为紧密的关系网络就会不断地促进所在网络的个体进行良好的互动与协作，以此产生的个体间的信任程度较高、沟通较为顺畅，进而促进组织的绩效（陈荣德，2004）。

Smith，Collins 和 Clark（2005）在研究高层管理团队和知识工作者社会网络对知识创造能力的影响中，将社会网络的维度划分：网络范围、直接接触网络的数量和网络连接强度，并得出这三个不同的维度对知识创造能力都有正向的影响作用。Perry-Smith（2006）在研究社会网络中强弱连接的数量对创造性的影响时，提出社会网络中弱连接具有较强的优势，可以通过和不同个体的互动而获得多种信息和资源，这种异质的资源和信息可以大大地激发员工的创造力。罗家德和朱庆忠（2004）在研究社会网络中咨询网络中心度和信任网络中心度对工作满意度的影响中，得出咨询网络中心度和信任网络中心度对工作满意度有正向的积极作用。

2.1.4.4　社会网络的基本要素及其结构

社会网络最初源于社会学和人类学的研究，其研究目的在于探究基于一定社会结构的个体间的人际关系对特定个体的行为活动所产生的影响。社会网络是在社会群体中，个体成员通过自身的各种关系连接形成整体的复杂的网络结构，这种网络关系可以有效影响群体成员之间的行为活动。Mitchell（1973）认为可以根据社会网络研究个体的不同进行不同层面的研究，研究个体不仅可以用来特指某个人，也可以是组织、社会、国家等大的个体。因此，本研究将社会网络的基本要素概括为三个：

一是参与者。社会网络的参与者也可以称之为网络节点（nodes），可以根据其节点不同分成不同的网络类型。

二是关系。社会网络的关系可以有多种类型，比如人际关系、情感关系、交易关系、沟通关系等。社会网络个体之间由于某种关系相互连接，彼此之间进行有目的性的互动和交换。

三是连接。社会网络的关系连接可以是成员之间的间接或直接的关系，也可以是交换、互动和分享等，也即是社会网络的整合程度。

因此，社会网络是一系列的社会参与者通过彼此之间的某种关系连接形成。社会参与者可以是个人，也可以是组织、社区等群体单元。成员之间由于某种关系连接，进行有目的性的交换、互动和分享各种资源和信息，以获得自己所需。彼此之间互动的这种资源和信息可以包含很多内容，比如生产资料、市场信息、产品特性、价格信息以及社会支持等。每个社会参与者都是一个网络结点，而在网络中进行的资源交换和互动也都是一种网络关系。参与者在网络中的连接可以是强连接也可以是弱连接，因此由于其连接的程度不同，其交换的资源的类型、数量、互动的频率也都不同。

社会网络是一种嵌入式的网络关系，网络结构会影响个体的认知程度、行为活动以及态度方式，同时也会影响资源的获得渠道和机会，也会因为不同的网络制度影响个体的行为活动。基于此，大多研究社会网络都是针对特定个体在网络结构中所处的位置来探讨个体的行为活动。在社会网络结构中，个体的权威和影响力是重要的因素，因为不同的网络结构就会孕育不同的权威和影响力。对于个体影响力的衡量，通常是通过中心度（centrality）的测量来探讨网络成员所处的网络结构。

Brass 和 Burkhardt（1992）运用组织行为的理论来探究网络个体与其所处位置的关系，得出个体在网络中的中心度越高，其拥有的权威和影响力也越强。Ibarra（1993）认为处于网络中心位置的个体可以获得更多的资源，产生较多的利益。关于中心度的测量，Freeman（1979）提出三种不同的形式：程度中心度（degree centrality）、接近中心度（closeness centrality）和中介向心度（betweenness centrality）。

（1）程度中心度：通过程度中心度可以有效测量网络群体中的重要人士和权力中心者控制和支配的范围大小，网络个体的程度中心度越高，意味着其在相应的关系网络中互动交换的频率越高，其拥有的关系连接也越多，在网络关系中的影响力和威望就越高，相应的非正式权力也就越高，越容易影响其他行为者。

（2）接近中心度：通过程度中心度可以测量整个网络的中心度，并可以有效反应网络个体与其他个体之间的距离，当接近中心度越低，以为这成员之间的距离越短，相应的获得资源和信息的速度就越快。

（3）中介中心度：即在关系网络中发挥"桥梁"（bridge）的作用，存在于网络关系中至少三位成员之间的互动和交流，其中有一个发挥着中介性的作用，当该个体发挥的中介作用越明显，其促进信息和资源流通的速度就越快，获得资源和信息的机会就越多，也即是占据了信息和资源流通和传递的关键位置。

对于整个社会网络结构，其特性不仅包括网络规模，也即参与者的数量；连接的程度，即强弱连接。还包括各种小群体（cliques）的分布，即群体内部连接紧密，但结构较为松散。实际成员连接数量和所有可能的成员连接数量之间的比例即为网络连接密度，网络连接的密度越高，说明成员之间的连接数量比例也就越高，连接越多，这样就越有利于成员之间的资源和信息的交换、互动和分享，使得更多的成员获得必要的资源和信息，从而为群体产生和积累更多的社会资本。

2.1.4.5 "小世界"和"六度分隔"理论

对于社会网络分析（Social Network Analysis，SNA）的研究已经是一个相对成熟的课题，其研究的领域也较为宽泛，例如商业、生物学领域、社会学领域、医学领域以及科技行业都有涉入。社会网络分析主要是针对个体之间、组织之间以及社会群体之间的网络连接结构。社会网络分析通过与一些个体进行交流、访谈，了解其工作生活的常规惯例，以图表的形式呈现出来，运用一些技术进行详细分析，以探讨其内在的关联与结构。社会网络分析的功能很强大，比如当其分析的对象只是少数个体时，其之间的关系连接也较为稀疏，有的甚至不明显，但如果以网络的角度来看待，那么这种稀疏的连接就可能变得很复杂，因为一个个体会和其他很多个个体发生关系连接，这样就使得整个关系网络的密度就很高，也就更紧密。

"小世界问题"（small world problem）是普遍的问题，基本上每个人的生活都会遇到类似于这种问题。比如在你工作的单位，你的领导者可能就是你以前单位同事的亲戚。为了研究这些神奇的事情是否有规律可循，还是只是一种巧合。1967年美国耶鲁大学社会学家 Stanley Milgram 开始探寻其中的奥秘，对美国的邮政包裹进行了研究，主要是分析这种关系结构，经过一系列复杂的实验，他取得了一定的数据，邮寄的所有信件都在六次转寄内送到对方手中，以此他得出整个世界很大，但是由于各种人际关系的连接，会让彼此之间的距离缩小很多。基于此，Milgram（1967）提出了"六度分隔"理论（six degrees of separation theory）。

1998年数学家 Duncan J. Watts 和 Steven H. Strogatz 发表了题为《小世界网络的集体动态性》（Collective Dynamics of 'Small-World' Networks）的论文，企图揭开人际关系的神奇面纱，论文是用一种数学方式解释了小世界的问题。整篇论文没有运用任何数学公式，只是画了几个简单的图表，整篇文章也较短，只有三页。但却指出在我们生活的人际关系中，存在着独特且不为人知的组织关系和网络结构，形成小世界问题的原因就在于这个网络结构。通过 Duncan J. Watts 和 Steven H. Strogatz 的研究，关于小世界理论的正确性也得到有效的证实。

关于 Milgram（1967）的"六度分隔理论"，主要是对社会中两个没有任何关联的个体，可以通过六个人的关系发展成具有一定关联的整体。也即是两个没有关联的个体，通过六重中介关系的连接，可以具有一定关系。这里的中介关系一般指朋友关系，这种朋友关系一直延伸到与你想要建立关系的不认识的个体，这中间的朋友关系最多是六个人的关系，甚至更少。这种理论有一定的实践基础，我们从出生到现在，认识和发展的人际关系不胜枚举，想要和不认识的人发生某种关系连接是很容易的，这就是关系网络的神奇之处。Buchanan（2002）的小世界问题不仅解释了关系网络的神奇之处，更重要的是反应了关系连接的本质，这些人际关系连接，正是个体地位、权威、思维模式和行为方式的最好体现。

个体的人际关系不仅可以是人与人之间通过直接或间接联系发展而成，还可以是一些较为独特的网络结构。对于一些人际关系较强、性格开朗和广结好友的个体而言，可以通过自身关系优势快速发展范围较大的人际关系网络。通过这种关系形成的网络结构有两个明显的优势：①对于网络集线（Hub）的形成更快，更有效；②人与人之间的关系分隔较少，关系发展较快。在个体生活的各个层面都存在着小世界问题，通过朋友和朋友之间的联系，可以发展任何陌生人之间的关系连接。

在个体与群体的人际关系网络中，个体间或群体间的交流、互动和互换，可以创造和获取各种有效资源和信息。通过个体间或群体间知识和资源的互动和分享，可以创造和吸收新的知识和资源。在知识经济时代，通过知识的互动、交换和分享并合理的加以利用和管理，这样任何问题都可以迎刃而解。

2.1.4.6 社会网络的内涵

社会网络是一系列节点（Nodes）和一系列边（Edges）组成的大网络（Laumann, Galaskiewicz, & Marsden, 1978）。这里的节点主要是人或者是各种组织，边主要是网络成员间的关系（友谊、亲戚）或者是组织间的关系（合作）。Emirbayer 和 Goodwin（1994）认为社会网络是由一系列个体成员及其成员间的社会关系构成。周丽芳（2002）在前人研究的基础上，总结并提出社会网络应包含的基本要素。

（1）参与者（actors）：即社会网络中的节点（Nodes）。参与者受到所在关系网络以及拓展网络的限制，但本身具有自主行动的能力。

（2）关系内容：在关系网中，因为某种刺激或某种关系，促进参与者之间进行互动和交流。这种刺激和关系可以是参与者之间的合作、支持等，也即是关系内容。

（3）关系结（ties）：指关系拟合的程度，亦即社会的紧密程度，参与者之间的关系方式（直接或间接）、互动频率、关系强弱等。

Perry-Smith 和 Shalley（2003）提出在社会网络中，强连接往往带来参与者之间更为频繁地互动和交流，可以促进参与者之间情感交流，共享资源和信息，达到彼此的互惠互利。强连接往往会伴随着参与者之间较强的信任和支持（Krackhart, 1992）。社会网络中的弱连接，主要是针对网络中参与者之间的互动和交流频率较低，情感沟通较少，信息和资源的交换次数较少。尽管很多学者都提出了衡量社会互动的指标，但连接强度作为衡量社会关系的指标受到学者们的普遍认可，也成为社会关系基本衡量标准（Granovetter，1973）。Granovetter（1973）提出衡量参与者关系强弱的四个标准：情感紧密程度、互动交流频率、亲密性和互惠交换次数。Perry-Smith（2006）在定义关系强弱时采用的标准：互动频率、亲密性和关系的持久性。Mitchell（1969）将社会网络定义为群体内的个体间的相互关系连接，个体的行为活动即是关系网络结构。Walker，Macbride和 Vachon（1977）将社会网络解释为社会个体与个体间的一系列接触活动，通过个体间的相互联系形成较为密集的关系结构网。社会个体通过其各种关系的互动交流，得到感情上的认同、支持和信任以及物质上的利益，也可以获得社会新的信息和资源。Knoke 和 Kuklinski（1982）及 Emirbayer 和 Goodwin（1994）都认为社会中的一群体（组织、实物）和其他群体相互连接而形成社会网络。在整个关系网络中，每个个体都是一个节点（node），节点与节点之间的联系称之为边（edges）。Wong（1998）认为社会网络是某个体或某群体和另外个体或群体之间的人际社会关系，也即社会网络是社会关系，而不是关系所连接的个体（黄毅志，2002）。网络是以某个个体为核心，与其周围环境中的权威人士发展的关系连接形成的整体，个体可以利用这个网络的各种关系优势，提升自己的地位和社会认同感，进而获得各种有价值的资源和信息。

　　每个社会个体自身都积累了一定的人际关系，可以是同学、朋友、亲戚和同事等关系，这些关系都与其他社会个体有一定关联，形成的关系网络是较为复杂和多元化的。社会网络是将社会关系进行网络化、复杂化，也即是将个体在社会生活中的各种人际关系进行网络化，通过个体已有的人际关系不断地进行拓展，最终构建一个以自己为中心的信任程度较高、友谊较深的关系网络。在这样的关系网络中，由于个体间的信任和友谊，会不断地影响彼此的行为活动，达到相互间的忠诚和互信。基于此，可以将社会网络界定为群体的各种关系连接组合，比如个体、组织、社区和社团组织等关系连接（Gottlieb，1981）。

　　员工与组织或者员工与领导层的互动可以看成是一种交换关系。运用社会交换理论可以这样理解，员工在组织中的行为受到长期较为稳定的交换关系的影响，并且在与组织或领导进行互动时，会依据互利互惠的原则来达到一种交换的平衡状态（Blau，1974），这种互动关系的维持需要双方在交换关系中能够有独特的、吸引对方的特性存在。交换关系的维持取决于交换双方是经济驱动型还是社会驱动型。Blau（1974）以此将交换关系分为经济性交换和社会性交换。在经济性交换关系下，交换双方受到经济利益的驱动，衡量交换的标准是经济利益的多少，交换双方根据对方提供的交换经济价值而选择是否进行交换，在这样一种交换关系下，对交易双方提供的交换经济价值的衡量也成为了交换决策的基础；在社会交换关系下，交换双方以对彼此的信任为基础，交换双方追求的是长期价值，注重的是通过自身的努力和付出（信任、尊重、友好），能够得到对方同等的回报或者他人的信任。在交换关系中，社会交换理论认为交换双方是在互惠互利的基础上进行交换，这种交换不仅会为交换双方带来一定的利益和权利，同时也会伴随着自身的责任和义务，这种责任和义务不仅仅包含双方合同规定的内容，还可能包含其他方面的义务；通过交换获得的利益和权利，对于交换者而言，不仅包括经济利益（工资、奖金），还应该包括交换者的内在需求（信任、尊重和认可等）。在交换关系中，交换双方如果不能够从对方获得一定的利益和权利，那么对于交换者而言，就没有交换的必要，相应的交换关系就不存在，交换互动也就不会发生。

2.1.4.7　社会网络分析层面

关于社会网络的研究，有两种不同的角度：一是自我中心网络（ego-centered networks），这种网络强调个体的重要作用，研究其成员之间通过直接联系或间接联系形成的各种网络，成员可以是个人，也可以是组织、社会和国家等，着重探究网络中的连接和位置，可以是强、弱连接，网络中心度，网络密度和结构洞等；二是社会中心网络（socio-centered network），这种网络强调群体的重要作用，研究整个网络结构中群体的各种结构布局，这种群体可以是组织、社区、社会和国家等，着重探究网络连接密度、网络密集程度和网络中的小群体分布等。Kilduff和 Tsai（2003）从社会资本的角度来探讨社会网络，认为社会个体都处于一定的社会网络中，通过各种关系连接形成强、弱连接优势和结构洞优势，进而获得各种有价值的资源和信息，同时也会带来一些负面的影响；依据群体的角度，认为在任何群体内部都存在一定的社会网络，成员之间以信任、责任、友善和规则进行各种资源交换和互动，进而影响和调控个体的行为活动，而不需要通过正式的组织部门进行约束和限制。下面具体介绍这两种不同层次的社会网络。

（1）自我中心网络

强调个体在社会网络中所处的位置及其关系连接会直接影响个体获得各种

资源和信息的机会。对于个体而言，其在网络中所处的位置离网络中心越近，其连接的关系就会越多，而且也越容易和其他个体建立连接关系，拉近彼此之间的距离，这样就更容易产生和积累更多的社会资本；反之距离越远，社会资本就会越少。个体通过社会网络的连接和位置，获得资源，本身也是一种社会资本，这也即是所说的微观层面的社会资本。

（2）社会中心网络

强调群体内部的网络结构特性和分布，包括群体内成员的数量、分布及其密度，群体内部的结构与布局会影响内部资源和信息的转移、分配和使用。对于各种知识和信息等无形资源的使用，其流动性越强，就越容易在群体内部不断传播和扩散，进而提高整体群体的资源利用效率。对于一些有形的资源，由于其本身的特性或者是再生性的限制，会随着使用的次数而逐渐减少，因此为了发挥资源的最大效用，需要对资源进行有效整合和妥善处置。社会网络的结构特性会影响资源的流动、转移和分享，进而影响社会资本的积累，资源的流动性越强，社会资本产生量也就越大。群体在社会网络中的结构形式及其特性，本身即是群体的社会资本，这也即是所说的宏观层面的社会资本。

2.1.5　组织能力理论

新创企业在拓展其经营业务活动时，面临着各种挑战和问题，比如市场结构、消费者偏好、企业的产品定位、激烈的竞争环境、有效沟通和合作等，都需要企业不断地运用自身的各种能力来解决企业内外环境的变迁。衡量企业成败的关键在于企业能够运用自身能力创造出满足客户需求的产品或服务，并不断地扩大其消费者市场、源源不断地创造新产品并成功地推销出去。一般而言，新创企业都会通过改善产品技能、提高营销能力、创造经济价值等手段来发展和稳固其自身所具有的能力（Chang，1996；Lee et al.，2001），以提高企业的经营绩效、增加经济价值，并且能够提升企业的领导者和管理者对激变环境的适应能力（Chakravarthy，1982）。

Teece 等（1997）认为企业要想在激烈的全球竞争环境中获得成功，只有持续不断地进行产品创新，并且具有有效整合、分配和利用企业内外各种资源和信息的管理能力。因此，关键问题归结于企业如何有效整合、分配和利用内外各种资源和信息来获得各种能促进企业发展的动态能力。而动态能力就是组织能力中非常重要的一种能力。通过查阅相关组织能力的文献可以了解到，诸位学者们对组织能力的表述是不一致的，有的使用转换能力，还有的使用的是整合能力等。根据 Levinthal（1990）对组织能力的定义，可以发现组织能力是指企业对其外部知识和资源的识别，搜寻到有价值的知识和资源，然后加以吸收、转换并应用的能力。Kogut 和 Zander（1992）聚焦于企业内部的研究，提出企业存在于一定的市场机制中，企业内部的任何群体或个体都存在着高效率的知识传递、转移和分享。Garud 和 Nayyar（1994）提出类似于 Kogut 和 Zander 的观点，认为企业内部的健康良好发展对企业竞争优势的维系是非常重要的。

　　Garud 和 Nayyar（1994）认为组织能力是对企业外部资源察觉、搜寻和发现的能力，企业的资源不仅仅包含外部资源，还有企业内部的资源，对内部资源的整合和利用也非常重要，因此提出了转换能力（transformative capacity）。转换能力是将企业原有的产品组合加以新的技术形成新产品，这种新的技术是来源于企业内部，这是组织能力非常重要的一环。组织能力和转换能力虽然在内容上有所不同，但两者在企业的创新方面是相互配合的。企业想要提高自身的知识创新能力，不仅需要吸收外部的信息和资源，而且还需要有能力将吸收到的信息和资源通过有效的整合、转换并应用到新产品的研发和创新上，企业的这种整合、转换并应用的能力取决于企业能否有效地吸收信息并快速地将信息传递到企业的各部门、各群体，这与 Cohen 和 Levinthal 提出的企业内外沟通的机制是一致的，Garud 和 Nayyar 提出的转换能力也即组织能力。组织能力比较典型的研究是 Hedlund（1994）对组织能力的研究。现陈述如下：

　　（1）"沉思"（reflection）是"阐述"（articulation）和"内化"（internalization）互动的结果。"阐述"通过加快信息和知识的流动、传递、扩散与结合，能够明确的表达企业的内隐知识，是企业组织的一部外连机器（articulation machine）。"内化"是指企业个体将外部知识和信息消化吸收并沉淀成自身所有的过程，能够有效降低企业知觉的（perceptual）、有限认知的（limited cognitive）以及具有协调功能的资源的交换成本，提高企业的经济价值和经济绩效。

　　（2）"对话"（dialogue）是"延伸"（extension）和"凝聚"（appropriation）两者互动的结果。延伸是指知识的传递、转移是有一定的顺序的，一般是由较低层次向较高层次（个体、群体、社区、组织、企业、跨企业等）进行扩散，而凝聚的过程正好和延伸相反，知识在这两个过程的传递中，可能形成外显知识和内隐知识。外显知识类似可以看得见的，是以一种实物的状态呈现，例如企业的产品；内隐知识是企业所特有的，无法显露出来的，例如企业文化等。

（3）从企业所处的环境中获得和吸收（assimilation）知识，并将知识传播、散布（dissemination）到环境中。知识的吸收与散布的过程类似于知识的输入和产出过程，这一过程的知识可以是内隐知识，也可以是外显知识。

在企业一系列经营活动中，必然有很多的专业知识在这一过程中进行了转移、传递和分享。Garud 和 Nayyar（1994）也提出企业只有吸收能力也不一定能够创造出竞争优势，只有和转换能力相结合，才能将吸收到的各种知识和信息转换成能够提高企业经营绩效的能力，而这一能力便是组织的整合性能力；同时，组织能力之所以能提高企业的经营绩效，是因为其将吸收到的各种知识和信息转换成对企业有价值的知识，是对吸收结果的应用。

2.1.6　资源依赖理论

资源依赖最早可以追溯到 Emerson 于 1962 年发表的 *Power−Dependence Relations* 对权力和依赖关系的研究，Pfeffer 和 Salancik（1978）将 Emerson 的研究观点运用于企业管理领域，提出在企业的生产和发展过程中，需要不断地与外界环境进行交流和互动，以汲取各种有价值的资源和信息，但是由于外界环境的不确定性较强和快速变化的特性的影响以及资源的限制，企业只有积极主动地和其他企业合作建立伙伴连接关系，通过彼此之间的互动和交换过程来获得企业所需的各种资源和信息。因此，资源依赖理论是研究企业与外界环境的互动关系的理论。

在企业的互动和交换过程中，如何拓展、巩固和管理与其他企业之间的紧密的依赖关系，形成信任、互赖和稳定的关系成为企业需要不断研究和探索的重要课题。根据 Pfeffer 和 Salancik（1978）的观点，企业之间依赖程度对企业的竞争优势有很大的影响，而且在企业间的互动和交换过程中彼此之间的依赖程度会对企业的谈判有很大的影响。

在资源依赖理论中，有两个重要的依赖关系："权力关系"和"依赖关系"，这两种关系是密切相关的，这种说法也被 Cook（1977）得以证实，他提出企业所持有的资源数量和资源的类型是各不相同的，这样在彼此的互动和交换过程中，就使得资源和信息都流向关系网络中的核心位置和权威企业之处，形成权力效应，这样位于这些地位的企业就会优先选择关键资源和有价值的信息，而且不断积累，这些企业的影响力和权威就越来越高，其集中和分配资源的能力也就越来越强，企业会通过自身的优势不断地扩展其与其他企业的互赖关系，提高其他企业对其的依存度，以更好地吸收和集结更多的资源和信息，使得整个体系中的信息和资源的不对称现象越来越明显。Anderson 和 Narus（1990）也提出类似的观点，在互赖关系中权力较高的企业会利用其位置优势要求伙伴关系企业做出改变或让步，对于一些依存度较高的企业，为了自身的利益，它们较愿意维护彼此的友好合作关系，对权力企业做出让步。

在这种互赖关系中，是什么原因促使一个完整的企业个体去依赖另一企业？对于这个原因的探讨，Andaleeb（1995）提出了两个重要的方面：①因为有些企业可以提供关键的资源和重要信息，这些信息和资源是另一方企业所缺少的。②企业所需的资源具有替代性。在买卖市场上亦是如此，当买方的资源替代性不高且较依赖卖方时，卖方就在这个过程中由于其掌握和控制关键性的资源和信息而处于主导地位。因此，当企业的依赖程度越高时，企业寻求合作关系的意愿也就越明显。

Oliver（1990）认为企业出于利益的考量，会在双方互利互惠的条件下建立彼此间的合作关系，并提出了关于企业合作的三种形态：①在资源缺乏的情况下更能促成彼此之间的合作；②互赖关系连接形成彼此之间的信任、支持、和谐；③隐藏的合作关系带来的收益要大于不连接的关系。

Wong（2000）提出了"互赖说"的论点，认为传统的研究战略管理理论主要是以企业个体为研究对象，企业通过自身的各种能力和资源与外界环境进行交换和谈判，然后根据谈判和交换的结果来有目的地调整企业的战略，以减少或规避外界环境对企业的威胁，同时更一步巩固自身的优势。在几乎所有类型的企业中，以企业内部的资源和信息能满足自身经营管理和发展的需求，也无法应对外界环境对其的冲击，基于此，企业为了存活和发展，只有与外界企业形成相互依赖关系，形成依赖关系联盟，彼此之间的合作战略就会替代竞争战略，各企业从整个网络联盟中获得自身发展所需的各种资源和信息。

因此，资源依赖理论是研究和剖析企业合作关系的动机及依赖关系网络结构的最好工具。

2.2 相关研究回顾

2.2.1 网络导向相关研究

2.2.1.1 概念的演进

网络导向的概念源于社会支持导向（social support orientation）的相关研究，而关系取向（relationship-oriented）的研究极大地推动了网络导向研究的进行。Mitchell（1969）从个人主义文化视角研究了自我与他人的关系。他认为，个人与家庭成员以外的人之间的关系是一般性的，其构建网络关系的目的在于获取社会支持，并称这种倾向为社会支持导向。Duck（1973）也从社会支持导向视角研究了个人构建外部网络联系时的目的性及其利用此联系要实现的价值。这些研究为后来网络导向的研究奠定了基础。Tolsdorf（1976）首次从心理学视角提出了网络导向的概念，即将网络导向看作是通过网络关系处理生活问题的信念、倾向及态度等。Yang（1981）强调了关系取向是社会取向的重要特征，并指出关系取向是人际网络中的一种运作方式和态度选择倾向，这种倾向更能反映人们在社会网络关系中的互动型态。Huston 和 Robin（1982）借鉴 Yang 的研究，从家庭内部和谐关系出发，将构建家庭内部合作与互惠关系的态度称为内向型网络导向，而与非家庭成员之间建立关系的态度称为外向型网络导向，并分析了两类网络导向的不同结构与作用。这些研究为分析网络导向与网络结构的关系奠定了基础。Mizruchi（1994）首次从经济学角度阐述了网络导向的经济学价值，即它是理性经济人期望从经济联系中获利的内发性行为倾向。Brown（1997）从总体社会资本视角（macro-level social capital）提出了网络成员理性导向（network-membership rational approach）的概念，即网络成员之间关系的建立、利用与维持是其理性考虑的结果。Holmes（2000）从社会学视角分析了社会关系构建的特质与功能，认为网络导向是微观层级的社会行动和人际互动，强调了社会行为参与者利用网络关系的倾向。而 Barnir 和 Smith（2002）首次将网络导向引入管理学研究，并将网络导向定义为管理者构建和维持网络关系的态度与倾向。而对网络导向的概念发展做出较大贡献的是 Sorenson 等（2008）。他们首次将网络导向引入创业研究领域，从冲突管理角度来分析合作的重要性。他们认为，网络导向是创业者或创业组织构建和维持网络关系以解决问题，获取帮助的态度和倾向。任萍（2011）也从管理学角度对网络导向进行了定义，即管理者或组织者在进行商业活动时表现出来的一种合作性行为倾向，而董保宝和周晓月（2015）认为，网络导向是指企业在创建与成长过程中与内部行为主体和外部环境主体建立网络关系的倾向、期望与态度。

综上可以看出，目前关于网络导向概念的界定视角比较多，主要有从心理学、社会学、经济学以及管理学等视角进行的界定，这些视角的多元化也在一定程度上说明了网络导向的跨学科性较强，其外延较广，但其内涵却聚焦于倾向与态度两大方面，其要表述的基本内涵单一，其所赋予的管理学内涵有待进一步地凝练，尤其是从合作角度来分析网络导向的本质将具有重要的学术价值。表2-7汇总了网络导向的定义及其跨学科的比较。

表2-7　网络导向的定义及其不同视角的价值比较

研究视角	学者	表述	定义	研究层面	价值
心理学	Tolsdorf（1976）	网络导向	通过网络关系处理生活问题的信念、倾向及态度	个人	首次提出网络导向的概念并对其进行了界定
	Belle 等（1991）	网络导向	个人努力从外部获取帮助的心态	个人（儿童）	—
社会学	Mitchell（1969）	社会支持导向	与外人构建一般性关系的倾向	个人	是网络导向研究的开端，为后续开展网络导向研究奠定基础
	Duck（1973）	社会支持导向	个人构建网络关系的目的性及其价值考量	个人	拓展了Mitchell关于社会支持导向的研究
	Yang（1981）	关系取向	网络关系的运作方式和态度选择倾向	个人（学生）	首次指出了关系取向的互动性
	Huston 和 Robin（1982）	网络导向	构建合作与互惠的态度	家庭	首次将网络导向分为内向型和外向型
	Brown（1997）	网络成员理性导向	网络成员之间关系的建立、利用与维持的理性考量	个人和小团队	—
	Holmes（2000）	网络导向	社会行为参与者利用网络关系的倾向	个人和小团队	重点强调了对网络关系利用的思考

续表

研究视角	学者	表述	定义	研究层面	价值
经济学	Mizruchi（1994）	网络导向	理性经济人的内发行为倾向，从经济联系中获利的倾向	个人与组织	首次从经济学角度阐述了网络导向的价值
管理学	BarNir和Smith（2002）	网络导向	管理者构建和维持网络关系的态度与倾向	个人	首次将网络导向引入管理学研究
	Sorenson等（2008）	网络导向	创业者或创业组织构建和维持网络关系以解决问题，获取帮助的态度和倾向	个人与企业	拓展网络导向在商业目的方面的作用并实证检验了网络导向在男女之间的差异
	任萍（2011）	网络导向	一种合作性行为倾向	企业	从资源整合视角分析了网络导向的绩效作用机制
	王小伟（2014）	网络导向	基于商业目的构建联系的倾向	企业	解释了网络导向与新创企业绩效的关系
	董保宝和周晓月（2015）	网络导向	企业在创建与成长过程中与内部行为主体和外部环境主体建立网络关系的倾向、期望与态度	企业	首次分析了新企业网络导向与竞争优势的关系，并探究了创业能力的调节效应

资料来源：本研究根据相关研究整理。

2.2.1.2 维度解析

由于网络导向研究的跨学科性，不同学科对其维度进行了不同的解读，这也导致网络导向的维度划分呈现了多元化的特点。Yang（1981）将网络导向划分为网络关系的角色化、网络关系的互依性以及网络关系的和谐性。角色化强调了人们互动关系的形式主要以其关系角色来定位，互依性强调了网络关系构建过程中对偶角色的互惠与互补，注重角色扮演的回报性，而和谐性主要关注网络关系构建过程中双方关系的自然维持与和谐。Anderson（1993）从心理认知视角将网络导向划分为认知的关系化和行为的关系性两个维度，前者强调了对关系认知的敏感度和关系认知策略，后者主要关注以关系作为行为反应准则，考虑所构建网络关系的平衡性与和谐性。Emirbayer（1997）将网络导向划分为关系取向和位置取向两个维度，前者主要考虑网络参与者及其相互之间的关系形式、内容及功能，而后者主要关注占有相同结构位置的行动者及其相互之间的关系。Sorenson 等（2008）从合作维度、网络构建维度及网络团队结构维度三个方面来分析网络导向，合作性强调组织内、外部的合作、沟通与交流，网络构建强调了企业构建网络关系时所关注的网络类别及其价值，而团队结构维度强调了企业内部合作团队之间宽松和灵活的管理模式。任萍（2011）从合作性、关系关注度及开放性管理三个视角分析网络导向的维度，她认为合作性体现了企业强调组织内部成员间的沟通以及与外部的合作，关系关注度则表示企业倾向于建立外部关系，而开放性管理是将组织内部各个部门的职员看作为一个团队，并进行宽松、灵活的管理。董保宝和周晓月（2015）认为网络导向可分为网络思考、网络建构、网络关注、网络开放性四个维度，并对不同的维度进行了解析。网络思考是指新企业就网络关系的作用以及如何构建所进行的战略性考量，网络建构是指企业构建网络关系时所关注的网络类别、构建基础及构建成本，网络关注是指企业倾向与企业外部联系方建立良好的合作关系，并关注网络跨度和网络聚合等方面，网络开放性是指企业内部网络关系的和谐性。

由上可见，现有的网络导向研究不但在网络导向构成维度划分方面仍然存在分歧，而且对同一维度的定义也不尽相同。心理学和社会学的研究主要偏重于个人层面，而管理学领域的学者对网络导向维度进行的研究比较详尽、全面，既有企业层面又有个人层面，能够在一定程度上反映出网络导向在管理学研究中的价值及其被重视程度。表 2-8 是网络导向构成维度及其内涵比较。

2.2.1.3 网络导向研究脉络梳理

Tolsdorf（1976）首次从心理学视角提出了网络导向的概念，这引发了各学科的学者们对网络导向的探讨，网络导向的研究脉络呈现出多学科交织、复杂演变的态势，其跨学科的应用研究也正在逐渐兴起（Smith & Lohrke, 2008; Chen & Tan, 2009; 董保宝和周晓月，2015），尤其是网络导向在管理学领域的研究逐渐成为学者关注的核心内容之一（Kleinbaum & Stuart, 2014）。因此，厘清网络导向的研究脉络，不仅有助于进一步理解其发展的过程，深化对网络导向内涵的解读，更有利于网络导向相关研究的开展，为构建整合型的研究框架奠定基础。

表2-8　网络导向的维度构成及其内涵解析

学者	研究层面	维度	内涵
Yang（1981）	个人	网络关系的角色化	强调了人们互动关系的形式主要以其关系角色来定位
		网络关系的互依性	强调了网络关系构建过程中对偶角色的互惠与互补
		网络关系的和谐性	网络关系构建过程中双方关系的自然维持与和谐
Anderson（1993）	个人	认知的关系化	强调了对关系认知的敏感度和关系认知策略
		行为的关系性	关注以关系作为行为反应准则，考虑所构建网络关系的平衡性与和谐性
Emirbayer（1997）	个人与组织	关系取向	强调网络参与者及其相互之间的关系形式、内容及功能
		位置取向	关注占有相同结构位置的行动者及其相互之间的关系
Sorenson et al.（2008）	个人与组织	合作维度	强调组织内、外部的合作、沟通与交流
		网络构建维度	强调了企业构建网络关系时所关注的网络类别及其价值
		网络团队结构维度	强调了企业内部合作团队之间宽松和灵活的管理模式
任萍（2011）	企业	合作性	体现了企业强调组织内部成员间的沟通以及与外部的合作
		关系关注度	企业倾向于建立外部关系
		开放性管理	将组织内部各个部门的职员看作一个团队，并进行宽松、灵活的管理
董保宝和周晓月（2015）	企业	网络思考	企业就网络关系的作用以及如何构建所进行的战略性考量
		网络建构	企业构建网络关系时所关注的网络类别、构建基础及构建成本
		网络关注	企业倾向与企业外部联系方的建立良好的合作关系，并关注网络跨度和网络聚合等方面
		网络开放性	企业内部网络关系的和谐性

资料来源：经本研究整理。

（1）基于心理学视角的研究

从心理学角度来看，网络导向强调了个体运用网络关系处理一些生活问题的一种态度与倾向，关注个人层面的网络价值取向（Belle et al.，1991），也即个人和他人在交往过程中，从关系认知出发，在判定"亲疏"和"尊卑"的基础上来认定他们关系的基础以及这类关系为其带来的作用。一些心理学者认为，拥有网络导向的人在选择网络关系时具有一定的理性模式（rational model）①，它们在遵从个人自由意志的同时，更加会考虑他们所能从外部获得的帮助。例如，Belle等（1991）对儿童的网络导向进行了跟踪研究，他们认为，儿童的网络导向会促使他们认真选择伙伴，思考如何从伙伴中获得帮助，以加强其自我控制能力和自我评估。Stanton-Salazar 和 Spina（2000）研究了青少年的网络导向后认为，网络导向可促进青少年情感的开发，帮助自身不断修正网络关系倾向与态度，使其与伙伴关系更加适配。心理学视角关于网络导向的研究更加关注个人层面，尤其是个人的心理与认知，着眼于个人对网络价值的理解与把握，其核心是关系理性。

（2）基于社会学视角的研究

从社会学角度来看，网络导向的研究源于社会支持导向的相关研究，也即网络导向发源于人们对人类关系及其关系结构的研究，特别是小团体成员之间的紧密互动关系以及在小团体中所发展出来的人际关系结构，这种关系取向成为学者研究网络导向的起点（Yang，1981）。而一些社会学研究人员认为，关注网络导向应关注其属性（attributes），即网络关系人对彼此间关系自然状态（state of nature）的思考。"社会人"在思考构建网络关系的过程中会考虑将个人的利益最大化（Hillmann & Aven，2011），但其必须采用规范式的行动（normative action），构建合理的网络关系，而其行动完全由网络结构所决定，行动者缺乏自由意志，也就是说，虽然"社会人"在关系网络中的行动是相对自主的，但会受到其在网络结构中的地位以及在网络中不同网络位置的影响，这一影响将会对组织的网络关系构建结果产生作用（Lechnera et al.，2006；Kleinbaum，2012）。

社会学主要从三个不同的方面来考量网络导向的研究：①网络导向的发展离不开构建关系的模式；②对集体（如小团体）网络导向的组成型态进行探究；③通过研究在不同网络关系中同时占有位置的个人的网络导向，可为组

---

① 理性模式视关系为资源，个人在选择关系时往往强调会考虑这一关系人所拥有资源的效用及其合适性，而不会去特别考虑关系人的身份、声誉等其他方面。

织网络导向的研究做出一定贡献，有利于加强组织间关系模式的分析（Sorenson et al., 2008; Portes & Sensenbrenner, 1993）。这些研究都为网络导向以后的研究奠定了基础。

（3）基于经济学视角的研究

经济学的假设之一便是理性人假设，而理性经济人在构建网络关系时必然会考虑网络的价值及其功效，这也就为网络导向赋予了丰富的经济学内涵。Mizruchi（1994）首次从经济学视角探究了网络导向的价值。因为市场失灵和制度僵化等原因，理性经济人的网络在扩大经济规模以及扬长补短等方面发挥了一定优势。因此，网络导向强的理性经济人会考虑以下问题，一是网络关系的相互依赖性，二是从理性与自立的视角出发应该构建何类关系，三是关系构建的公平原则，四是网络行为如何实施，五是网络结构和位置如何确定。上述因素都将影响到理性经济人对网络"实用功能"的思考（Wincent et al., 2014）。由于网络导向产生的影响通常具有内隐性和滞后性效果[1]，因而理性经济人在考虑网络关系作用时将会十分谨慎，将基于理性行为构建网络关系，决定自身在网络中的位置及自身的价值体现（Siu & Bao, 2008; Slotte-Kock & Coviello, 2010）。

（4）基于管理学视角的研究

网络导向在心理学与社会学领域的发展正在逐步完善，在21世纪初被引入到管理学领域，相关研究并不成熟，与心理学和社会学方面的相关研究也存在较大差距。然而，网络导向在管理学中却被赋予了新的研究价值。Granovetter（1985）的弱连接（weak ties）理论认为，行动者与关系结构的权变性（contingency）决定了行动者的结构行为能力及其对关系资源的可获得性（accessibility），这一观点成为网络导向在管理学兴起的根源。BarNir和Smith（2002）首次根据上述研究，基于网络导向在社会学领域的发展，分析了网络导向及其相关的衍生概念，在一定程度上连接了网络思考、网络结构与网络行动，并且对三者做出方法论上的辩证与融合。Sorenson等（2008）也从管理学角度出发，对网络导向这一概念进行了全面阐释。他们先从冲突管理角度来分析合作的重要性，继而

---

① 2015年5月3日，笔者与著名学者Mark Mizruchi在弗吉尼亚大学就网络导向的经济管理学寓意进行了探讨。此部分得到了Mizruchi教授的指点。Mizruchi认为，网络导向对理性经济人一系列行为的影响不会马上体现，因为网络关系的确定、关系互惠行为的发生以及结果的出现均具有不确定性和滞后性，网络导向所体现的只是一种经济性心理预期，内含于理性经济人的一系列行为中，而这些预期和行为仍旧是难以探触的"黑盒子"。

引入合作网络导向这一概念在组织中的核心问题。Sorenson 等指出，如果组织与顾客、家庭成员、社会团体及组织内部成员建立合作关系而产生了绩效就说明存在网络导向，并且提出了网络导向的三大维度。Sasovova 等（2010）也从合作与信任视角分析了网络导向对组织的价值，尤其是对资源获取的影响。而国内学者任萍（2011）分析了网络导向、资源整合与企业绩效的关系，王小伟（2014）探究了网络导向与新创企业绩效关系，而董保宝和周晓月（2015）分析了网络导向、创业能力与新创企业竞争优势的关系。上述研究表明，国内外管理学界关于网络导向的研究正在兴起，网络导向在创业研究领域的价值正在被逐渐认知。

从上述研究可以看出，虽然网络导向在不同领域的研究呈现出了不同的发展态势，但这些研究之间存在一定的承继关系，具体如下：

第一，社会学领域中的社会支持导向激发了心理学关于网络导向的探讨，从社会支持视角激发了个人层面的网络关系构建（Huston & Robin, 1982），尤其是从合作与互惠角度分析解构了网络导向的基本内涵，奠定了网络导向在社会心理学方面发展的基础。

第二，社会学领域网络导向的研究强调"社会人"的理性，这与经济学的理性人假设不谋而合，这也是网络导向在经济学领域发展的支撑。社会学中强调了网络导向应注重对网络结构和网络模式的思考，而这也的确可以解释理性经济人的关系及网络行为。

第三，网络导向在社会学领域的相关研究为其在管理学的发展提供了两条路径，一是网络导向的多元化发展使个人网络导向、团队网络导向与组织网络导向进行了连接，这为网络导向在管理学界研究发展提供了一条路径；二是社会学中网络导向关注对网络结构的思考，能够为管理学家从更广的网络结构分析视角来探究网络导向的管理学寓意提供借鉴。

第四，管理学中网络导向的基本内涵源于心理学和社会学，并受到经济学的影响，都表示态度与倾向，但是管理学中的研究却将网络导向研究范围进一步地扩大了，即从个人层面延伸到了团队和组织层面，构建了个人、团队与组织网络导向的研究链条，进一步丰富了网络导向的管理学内涵。团队和组织层面的网络导向在延伸个人网络导向相关研究的基础上，更加关注网络关系构建过程中网络能力的培育与发展。与个体层面的网络导向研究相比，团队和组织层面的网络导向研究是与组织的战略整合观、能力观、资源基础观等紧密相连的，其本质是理性经济人的社会表现，其所体现的外延更广。

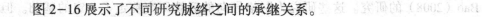

图 2-16 展示了不同研究脉络之间的承继关系。

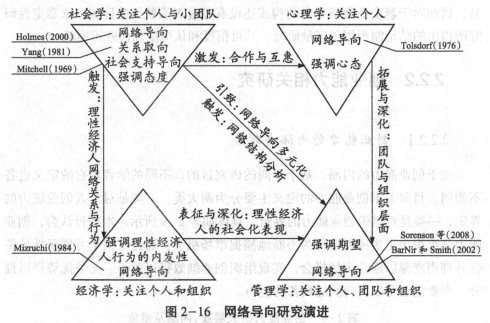

图 2-16　网络导向研究演进

2.2.1.4　网络导向的研究对象与方法

据上所述，本书要研究的新企业网络导向是指新企业在创建与成长过程中与外部环境主体建立网络关系的倾向、期望与态度（Sorenson et al.，2008）。它具有以下特点：一是网络导向是构建和维持网络关系以解决新创企业创建与成长过程中面临的问题、获取帮助的态度和倾向；二是网络导向是新企业在进行商业活动时表现出来的一种行为倾向；三是这种行为倾向的内涵是合作，通过广泛的合作来获取支持和帮助，缓解新企业创业压力。网络导向越强，相应地，组织就越倾向于采取合作来解决问题。但目前已有文献主要对网络导向的理论框架进行分析界定，其研究方法主要有三类：一是经验法，即借鉴心理学关于网络导向的相关研究，通过提炼相关关键点来考察创业组织创业前后的网络关系构建倾向与行为；二是认知法，即通过对创业者个人网络思维的分析来解释其网络关系构建倾向；三是网络分析法，即通过剖析企业的网络行为来获得企业的网络利用情况，并分析企业在网络中获取资源、培育能力的方式。在这些研究中，关于网络导向维度的划分主要依据企业访谈来进行探索性研究，鲜有实证研究对其进行分析，代表性的研究主要有 Sorenson 等（2008）以及 Siu 和

Bao（2008）的研究。这些研究为网络导向的后续研究奠定了一定的基础。但是，目前对于新企业网络导向的构成还没有经过规模数据的证实，依靠定性研究所得出的结论能否用于定量研究，其可信度和认可度如何并不明确。

2.2.2　创业能力相关研究

2.2.2.1　创业能力的内涵与维度

关于创业能力的内涵，基于不同的研究目的，不同的学者对它的定义也各不相同。目前关于创业能力的定义主要分为两大类，一类是对个人创业能力的界定，一类是对组织创业能力的界定。具体如表2−9所示。本项目认为，创业能力是组织为了实施创业行为不断地捕捉市场机会，通过组织学习创新性地整合并利用资源以迎合市场机会，实现组织创业绩效得以改善、竞争优势得以提升、企业创业得以成功所应具备的能力。

表2−9　创业能力研究层次、内涵及维度

内涵简要说明	内容/维度	内涵	代表人物
个人创业能力（Entrepreneurs' Entrepreneurial Competency）			
创业者在创业与经营过程中所应具备的必要的、专业的能力	信息接收与处理能力	搜集信息、加工信息、运用信息	Kanungu 和 Mirsa（1992）
	捕捉市场机会的能力	发现机会、把握机会、利用机会、创造机会	
	分析决策能力	消费者需求分析、市场定位分析、自我实力分析	
创业能力是一个重要的概念，它对个体是否选择创业具有显著作用，同时也对新创企业的绩效有重要影响	机会识别能力	创业过程中识别潜在机会的能力	Chen 等（1999）；De Noble（1999）
	运营管理能力	管理将要或已经创建并运营中的新企业	
	资源整合能力	创业者对资源的规划和利用	
创业能力体现了个人在追逐长期的绩效目标中所做出的努力及结果，表现为新企业的创建	态度/特质	——	Bartlett 和 Ghoshal（1997）；Man 和 Lau（2005）
	知识/经验	——	
	技能	——	

续表

内涵简要说明	内容/维度	内涵	代表人物
创业能力是独一无二、难以模仿、有价值的和稀缺的资产,例如敏捷(agile)、创造力(creativity)、快速决策(flexible decision making)、天才(ingenuity)和远见(foresight),常常具有因果模糊性和不可模仿性	灵敏与灵活的决策力	强调对市场的反映	Alvarez 和 Barney(2000);Barney 和 Alvarez(2002)
	创造力或创新力	利用资源并实现其创造性	
	资源管理能力	资源的获取、配置、整合、转化	
通过对市场的监察(scanning)与感觉(feeling),把握市场机会与市场的反应,创建企业实现原有的运营和规划	掌握机会的能力	对机会的认知、识别与把握	Ardichvili 和 Cardozo (2000)
	市场敏锐的反应能力	对市场和顾客的了解程度	
	运营规划能力	利用内外部关系(ties)进行运营规划	
创业者创业过程中所拥有的知识、技能和某种动机,目标是为追逐机会	创业能力	源于知识型资源的能力	Yencken 和 Gillin (2004)
创业者为创建企业和保障企业正常运作而应具备的显性和隐形的能力	竞争能力	机会、关系、战略能力	Priyanto 和 Sandjojo (2005)
	执行能力	概念、组织、承诺能力	
创业者实现成功创业的多种技术性能力	预见能力	对市场和机会的把握	Yen (2011)
	政治能力	与外部官员的关系	
	行政能力	内部管理能力	
	技术能力	运用知识技能	
组织创业能力(Corporate Venturing Capability)			
根据组织追求目标的不同,创业能力可分为探索式能力和开发式能力	探索式能力	追逐长期竞争优势的探索式能力开发	March(1991);Shane(2003)
	开发式能力	追求短期绩效的能力发展	
组织发展到一定阶段后,为取得创新性成果、保障资源和进一步的发展而展现的综合能力	组织学习能力	不断学习与知识分享	Larson(1992);Dyer 和 Singh (1998)
	网络协同能力	协调组织和外部利益相关者的关系	

续表

内涵简要说明	内容/维度	内涵	代表人物
组织创业能力确保了组织的创业绩效，也保障了组织各项创业活动的有效实施	组织管理能力	协调各类资源，组织各类活动	Chandler 和 Hanks（1994）
	战略能力	战略的制定与执行	
	承诺能力	践行对各类利益主体的承诺，理解并激励他们	
因为组织在创业过程中需要完成多种任务，需要评估组织的创业能力以进行适时的调整，完成创业行为所要求的活动	机会能力	机会识别	Man 等（2002）（基于 Chandler 和 Hanks 的研究）
	关系能力	人际关系和网络管理	
	组织能力	面对风险和不确定性的管理	
	战略能力	战略规划与管理	
	承诺能力	可以使创业者及企业不断向前发展的自我驱动力	
	概念性能力	和创业行为有关的各种概念能力，例如决策技巧、创新能力等	
企业利用外部机会开发新机会的能力，也是开拓公司业务领域而对现有能力进行再整合的能力（CVC：公司创业能力）	组织结构、有形与无形资源、过程、技能、知识、管理体系	企业更高阶的能力	Keil（2004）
创业能力是识别一种新的机会，并整合相关资源以使该机会转化为商业成果的能力	创业能力	——	Arthurs 和 Busenitz（2004）
组织为了实施创业行为需要捕捉市场机会，同时要不断创新以迎合市场机会，其获得机会的方式是不断学习	创新能力	——	Weng（2008）；Herron 和 Robinson（1993）
	应变能力	——	
	学习能力	——	

2.2.2.2 个体创业能力向组织创业能力的转化研究

关于创业能力的发展，一些学者认为个人创业能力在新企业创建初期具有至关重要的作用，但是随着企业的发展壮大，个人能力必然要向组织能力转变，创业能力也是如此（Brush et al.，2001）。个人创业能力如何向组织创业能力转变，其转换的路径是什么？不少学者对此问题展开了研究和争论。通过对相关文献进行整理，我们发现，个人创业能力向组织创业能力的转换路径有 4 种。具体如表 2-10 所示。

表 2-10　个人创业能力向组织创业能力的转化路径研究

作用/转化路径	内容/内涵说明	代表人物
愿景(vision)	共同的愿景是对组织未来的设想和憧憬，不仅反映了创业者对企业发展的期望，也反映了组织内全体成员利益的共同性。共同的愿景不仅能集中企业资源、统一企业意志、振奋企业精神，更能指引、激励创业者将其自身的能力内化于企业，使企业取得出色的业绩。因此，共同愿景是组织中个人能力升华(distillation)的关键，也是组织内部个人强烈学习欲望的源泉。	Hamel 和 Prahalad (1995)；Capodagli 和 Jackson(2000)；Collins 和 Porras (2000)；Cheng 等 (2002)
组织学习(organizational learning)或正式化学习系统 (formalized learning systems)	建立组织学习机制，就是说，应该通过制度化的结构或程序安排来促进组织学习。创业者可以将某些知识和技能进行内部培训，将个人创业能力的某一方面转变为组织共有的某种特性或者能力。组织学习机制的精髓是激励学习和保证学习的有效性，这也是能力快速提升的基本路径。学习系统降低了能力转化的风险。Lei 等（1996）特别强调了环形学习（double-loop learning)过程对创业能力的转化和形成的影响。	Brush 等(2001)；Harrison 和 Samson(2002)；Ipe(2003)；Chen(2004)；Lei 等(1996)；Ding 和 Samgers (2007)
构建开放性的信息网络/提供知识获取、共享及交流的平台	创业者个人创业能力的传递需要网络作用，构建开放的信息网，不仅让组织成员了解创业者的个人魅力（类似魅力型领导），更有利于他们了解创业者的行事风格和技能，实现能力和技能的传递。	Sandberg(2002)；Sethi 和 Iqba (2008)

作用/转化路径	内容/内涵说明	代表人物
培育信任文化	培育信任文化取决于一种信任、关怀、坦诚公开、平等的组织文化。企业文化在知识集约过程、知识交流过程以及能力演进过程中起着重要的作用且在员工间实现知识共享与能力的积累。知识共享是知识发展和创新的关键，是使隐性知识显性化的途径，它直接制约着知识的生成和交流，更关系到知识的管理和效果，当然也有利于个人创业能力的提升和转换。	Schein(1990); Goffe 和 Jones (1998); Robbins (2001)

资料来源：经本研究整理。

2.2.2.3 创业能力相关研究进展

自创业能力这一概念提出以来，相关研究成果逐渐增多，内容逐渐丰富，主要体现在表2-11所示的研究成果中。这些研究表明，创业能力理论试图解决的最核心的问题就是，当企业处于变化的环境中时，应该如何抓住市场机会并更新资源以保持与环境的一致性（Zhou & Li, 2010）。所以，从创业能力理论来看，企业必须不断地以新的能力去替代前期所确定的竞争优势的源泉，进而促进企业的动态成长，这也就必须借助有关调整、整合及重组企业内部活动与外部活动的组织技巧、资源（Rodney et al., 2011）。虽然创业能力理论的支持者对创业能力和绩效的关系做出了深入的探讨（如 Liu, 2010；Serguey et al., 2010；Weng, 2009），但其研究视角不一。同样，对于创业能力与竞争优势之间的关系也仅仅局限于一般性关系讨论，忽略了其他变量的影响。

综上所述，虽然与创业能力相关的定性和定量的研究较多，但是关于创业能力与竞争优势的相关研究却较少，尤其是创业能力对新创企业竞争优势的影响机理和路径的研究。只有 Weng（2009）和 Peteraf（1994）对创业能力与竞争优势的关系进行了研究，但是其样本均为大型企业而且研究视角大不相同。这些与新创企业竞争优势还是有差异的。因此，上述研究不但为本项目的研究提供了研究基础，也为本项目的研究提供了契机。

表 2-11 创业能力相关研究成果

作者	研究方法	自变量	中介变量	调节变量	因变量	关系说明
Hellsels 和 Zwan（2011）	定量	创业失败经验	创业能力		创业参与（engagement）	创业失败经验对创业能力和创业参与均有显著影响，而且创业能力在二者之间具有中介效应，不同阶段的失败经验对它们的影响不同
I-Hsin Liu（2010）	定量	创业者创业能力			社会资本获取/组织绩效	能力对二者皆有影响。在不同生命周期阶段其影响不同
Serguey 等（2010）	定量	创业者创业能力			绩效与福利	创意与创业者的创业能力是互补性资源，有利于企业营业额和福利的改善
Weng（2009）	定性	创业能力			绩效	具有因果模糊性，因为中间变量比较多，但是良好的创业能力有利于竞争优势的培育
Charles 等（2008）	定量	创业能力			竞争优势	小型创业型传媒企业的创业能力对其竞争优势具有显著影响
Shrader 等（2007）	定量	人力资源	创业能力		新企业绩效	中介作用成立
Lin 等（2006）	定量	创业能力（管理和技术）		社会资本	绩效	社会资本对创业能力与绩效的关系具有显著的调节作用
Ritter（2006）	定性	网络能力			创业能力（主要指技术变革能力）	网络能力的演进影响了创业能力的发展
McElwee（2005）	定量	创业者创业能力	机会识别与开发		创业成功	创业者拥有较前的创业能力，便能够识别或开发有价值的机会，会促使创业的成功
Ohyama 等（2004）	定量	创业能力	组织学习	动态环境	创新	新兴行业的组织创业能力有利于组织的不断学习，由此影响了组织的创新行为，环境对能力—创新的影响关系为正

续表

作者	研究方法	自变量	中介变量	调节变量	因变量	关系说明
Jones（2001）	定性	市场环境			创业能力（创新、资源再配置）	外部环境驱动企业创业能力产生
Peteraf（1993）	定性	创业能力			竞争优势	专有性、嵌入性的创业能力对竞争优势有影响
Brown 等（1981）	定量（经济模型推导）	创业能力			租金	从经济学角度研究创业能力与租金的关系

资料来源：经本研究整理。

2.2.3 竞争优势相关研究

竞争优势（competitive advantage）是企业经营战略管理中最重要的内容。在各行业中，总有些企业相较于其他同行业的企业而言，具有较高的产出水平、市场份额、经营绩效，究其原因在于这些企业具有其他同行业企业所缺乏的竞争优势。基于此，本书为对竞争优势有深入认识，将对竞争优势的相关研究进行回顾。

企业竞争优势并不是一个新课题，它一直是战略管理学的主要研究问题。"竞争优势"概念最早由英国经济学家张伯伦（E. Chamberlin）在 1939 年提出，而后，Hofer 和 Schendel 把它引入战略管理领域。直到 20 世纪 80 年代中期，哈佛商学院的迈克尔·波特教授才开始对竞争优势进行系统和深入的研究。

2.2.3.1 竞争优势的内涵

根据 Barney（1991）对竞争优势的定义，他认为竞争优势是企业所独特的，其他企业不具有的，即是在企业在实行能够创造价值的战略时，同行业的其他竞争者不会在同一时刻也实行该战略，是企业独有的战略，这就是企业的竞争优势。要保持企业竞争优势的持久性，不仅需要满足其是企业所特有的，还要求企业这种特有性是无法被其他竞争者复制和效仿的。如果企业的资源是异质的且不可复制的，那么这种资源生产的竞争优势就是可持久的。

Stalk（1992）对竞争优势的界定是以价值传递为切入点，提出在企业所处的市场结构中，准确的定位目标市场，整合一切可以利用的资源和信息来创造企业的特定能力即为企业的竞争优势。Fang（2000）认为竞争优势是企业有效整合和利用其自身的各项资产（assets）、技能（competencies）和资源，以创造出比其他竞争者较高的经营绩效。Fashy（1993）提出企业所拥有的一切资源，并不是都能为企业创造竞争优势，只有特定属性的资源才能创造竞争优势。相应的特定属性有：一是价值性，即是指企业拥有的资源能够促进企业制定提高经营绩效的战略，或者企业的资源是能够满足消费者需求的；二是稀有性，稀有性资源是企业特有的，其他竞争者所不具有的即是企业的竞争优势；三是不可复制性，企业的不可复制性资源是企业所特有的优势，也不易被其他竞争者模仿的，这种资源一般是企业的隐藏性资源；四是不完全可移动性，企业资源的不完全可移动性越高，给企业创造的竞争优势越多。

总之，企业的竞争优势是企业所特有的能力，具有可持续性（sustainable）和专有性（appropriable），使得其他竞争者不容易效仿和复制。在企业的竞争过程中，只有不断的创新，保持企业与客户和供应厂商之间的良好互动关系，才能在企业内有效发挥竞争优势的作用。

2.2.3.2　资源特性与持久性竞争优势

在企业的经营管理和战略管理中，企业的资源是企业竞争优势的来源和基础。Wernerfelt 于 1984 年的题为 *A Resource-Based View of the Firm* 论文的发表，对企业的资源基础理论进行了详细介绍，但是由于当时学者们对战略管理的推崇，并未意识到资源基础理论的重要性。直到 1991 年 Barney 发表 *Firm Resources and Sustained Competitive Advantage*，引起学术界的关注，使得资源基础理论成为学术界研究企业的重要理论之一。

随着学者们对企业资源重要性的深入认识，对资源基础理论的探索，很多学者从企业资源和核心能力入手，探讨企业资源和竞争优势的关系，并逐渐形成理论得到众多学者们的认可，即为资源基础理论（Selznick，1957；Hofer & Schendel，1978；Day，1984）。

Wernerfelt（1984）提出的企业资源基础观（resource-based view of the firm）

强调企业所拥有的一切资源和能力（resources and capability），是构成和维持企业竞争优势的重要内容（Amit, Glosten & Muller, 1993；Barney, 1991；Grant, 1991；Peteraf, 1993；Wernerfelt, 1984）。由于企业所拥有的资源是有很大差别的，而且企业的资源由于其自身的价值性、稀有性、不可移动性和不可复制性的特性的影响，使得不同资源所创造的竞争优势也有很大的差别（Barney, 1991；Grant, 1991）。Collis（1991）认为企业的竞争优势是企业核心能力的体现，也是企业关键性技术和资源的具体表现。Hamel 和 Prahalad（1990）从对企业核心能力的研究中，发现企业短期的核心能力来自于企业当前热销产品或服务的价格及其所获得的绩效收益，企业长期的核心能力来自于与其他竞争者相比更低的成本优势，也即是，他们认为企业的竞争优势来源于企业的核心能力，未来企业的竞争也是企业核心能力的竞争。因此，企业应积极主动的构建、形成并不断积累企业的核心能力，将企业的资源集中在企业的战略管理上。

下面整理了一些学者们对企业持续竞争优势的资源特性的研究成果。

（1）Grant（1991）的研究成果

Grant（1991）对企业持续竞争优势的资源有以下四种特性：

第一，不可模仿性。企业竞争优势的维系需要有效防止其他竞争者的效仿和复制。企业的竞争优势由于其自身可能存在一些不明确的特性，或者是企业通过声誉投资给客户造成一些不确定性，这些都需要企业有效地打破防止这些障碍，才能够利用先机优势给企业创造价值。

第二，因果关系模糊。企业独特的竞争优势可以有效防止其他竞争者对其的模仿，例如企业的一些隐性知识、企业的社会关系网络和企业的特定资源。

第三，不完全转移性。企业的竞争优势可以有效降低企业的交易成本，进而使得企业的竞争优势更加明显。

第四，不可复制性。企业内部的各种关系和资源，比如管理团队的组建、人际关系的复杂性等，是其他竞争者无法复制的，这样的竞争优势才能得以维系。

Grant（1991）对企业持续竞争优势的资源特性的研究，认为企业的资源是否具有持久性（durability）、透明性（transparency）、转移性（transferability）和复制性（replicability）。资源的持久性是针对一些更新较快的技术资源而言的，需要企业更换一些使用周期较短的资源以维持整体能力，一般企业的能力持久性要强于资产的持久性。透明性是针对一些竞争者在模仿时，需要攻克信息资源不对称的难题，一般有两种衡量的特性：一是企业竞争优势的构成能力。一般而言，竞争优势的构成能力越多，透明性就越低，需要攻克的问题就越多。二是复制竞争优势能力的资源。企业的竞争优势的构成能力所需的资源越多，透明性就越低。

资源的复制性是指竞争者复制资源的困难程度；转移性包括资源和信息的不对称性、能力的不可转移性、知识的不可复制性、地理位置的不可移动性等，都为转移性增加了难度。

（2）Barney（1991）研究成果

Barney（1991）对企业持续竞争优势的资源特性的研究，认为企业竞争优势的维系取决于资源的四个特性：价值性、稀缺性、不可复制性/模仿性、不可替代性。因此，企业要维系持久的竞争优势，要求企业的资源和知识是不容易被模仿和复制的，必须具有一定的模糊性和模仿障碍性。下面详细介绍企业持续竞争优势的资源特性：

第一，价值性（valuable）。资源的价值性是指价值性是指企业拥有的资源能够促进企业制定提高经营绩效的战略，或者企业的资源是能够满足消费者需求的。

第二，稀缺性（rare）。资源的稀缺性是指企业掌握和控制某种特定的资源，这种资源是其他竞争者所不具有的。对于一些有价值、数量较多且容易获得资源，或者是一些有价值且难以获得的资源，都无法为企业创造持续性的竞争优势。在市场中，对于一些有价值的资源，并且这些资源是掌握在少数人的手中，那么这种资源就是稀缺性资源。

第三，不完全复制/模仿性（imperfectly replicable/imitable）。企业竞争优势的维系需要有效防止其他竞争者对其能力的模仿和复制，关键在于构成竞争优势的资源是模糊的、复杂的并且是企业所特有的。资源的模糊性是指企业持续性竞争优势的创造和资源的持有者之间的因果关系很模糊，无法清楚的说明。对于一些竞争者而言，由于这种因果关系的模糊性，使其无法清楚完全地得知竞争优势是如何创造出来的，也就有效地阻止了竞争者的复制和模仿；资源的复杂性是指构成竞争优势的资源组合、管理与控制是较为复杂的，比如在创造竞争优势的过程中，如何应用企业特有的关系网络、商业信用等，虽然其他竞争者知道这种特定的关系和资源是生成竞争优势的必要条件，但由于其存在于复杂的社会关系网络中而无法复制；资源的特有性是与企业特有的商业经验和历史条件有关，资源本位理论认为企业是时间和空间的产物，存在于一定的时间和空间中，一旦时间和空间消失，那么企业就无法存在，也就无法获得必要的资源和能力，典型的是企业文化。

第四，不可替代性（insubstitutability）。资源的不可替代性是指企业不存在任何战略均等资源（strategically equivalent resources），也即是构成企业竞争优势的资源是不可替代的。如果其他竞争者用不同的资源创造出类似于企业的竞争优势成效时，那么企业的竞争优势也不复存在。

（3）Szulanski（1996）关于资源与竞争优势的研究成果

Szulanski（1996）对企业持续竞争优势的资源特性的研究，认为维系企业竞争优势的资源的特性是知识的模糊性，使得知识不易被模仿和复制。同时，为了更清楚的理解知识的特性，Szulanski（1996）将知识做了详细的分类：

第一，知识的因果模糊性（causal ambiguity）。对于竞争者而言，其对竞争优势的获取，通常是模仿和复制构成竞争优势的能力和资源，那么在竞争者复制之后，很难清除详细地界定这种能力和资源的生成路径和过程，也无法准确的衡量这种复制后的能力对企业的贡献价值（Rumelt，1984）。竞争者在复制某种能力时，由于无法清楚了解构成能力的各种要素是如何进行组合和互动的（Lippman & Rumelt，1982），因此也对能力的复制产生了巨大的难度。能力复制的难度在于认识的不确定和模糊上，而对于知识的复制也是如此，由于创造者赋予了其高难度的技巧，因此其描述和复制会非常困难。

第二，对过去的已有知识缺乏文字描述（unprovenness）。降低知识转移难度的最有效的方法是对过去使用过的知识进行文字描述并存档下来，这样对于未来任何时候对知识进行转移和参考都是非常有用的；如果没有类似的文字描述，那么对于知识的接受者而言就非常的困难（Roger，1983）。

2.2.3.3 竞争优势的来源

在企业的差异化优势中，起着关键性作用的是独特性驱动因素，这种独特性驱动因素可以使得企业获得独特性的资源，进而产生与其他企业不同的效果。如果企业不能够有效地识别这种独特性驱动因素，那么企业就无法形成差异化的优势。对于企业的差异化优势的保持，需要企业把这种差异化建立在企业的特有资源或能力上，以有效防止其他竞争者的模仿和复制。企业的这种独特性驱动因素主要有：①特有的独特性来源。在企业的独特性驱动因素中，有企业的学习、互动关系和关系连接形成的优势较为显著，其表现的优势的持久性也比鼓励各种专利和制造技术的创新政策表现的持久性强。②企业的成本存在于差异化战略中。企业在一些关键的业务活动和经营管理手段上发挥着较强的成本优势，那么企业的差异化优势的持续能力和表现能力也会更强。③差异化的来源。企业持有的关键资源的数量和种类会直接影响其他竞争者对企业差异化战略模仿的难易程度。

企业的差异化同时伴随着转移成本，它是企业的一种固定成本，比如当企业更换供应厂商时，从供应厂商那获得的固定成本就会发生变化，因此这种转移成本就会出现。这种转移成本可以使企业在与竞争者产品或服务没有差异化的前提下仍能保持高收益（Porter, 1985）。

Coyne（1986）认为企业的持续性竞争优势源自以下两点：①能力（competencies）。企业的能力有两种不同的形式：功能差异（functional differential）和文化差异（cultural differential）。功能差异主要是能够以实物表现出发的差异，比如员工由于掌握某种知识、技能、经验等而形成自身优势，或者是在企业的价值链上供应商、宣传代理商等表现出突出的能力；文化差异是针对于不能直接显现出来的差异，比如企业员工内心对组织的意见、想法、价值观以及对企业文化的理解等。②资产（assets）。企业的资产也有两种不同的形式：定位差异（positional differential）和监管差异（regulatory differential）。定位差异主要是企业对其市场的定位、产品定位，以及企业类似于商业信誉等的成果上的定位；监管差异是指为保护企业的无形资产类似于智慧、产权等所采取的一些法律法规上或者是企业的规章制度等保护。

Prahalad 和 Hamel（1990）从企业的核心能力出发，认为企业的长期持续性的竞争优势来源于企业自身的核心能力。企业应该从长远利益着手，重视其自身核心能力的培养和构建，以提升企业的竞争优势，而不应该只关注于短期利益。

从资源基础理论来探讨企业的持续性竞争优势，竞争优势是企业独有的，且具有持久性，相应的企业的资源也应该是异质的。也许短时间，企业的竞争力可以通过外购或内制的方式来获得资源形成，但由于这种资源较容易获得，行业内其他的竞争者同样也能够获得该资源，因此这种资源产生的竞争力是维持不长的，因此企业的竞争优势的构成资源应该是异质的、稀缺的，这样才能具有持久性，才能为企业产生超额利润。关于企业竞争优势的构建可以参考Barney（1991）提出的模型，如图 2-17 所示。

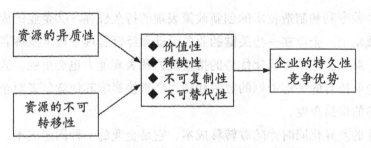

图2-17 基于资源基础理论的企业竞争优势的形成

资料来源：根据 Barney（1991）文献整理。

Barney（1991）认为企业的异质性（heterogeneity）和不可转移性（immobility）资源是企业获得持久性竞争优势的关键，而在企业的这种异质性和不可移动性资源中又有些资源具有价值性（value）、稀少性（rareness）、不可复制性（imperfect imitability）和不可替代性（insubstitutability）的特性。在资源的形成过程中，由于其所历经的特定历史（history dependent）、因果的模糊性（cause ambiguity）和社会的复杂性（social complexity）等因素形成了资源的不可复制性，正是因为这些特性的共同作用才能够形成企业的持久性竞争优势。

Grant（1991）认为形成企业竞争优势的资源应具备以下四种特性：①资源模仿的障碍（barriers to resources imitability）。资源的这种特性是行业内的一些企业由于其自身的优势先入市场，并设定一系列的规则、障碍，以限定其他竞争者的进入和效仿，从而有效地阻止了一些企业的进入。②因果关系模糊（casual ambiguity leading to uncertain imitability）。构成企业竞争优势的资源不是某种特定的资源，是一系列资源的有效组合，由于组合的不确定性和复杂性，就会形成模糊性，从而维系企业的竞争优势。③不完全转移（imperfect transferability）。资源的这种特性是从成本和流动性的考虑，资源越不容易流动，其从创造的价值也就越高，同时企业也可以享有更好的竞争优势。④资源复制障碍（barriers to resources replication）。资源的这种特性是从专属性方面考量，企业的专属性资源，比如企业文化、核心技术等，是其他竞争者所不能复制的，因此这种资源就构成了企业的竞争优势。

Sralk（1992）透过价值传递来界定企业的竞争优势，认为企业通过其在市场结构中的准确定位，并整合各种资源和信息在企业内部建立核心能力，以此来获得企业的竞争优势。

Hall（1992）提出企业和其他竞争者之间的差异在于企业的独特能力。企业由于各自独特的历史背景、文化差异，那么形成的能力也有很大的区别，并以此将企业的能力划分为四个不同的方面：①文化差异。这种差异是由于企业各员工之间的信仰、习惯、价值观，以及行为方式的不同造成企业内部个体与个体的差异。②功能差异。这种差异是由于不同的员工其掌握的知识、技能、经验也不相同，这种差异还会影响企业价值链的其他业务活动。③法律差异。这种差异是由于在相应的法律规定的企业类似于产权、智慧财产等的保护。④地位差异。企业在整个价值链上的地位不同会影响其不同的运营方式，形成不同的成效。同时企业在价值链上的地位也会有效地防御其他竞争者。

Richard A. D'Aveni（1994）从影响企业竞争的因素中总结了四个较为关键的因素：速度和专业知识（timing & know-how）、充足资金（deep pockets）、中心位置（strongholds）以及成本质量（cost & quality）。通过这四个因素的共同作用，可以有效认识和了解现代企业的竞争优势是如何替代传统意义上的竞争优势，这样即是我们所研究的动态战略互动（dynamic strategic interactions）的内涵。企业通过这四个因素的较量，来淘汰其他竞争对手，获得永续发展。传统意义上的竞争优势在于运用战略构建优势，通常会采用一些新的有特色的创意来赢得竞争胜利。企业的各种形式的竞争优势都会随着市场和时间的不断运转而消失，当前竞争优势可能未必适应未来的发展，当行业内其他的竞争对手通过模仿和复制获得这种优势，那么企业的竞争优势也不复存在。可以通过图2-18来说明这一过程。

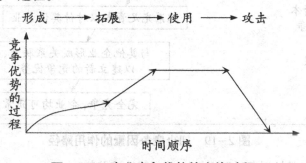

图2-18　企业竞争优势的实施过程

影响企业竞争的四个关键因素具体分析可以用图2-19来说明。①成本和质量竞争。企业的竞争优势应该体现在低成本、高质量产品的竞争，这种成本和质量对企业而言，即使是一些品牌较好的企业都非常重要。如果企业在市场上拥有很好的品牌，但是由于产品的成本较高相应的价格也很高的、质量较差，企业也会失去这种优势。②速度和专业知识竞争。商机是转瞬即逝的，要求企业需要快速的响应。运用专业知识缩短产品的研发周期和生命周期，可以有效提高企业的科技创新速度。③中心位置的竞争。市场的进入障碍是随着时间而不断分解、再形成，当这种进入障碍分解消失时，市场中的所有企业其优势劣势都完全暴露出来，其他的竞争者的模仿和复制就相对容易得多，这对于企业而言是非常不利的。④充足资本的竞争。企业之间的伙伴连接关系，可以为彼此带来更多的资本。企业通过不断积累资本，壮大自身的实力，就有能力和其他竞争者对抗。

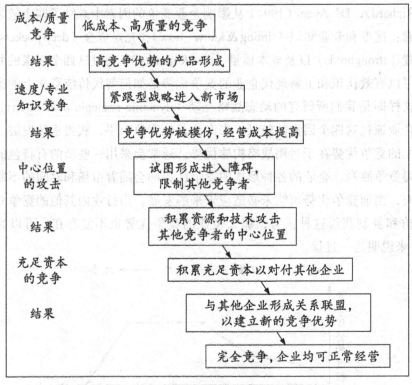

图 2-19 四个竞争因素的作用路径

资料来源：根据 Richard A. D'Aveni（1994）文献整理。

在市场中，只要有一家企业具有超竞争优势，就可能为整个行业带来巨大的变化，由于这家企业的这种超竞争优势会对其他竞争者形成威胁，其他竞争者为了存活，就会奋起反抗，通过建立更强大的竞争优势来应对该企业；相反，这家企业对于其他竞争者的反抗也会采取积极的应对措施,建立新的竞争优势,这就形成一个无限循环过程,也即是超竞争环境。

在这种超竞争环境中,企业为获得商机,只有通过运用战略决策来打破这种无限循环的竞争环境,建立新的竞争优势。

Porter(1985)从企业的价值分析模式来探讨企业的竞争优势的形成,并且将其作为分析竞争优势的重要工具。企业的价值链可以有效协调企业战略管理形成的活动单元,探究企业间的成本差异,以及差异化优势来源,只有了解相同价值链上的各企业的经营状况,企业才能做到有的放矢,以低成本和差异化战略来获得较高收益,并且获得持久性的竞争优势。

通过企业价值链生成的竞争优势,有两种不同的类型:最优化(optimization)和协调(coordination),通过企业的价值链连接可以促进企业在较短时间内做出利益取舍,进而获得企业的时效性。企业通过提供高质量的产品服务、严格控制各种原材料的质量或者是采用较严格的生产操作和严密的检测等活动,可以有效降低企业的各种生产成本。因此,企业要想获得最佳的竞争优势,只有通过企业战略管理的价值链发挥最佳效益。

通过企业价值链上的一系列业务活动的有效实施,以低于其他竞争者的低成本积累较多的成本优势,可以获得持久性的价值。同时这种成本优势也可以评估对一些已有或潜在的竞争者的成本是否能够产生价值,还取决于能够有效阻止其他竞争者对这种成本优势的复制和模仿,以低成本优势来维持企业竞争优势的持久性。

在企业的成本优势中,最具有持久性的是成本驱动因素。下面具体探讨影响成本驱动因素主要有:①规模,即限制企业的进入障碍;②互动关系,企业和其他企业之前的良好互动形成的价值,迫使其他竞争者采取多元化的经营才能赶上;③关系连接,企业关系的连接需要跨企业或跨组织的协调控制才能完成;④学习效应;⑤鼓励各种专利和制造技术的创新政策,企业通过创新获得的各种技术和专利,可以有效地防止其他竞争者的复制和模仿,进而更好地保护创新成果。

2.3　国内相关研究进展

为了捕捉国内研究前沿，为本项目的研究提供文献基础，本项目对国内关于网络导向、创业能力与竞争优势的相关研究进行了梳理，以期从现有的成果中得到启发并进一步拓展现有研究的视角。

董保宝（2012）认为，动态能力创业网络与新创企业竞争优势间具有中介效应，而且网络强度、密度对竞争优势无显著影响，网络中心度对竞争优势影响显著；焦豪（2011）认为，动态能力通过探索式和利用式创新影响竞争优势；简兆权等（2011）认为吸收能力、整合能力对可持续竞争优势影响显著；张玉利和王晓文（2011）实证研究了先前经验、学习风格与创业能力的关系；单标安等（2011）基于资源整合视角研究了新企业网络导向与绩效之间的关系；任萍（2011）研究了新企业网络导向、资源整合与企业绩效的关系；吕东等（2011）研究了创业网络和信任对高科技创业企业竞争优势的影响；董保宝等（2011）从资源整合视角研究了能力与竞争优势的关系；朱秀梅等（2010）认为网络导向是网络能力的维度之一，并研究了它与资源获取和新企业绩效的关系；赵国珍（2010）从产业集群视角研究了企业家再创业能力的提升机制；袁进进（2010）研究了农村微型企业创业者创业能力的开发问题；陈钦约（2010）基于社会网络视角研究了企业家创业能力和创业绩效的关系；马鸿佳等（2010）基于东北地区新创企业样本研究了网络能力与创业能力的关系；段晓红（2010）对企业家创业能力与企业创新能力的关系进行了探讨；郭海（2010）研究了企业监督机制、企业家创业能力与绩效的关系；常冠群（2009）研究了创业能力、资源获取与创业绩效的关系；唐靖和姜彦福（2009）对创业能力的概念体系进行了梳理并进行了实证检验；买忆媛和甘智龙（2008）基于 GEM 数据对我国典型地区创业环境对创业机会与创业能力实现的影响进行了实证研究；吴结兵等（2008）研究了网络密度与集群竞争优势的关系；倪锋和胡晓娥（2007）基于创业认知对创业能力发展的理论模型进行了研究；吴海平和宣国良（2007）探讨了网络组织中企业竞争优势的本源问题；张映红（2005）研究了公司创业能力与持续竞争优势间的关系；吴道友（2003）研究了中小企业内创业能力及其与绩效的关系。

通过对比我们发现：首先，国内关于网络导向、创业能力与新创企业竞争优势的关系研究成果并不多，而且研究主要集中在网络导向或创业能力的某一个或几个维度与绩效或竞争优势的关系上，研究内容相对比较片面。其次，纵观国内的研究，网络导向的相关研究与创业能力及竞争优势的相关研究相比较少，而且国内研究的焦点多集中在创业能力与绩效的关系上，关于三者之间关系的研究则更少。再次，就研究样本而言，多数关于竞争优势的研究主要聚焦在成熟企业上，缺乏对新创企业的深入研究。最后，国内的相关研究相对滞后于国外研究，中国转型经济背景下网络导向的构建、创业能力的提升以及新创企业竞争优势的持续性还需要进一步地深入研究。

2.4　当前研究的不足

2.4.1　竞争优势的研究不足

在动态复杂的环境下，我国企业要想持续地发展壮大，必须提升企业的竞争优势，而这在一定程度上也迫切需要新的理论指导。在动态的市场中，客户需求的个性化和不可预测性与技术生命周期缩短等使得企业要想维持竞争优势，凭借制定的竞争战略来战胜对手，就得不断地提升自身的能力，以能力的提升来带动竞争优势的构建和持续。如何从实证研究角度评价动态能力与竞争优势的关系，探索动态环境下企业竞争优势的形成机理，通过产生新的竞争优势的组合，使企业产生持续的竞争力和强劲的竞争优势等已经成为学术界面临的主要难题，这也是企业关注的焦点问题。这也是本书选题的最主要依据。

在 Porter 教授对竞争优势进行了研究分析之后，竞争优势研究便逐渐兴起，出现了大量的研究成果。一些理论，如资源基础论、核心能力理论、知识管理理论和动态能力理论等都支持了企业竞争优势的研究，逐渐使竞争优势的相关研究不断完善、丰富和充实。随着这一理论在国内的深入，我国许多学者也开始研究企业竞争优势的形成和持续性问题，成果颇丰。本书通过对文献的回顾，发现现有关于竞争优势研究存在以下四个方面的不足。

首先，国外关于竞争优势的研究正在走向成熟，理论体系较为完善，但也存在一定的缺陷，即国外的一些研究只是就某一个方面或者某个要素来研究企业竞争优势的形成及其影响因素，这些研究虽多但概念不统一，缺乏系统性，企业竞争优势理论体系仍需要进一步的完善。而且，既有从外部，即产业视角研究竞争优势的形成，又有从内部视角，即基于企业内部资源和能力的因素来研究企业竞争优势的形成，这些都有一定的片面性。企业竞争优势研究应走内外结合的道路，即通过整合企业的外部环境与内部资源与能力，达到二者的匹配，进而形成整合性动态能力（Chen et al.，2009）①，但现在仅仅是开始，远未形成成熟理论或系统性理论。竞争优势的相关研究急需。本书将外部环境（网络联系）与内部能力（动态能力）构建到一个概念框架体系中，完善了这一不足。

其次，国内学者关注竞争力胜过关注竞争优势。国内关于竞争优势的研究成果虽然不少，但多数是基于竞争力的研究顺便提及竞争优势，关于竞争优势系统性的研究很少。而关于企业竞争优势的研究也主要集中在竞争优势的形成、测定和评价上，并将竞争优势锁定在绩效指标上，比如市场份额的增长，新产品的开发等。缺乏竞争优势本身度量指标的开发。本书将竞争优势看作一维的，从六个方面来测度企业的竞争优势，使竞争优势具有可操作性。

再次，已有关于企业竞争优势的研究多数缺乏系统性和有效的深度，已有的研究以静态研究为主，通常关注稳定的竞争环境，很少去研究企业竞争优势的演进与外部环境的适应性问题，完全忽视了企业竞争优势的动态性和持续性，忽视了竞争优势的演变机制②。资源基础观和企业能力理论认为，企业竞争优势是外部环境和内部资源与能力共同作用的结果。由于企业内部资源处于不断地变动中，它们的不断地演化和发展促使竞争优势也不断地发生变化。此外，企业的运营环境也是处在不断的变化中，动态的环境必然要求企业去动态的适应。因此，必须从动态的视角来审视竞争优势的发展和演变，这样才会有利于企业竞争优势的培育。

最后，我国典型的转型期也要求企业必须构建竞争优势以应对日益激烈的

---

① Chen 等（2009）认为，关于企业的竞争优势理论，现在有必要从资源和能力双视角来进行整合，扩展静态资源与动态能力对企业竞争优势的贡献。

② 霍春辉（2006）研究了动态环境下的企业竞争优势的演进，从产业环境、战略资源、竞争能力以及制度规范角度阐释了竞争优势产生的基础，并揭示了竞争优势的跃迁动力与路径。

竞争。现阶段，我国的市场经济体制还有待于完善，企业的发展也是处于不稳定阶段，因此，只有结合我国现实环境特点和企业的实际情况来研究竞争优势的形成及其持续性问题才有意义。

2.4.2　综合评述

基于本项目的研究主题与研究目的，较为详细地考察了网络导向的内涵与研究进展，创业能力的内涵、维度及其最新研究进展；新企业竞争优势的基本内涵及其研究进展情况。显然，新创企业竞争优势作为创业企业的重要研究方向之一，已经积累了可观的研究成果，这些成果对于揭示竞争优势的持续性具有重要的理论和实际价值，也是后续研究的理论基础。上述研究表明：

第一，关于创业能力与竞争优势关系的研究文献主要聚焦在成熟企业上，忽略了对新创企业样本的分析，国内外的研究均是如此。新创企业竞争优势的构建与持续是否与成熟企业有差异以及有何差异？这就需要构建新的模型和量表，来检验中国情境下新创企业竞争优势的形成和发展。

第二，关于网络导向对创业能力以及新创企业竞争优势影响研究的成果虽较少，但是这一研究正在逐渐引起学者们的重视（Sorenson et al.，2008）。在有限的文献中实证研究相对较多，但是，有些文献只是探究某个变量的测度问题，如创业能力，缺乏对三者关系的深入解读；而关于竞争优势的研究，许多研究将竞争优势与企业绩效等同，用绩效的测量指标来测度竞争优势。实际上，企业竞争优势是企业绩效的前因变量，它影响企业的绩效（Newbert，2008）。此外，从创业能力角度对网络导向和企业竞争优势进行分析的研究更鲜有，这就为本项目的研究提供了空间。

第三，资源观和能力观强调了竞争优势的内生性，即竞争优势来源于企业拥有的资源和由此形成的能力，而迈克尔·波特认为，企业的竞争优势来源于外部环境（"五力"模型），即具有外生性。两种观点均合理但都具有片面性。本项目将两种观点整合在一个框架下，从外生和内生视角研究网络导向（建立外部联系的期望，具有外向性）、创业能力（相当于企业内部能力，具有内生性）与新创企业竞争优势的关系。

第四，对网络导向在竞争优势形成过程中的角色认识不足。新企业网络关系是竞争优势形成的关键因素之一，大多数新企业只是仅仅关注网络行为的价值，忽视了网络倾向对网络关系构建以及网络关系发展方向的影响，而这才是影响竞争优势的关键所在（Siu & Bao，2008）。目前，有关网络导向与竞争优势关系研究仍停留于对网络结构构成与竞争优势构建之间关系的讨论（董保宝，2014；Newbert & Tornikoski，2012），并没有进一步挖掘网络导向构成特征与竞争优势之间的匹配关系。

第五，忽略了新企业创建与发展过程中重要的影响因素，即创业能力的作用。能力理论认为，能力是竞争优势构建的基础，这些能力主要有核心能力和动态能力，但对于这些能力的界定比较模糊，各类能力之间缺乏明晰的定义与边界（Zahra & George，2002）；而在上述能力对竞争优势的影响过程中，鲜有研究对创业能力与竞争优势的关系进行分析，忽略了创业能力这一关键要素在新企业竞争优势形成过程中的价值。

第六，在网络导向对竞争优势促进作用的边界条件方面研究不足。尽管学术界已基本认同网络对竞争优势的促进作用，但是现有多数研究仍停留于验证网络导向对竞争优势的直接影响，而没有进一步研究网络导向在什么情况下，以何种程度、什么方式起作用（Sorenson et al.，2008）。

综上所述，网络理论认为，企业的竞争优势来源于外部网络联系，即具有外生性（Siu & Bao，2008），而能力观强调了竞争优势的内生性，即竞争优势不仅来源于企业拥有的能力（Teece et al.，1997），而且，内部能力还能够调节外部网络关系与竞争优势的关系（Slotte-Kock & Coviello，2010）。两种观点均合理但都具有片面性。将两种观点整合在一个框架下，从外生和内生视角研究网络导向（建立外部联系的期望，具有外向性）、创业能力（构建企业内部能力，具有内生性）与新创企业竞争优势的关系，不仅能够完善相关理论，而且对于新企业在目前转型经济背景下的生存与发展也具有重要的借鉴意义。

弥补上述研究的不足正是本书所要追求的学术贡献。

2.5 本章小结

本书根据研究需要，回顾了相关的理论基础以及网络导向、创业能力和竞争优势的相关研究。主要的基本理论有战略管理理论、创业理论、社会资本理论、社会网络理论、组织能力理论和资源依赖理论。这些理论均从不同的视角研究了企业的竞争优势及其持续性问题。接着本书从网络导向的内涵及其研究进展、创业能力的内涵及其研究进展以及竞争优势的内涵、来源及其研究现状等方面对目前国内外的相关研究进行了分析，并对国内外的研究做出了总结。本章的基础理论和文献分析为后续章节的分析奠定了基础。

3　研究模型与假设

在上一章基础理论的基础上，本章将对新创企业网络导向、创业能力以及竞争优势三个变量进行内涵的界定和维度的划分，最后提出研究要素之间的相关假设，为下面章节的实证研究奠定基础。

3.1　网络导向及其测量维度

3.1.1　网络导向的内涵及特征

网络导向源于心理学研究，心理学家将网络导向定义为通过网络关系处理生活问题的信念、倾向与态度。由于网络导向在处理某些问题方面的重要性，它在 20 世纪 90 年代末也被逐渐地运用到经济管理领域，一些学者对其进行了概念上的界定。Barnir 和 Smith（2002）认为，网络导向是创业者或管理者构建和维持网络关系的倾向。Sorenson 等（2008）从合作促进新企业商业成功的角度对网络导向进行了界定，他们认为，网络导向是企业与外部利益相关者以及内部各部门建立合作关系的期望与倾向。虽然网络导向逐渐引起了学者们的关注，但它在创业研究中的应用却被极大地忽视了（Lans et al., 2011）。总体来看，网络导向强调新企业对网络价值的思考、开发和利用，强调了网络的情境性作用，着眼于在特定情境中利用网络来通过识别新机会、获取新资源并培育新能力来实现新企业的生存与成长。据上所述，本书要研究的新企业网络导向是指新企业在创建与成长过程中与内部行为主体和外部环境主体建立网络关系的倾向、期望与态度（Sorenson et al., 2008）。

新创企业网络导向应具有以下特征：一是网络导向是构建和维持网络关系以解决新创企业创建与成长过程中面临的问题、获取帮助的态度和倾向；二是网络导向是创业者或者组织在进行商业活动时表现出来的一种行为倾向；三是这种行为倾向的内涵是合作，通过广泛的合作来获取支持和帮助，缓解新创企业创业压力。网络导向越强，相应地，创业者或者组织就越倾向于采取合作来解决问题。因此，网络导向是新企业与外部环境主体建立网络关系的倾向、期望与态度。

3.1.2　网络导向的测量维度

虽然网络导向源于心理学，但基于心理学视角的网络导向维度开发却缺乏组织实践基础。心理学视角的网络导向维度开发更加强调了个人的网络依赖性、网络利用性以及网络价值性（Dodd & Patra，2002；Fryer & Fagan，2003），这也是学者据此对网络导向进行维度开发的基础。而在创业研究领域，如前所述，Sorenson 等（2008）根据网络导向的内涵对其的维度进行了划分，即用合作维度（collaboration dimension）、网络构建（inclusive network dimension）及网络团队结构（network team structure dimension）三个维度来解析网络导向，而任萍（2011）从合作性、关系关注度及开放性管理三个视角分析网络导向的维度并利用新企业数据进行了验证。目前关于网络导向维度开发的上述研究强调新企业对网络价值的思考、开发和利用，强调了网络的情境性作用，但是却忽略了对网络构建方向的思考，尤其是忽略了网络导向与新企业演进的关系。虽然上述研究关注了网络导向的维度，但其并非就维度开发这一主题进行研究。董保宝等（2015）将网络导向分为网络思考、网络建构、网络关注以及网络开放性四个维度，并用新创企业的数据进行了验证，这些维度具有良好的信度和效度。本书借鉴上述研究成果，将网络导向分为网络协作性、网络关注度及网络开放性三个维度。

（1）网络协作性（network cooperatin）

强调组织内、外部的合作、沟通与交流，这是网络导向的根本属性，主要涵盖量不得分内容，即关于网络合作的思考以及关系构建过程中网络的作用。网络思考是指新企业就网络关系的作用以及如何构建所进行的战略性考量。新企业在创建初期由于"新且小"的先天不足，其生存与发展所需要的大量资源将是其发展的主要瓶颈，单独依靠自身的努力可能无法解决成长过程中的一些问题。新企业需要考量网络的作用，尤其是网络为其带来的机会是否符合企业目前发展的需要，网络关系能否有利于企业发掘或创造新机会，并提升企业机会开发的能力（Kale & Singh，2007）。网络思考倾向于思考网络的直接效用，新企业应时刻关注网络关系构建过程中复杂网络的不同价值体现，确保企业能够从中获得更多的资源或信息。在构建网络关系前，新企业应多样化思考网络关系的多元性，并时刻保持对网络变动的敏感性，确保企业对网络关系认知的实践价值（Smith & Lohrke，2008；Welter，2012）。

在网络关系建构的过程中，新企业往往会从以往关键网络事件中分析其成功或失败的经验，会反思不同的网络关系的价值并据其来制定新的产品与服务策略（Siu & Bao，2008），并根据环境对网络关系价值的反馈来规避失败或者效率低的网络联系（Elfring & Hulsink，2003；董保宝，2014）。新企业还会根据网络构建的方向来调整其战略方向，通过一系列有价值的战略活动促进新思想的产生和推动创业活动的顺利进行。随着企业的发展，新企业会对不断变化的环境进行适应性调整，并据此调整其网络联系，包括抛弃旧有网络联系或者调整合作关系。这些都需要新企业深入思考网络在其不同发展阶段的价值以及网络的演进过程（Newbert & Tornikoski，2012；董保宝，2013）。

而网络建构（network construction）是指企业构建网络关系时所关注的网络类别、构建基础及构建成本等。新企业在资源匮乏的情况下建立网络关系时需要审慎严谨，因为不当的网络关系可能会成为影响企业发展的羁绊（Trevelyan，2009）。在构建网络关系时，新企业在考虑网络价值的情况下还需要确定网络建构的方向，即构建何类网络。同时，企业也应该思量自身构建网络关系的基础，如声誉、资源等。这些都是企业在建立外部关系时需要考虑的问题，而网络建构并不局限于与外部的联系，企业内部网络关系的建构也极其重要。在组织内部建立网络联系时应注重沟通，解决冲突（Coad & Tamvada，2011）。

（2）网络关注度（network focus）

网络关注是指企业倾向与企业外部联系方建立良好的合作关系，并关注网络跨度和网络聚合等方面。网络关注主要表示新企业倾向于建立外部关系，如与顾客、供应商、亲戚朋友等建立良好的关系（Gargiulo et al.，2009）。关系关注程度较高的企业往往积极地与外部关系进行沟通，关注相关的信息，同时对外部关系所提出的各种意见和建议给予积极对待（任萍，2011）。网络关注同时也表现出了新企业对网络演进方向的注意程度，这是企业在关注网络构建过程中应该思量的核心问题之一，即未来企业的发展应该构建什么样的网络关系、网络关系应该向哪个方向发展、如何处理网络跨度（关系跨越制度、组织或社会边界的程度）（Zhao & Aram，1995）和网络聚合度（一对关系被共同的第三方强联系包围的程度，聚合的程度越高，网络成员间的联系越紧密）（Slotte-Kock & Coviello，2010）问题等。

（3）网络开放性（network openness）

网络开放性是指企业内部网络关系的和谐性，其主要是相对于集权化而言的，其主要针对组织内部，表示将组织内部各个阶层的职员看作为一个团队，并进行宽松、灵活的管理，让内部员工能充分表达各自的想法和愿望，并且整个组织是去集权化的，散发的是一种轻松的氛围（任萍，2011；Dodd & Patra，2002）。新企业需要针对创业过程中出现的问题迅速而有效地予以回应和解决，这就需要集思广益，征求员工的意见，因而其内部网络的开放性至关重要。灵活弹性的网络化管理有利于构建宽松的网络氛围，在这样的网络导向下，新企业组织会强调人力资源的参与度和整合性，他们通过愿景形成紧密的网络，促成实践的一致性（Ucbasaran et al.，2001）。

3.2　创业能力及其测量维度

3.2.1　创业能力内涵及其特性

能力既可以指对一项工作的胜任，也可以指拥有从事某一工作所必须的知识、技能或态度等。因此，能力与知识不同，而是指能够实行或从事某一工作的基本手段和技术（Friffiths et al.，2005）。而创业者在创业过程中所具备的技能和知识等就是创业能力。而成功创业所需的因素之一，就是如何获取创业所需的资源和能力。在创业能力层面之外，更主要的是了解组织资源与竞争优势的关系。因此创业者应该设法获得多样的资源与能力，并加以有效配置，获得最大效益。而 Brush 等（2007）认为，获取能力比获取资源更重要，因为能力才是确保创业成功的最为关键的要素。在创业初期，创业者获取资源的能力远比有形资源更加重要。创业能力有利于创业者或者新创企业发掘和利用新机会，提早进入市场，通过提供新产品或服务来满足市场上客户的需求以发展新事业（Baron，2006；Shane，2000）。由此可见，拥有创业能力掌握资源，利用市场机会，以此构建竞争优势，能够克服潜在替代品或模仿的威胁，维持长期竞争优势。

由此可见，创业能力是创业研究的一个重要概念，它对个体是否选择创业以及新企业如何成功运作具有重要的作用，同时也对新企业的竞争优势有重要影响（Pieterse et al.，2011）。De Noble 等（1999）认为，创业能力是创业者或新企业在创业过程中所展现出的开发机会与利用机会的能力，而 Politis（2005）认为，可以从两个方面来解读创业能力，即先验知识和管理能力，他将知识看作是创业能力的组成部分，并认为若创业者管理能力较强，它便能够整合知识来提升创业能力。

在创业过程中，新企业需要完成两大任务：感知、发现和开发机会以及运营管理新企业、构建组织能力并获取企业成长。因此，可以将创业能力划分为两个部分，即与识别和开发机会任务相关的机会识别与开发能力（以下简称为机会能力）以及运营管理新企业创建、组织等相关任务的运营管理能力（董保宝，2014）。

借鉴国内外学者的分析，本书认为，创业能力的特性不仅反映了创业能力的根本特性，也应表现出其与其他能力的不同，也即创业能力的独特性。

（1）独特性

本企业的创业能力与对手的能力相比具有显著的独特性，表现在：首先，创业能力是本企业所特有的；其次，由于资源与团队的相异性使得不易被竞争对手模仿；第三，能够较大程度满足客户的需要，不仅包括当前的而且包括未来潜在的需要。如果竞争对手能够模仿或获得这种能力，那么它就无法给企业带来持续竞争优势。

（2）整合性

创业能力是一个整合性的概念，其能力体系十分复杂，是企业许多单个技能的整合。企业的这些技能、技术以及其他能力只有相互匹配形成一个有机的能力整体，并在向客户提供产品和服务时表现出强于对手的竞争优势，这种创业能力才不易被模仿或复制（Chen，2007）。

（3）演进性

具有领先地位的企业其暂时不易被竞争对手模仿，但是这并不意味着永远能够不被模仿，企业若想保持创业能力的独特性，就必须对创业能力持续不断地进行创新、发展和培育，以维持和扩大创业能力与竞争对手的差距。否则，随着时间的推移和对手创业能力的增强，企业的竞争优势会消失。创业能力的演进应该展现出螺旋式的上升，这与企业监测、识别市场机会有紧密关联。

（4）不可交易性

构成创业能力的资源或奇特能力是企业在长期的竞争中积累的，是不可交易的。创业能力本身必须通过管理整合将企业内部的技能、能力与外部获得的能力协调统一成有机的整体而获得，创业能力是不可能从外部的市场交易中获得的，它源于组织内部。

3.2.2　创业能力测量维度

不少学者对创业能力的维度进行了研究。

Flexman 和 Scanlan（1982）认为可以从七个方面来分析创业能力，一是自我掌控能力，包括对自我掌控生活环境的认知与理解，而非依靠外部机会和运气；二是规划能力，即开发与执行各类方案的能力；三是知觉与回馈能力，即理性察觉人及情境，接受和利用回馈来完善自我认知；四是冒险能力，即在不确定环境中进行知性活动的能力；五是创新能力，运用或借用原创的构想，开创新情境的能力；六是决策能力，发现新问题和新机会并迅速决断的能力；七是人际关系的能力，即构建关系网络并加以经营利用的能力。这些能力对于创业者而言具有至关重要的作用，它们共同作用于创业者的新企业创建行为。

Yu 等（2012）指出，创业能力不仅包含了技术能力，还包含管理技能，可能将创业能力看作是技术能力与管理能力的结合。这些能力反映了创业者或者新创企业对技术的认知与把握，对决策目标的设定以及对人际关系的把握与利用。这些技能也反映了新创企业对风险承担的果敢，对创新能力与变化的理解。

Sheinthil 等（2015）认为，创业能力可以分成两大层面来进行分析，一是先验知识，二是管理能力，这二者反映了创业能力的本质特征。

先验知识泛指一个人过去所有从学习与工作中获得的经验与知识，包括自我学习、受教于他人、自行创业或受雇于他人等的经验。Roberts（1991）认为，从个人创业中获得的先验知识对于创业者和新创企业而言十分宝贵，有助于创业者加强对某些事物的理解与认知，而这样的信息、知识与经验都是无法从别人身上复制的。Shane（2000）认为，先验知识是影响机会识别的重要因素，因为以往的经验能够影响个人识别出什么样的机会，并会影响该机会的发展方向以及评估逻辑。

创业能力之管理能力的高低对于组织目标的实现以及创业绩效具有重要的影响。管理的本质就是追求效率，因此，管理者的管理能力从根本上说就是提高组织效率的能力。Parry（2000）将管理能力归纳为最为关键的四种能力，并认为这四种能力对于创业能力的提升以及组织效率的体现具有关键作用。这四种能力如图3-1所示。

行政能力（自我工作管理）	网络沟通能力（沟通协调）
时间管理与排序 目标与标准设定 计划与工作安排	倾听与信息获取 给予明确的信息 获得正确的信息
领导能力（建立工作团队）	认知能力（思考清晰缜密）
训练教导与授权 部署绩效与评估 行为规范与咨询	问题确认与解决 决策与风险衡量 清晰思考与分析

图3-1 创业能力之管理能力的四维度

资料来源：据 Parry（2000）。

从上可以看出，在创业能力概念界定和构成维度划分方面，学者们基于不同视角界定的创业能力内涵虽然不尽相同，但仍有共性，即都把创业能力定义为通过有效配置资源来识别和开发机会，并通过内部的运营管理能力的提升为创业活动提供持续动力的能力（尹苗苗、蔡莉，2012）。一些学者认为，创业能力由机会开发相关能力和运营管理相关能力两个维度构成（唐靖、姜彦福，2009；马鸿佳等，2010；张玉利、王晓文，2011），但另有学者（Man et al.，2008）认为，创业能力包括机会能力、关系能力、概念能力、组织能力、战略能力和承诺能力六个维度。通过认真比较这两种观点不难发现，前者过于简单、抽象，而后者则又过于具体、繁琐。其实，创业能力的维度构成并非越简单越好，但也不是越包罗万象就越好。因此，我们对上述两种观点进行了整合，认为创业能力应该包括机会相关能力、战略相关能力、网络相关能力、管理相关能力和领导相关能力五个方面。而上述后四个方面由于运营管理紧密相关。

本书在此基础上进行创业能力的维度划分。机会能力与运营管理能力两种能力均可看作是企业的内部能力。De Noble 等（1999）及马鸿佳等（2010）认为，在进行创业能力概念的维度设计时，需要依据每一个维度背后的含义来进行归类。他们认为：①用机会识别能力与机会开发能力来表征新企业的机会能力；②可以用组织管理能力、战略能力和承诺能力来表征新企业的运营管理能力。本书将借鉴上述研究的成果对创业能力进行维度划分。

3.3　竞争优势及其测量维度

3.3.1　竞争优势的内涵及特性

企业的竞争优势（competitive advantage）是企业所独有的且先于行业其他竞争者的市场地位，企业的这种领先地位通常表现为企业较高的市场占有率、较高的收益率，可以为企业带来各种关键资源和信息，进而维持企业的持久性竞争优势，而且企业持久性的竞争优势已经成为企业衡量企业成败的关键。

Aaker（1984）对企业的竞争优势和持续性竞争优势进行了梳理，认为企业必须先有持续性竞争优势才能构建和发展竞争优势，并总结了持续性竞争优势（sustainable competitive advantage）的三个特性：①企业的持续性竞争优势包含企业获得成功的关键因素。②企业的持续性竞争优势是一种差异化竞争优势，是与其他竞争者不同的。③企业的持续性竞争优势能够随快速响应外界环境的变化以及有效应对其他竞争者。

企业对竞争优势的获得往往是因为其掌握和控制一些关键资源和核心能力，进而通过企业的构建和创造生成。对于企业的关键资源不仅包括有形的资产、机器设备、劳动力等，还包括无形的商业信用、企业文化以及企业的品牌等。企业的各种能力源自于企业的战略、营销、研发和制造等过程，企业的核心能力是企业各种资源和能力相结合而生成的（Wu et al., 2002, 2010）。

Li 和 Shen（2002）对企业的持续性竞争优势的特性进行了如下总结：①不

可模仿和交易，是建立在企业关键资源和核心能力之上的企业特有的优势；②稀缺的、难以替代的；③可以和其他资源与能力有效组合发挥杠杆效益；④可以最大化获得消费者的附加价值；⑤紧密联系企业的未来发展。

Changs 等（2001）在有效整合诸位学者们对竞争优势的研究成果之后，认为竞争优势是企业独有的且先于行业内其他竞争者的市场地位，并提出企业的竞争优势有助于企业在买卖业务活动中获得较佳的收益，且能够获得领先的竞争地位。企业的这种领先竞争地位直接表现为较高的市场占有率和较强的收益率（Porter，1985）。企业能否获得持久的竞争优势也成为衡量企业是否获得永续发展的关键。

而且，绝大多数研究对竞争优势概念本身却很少涉及，至今，仍然缺乏对竞争优势的完善界定（Ma，2000），竞争优势是否导致了企业卓越的绩效也受到了质疑（Powell，2001；Ma，2000）。虽然，Ma（2000）针对 Powell（2001）的研究，同样从逻辑推理中验证了企业竞争优势与卓越绩效的相关关系，但其仍没有给出竞争优势的概念界定。在以竞争优势为对象的研究中，根据研究的问题对企业竞争优势进行适当的界定是完全必要的。

由于观察角度和切入点不同，不同学者对于竞争优势的定义也各不相同，本研究将其他学者看法整理如表 3-1 所示。

表 3-1 竞争优势的不同内涵

学者	内涵及观点
Chamberlin（1933,1939）	企业比对手在市场上的表现更好
Alderson（1965）	企业的竞争优势来源于外部环境和内部资源的组合
Hofer 和 Schenedel（1978）	组织由其资源的配置型态而得与竞争者不同的地位
Porter（1980,1985）	指企业在产业中相对竞争者而言，长期拥有独特且优越的竞争地位，此种独特且优越的竞争优势体现在外，就是高于平均水准的市场占有率与获利率；其中三个一般性策略为：成本领导、差异化与集化中
Aaker（1984）	较主要竞争者占有优势地位的一项或多项的资产或技术领域
Day（1984）	较佳的技术、资源及定位上的优势，产生较佳的获利表现
Bakos 和 Treacy（1986）	信息科技的运用可产生四项竞争优势的来源：①改善作业的效率与效能；②开发组织间高效发展跨组织合作；③利用资讯科技帮助产品创新；④获得议价优势

续表

学者	内涵及观点
Bamberger(1989)	竞争优势是指企业在产业与市场上所发展出的独特优越地位,其中包含:低成本与价格、较佳服务、快速运送、良好形象等
Barney(1986,1991)	有价值的、奇缺的、不可模仿和不可替代的资源是竞争优势的来源
Hall(1993)	企业在市场上优于对手的表现和市场行为
Hill 和 Jones(1995)	竞争优势是指一个企业利润高于产业中其他企业,优于其他竞争者的能力。建构竞争优势的四个一般性基础:①较佳的品质;②较佳的效率;③较佳的创新;④较佳的顾客响应
Becsanko 等(1995)	竞争优势源于企业独特的市场地位
Oster(1999)	确保企业比对手更容易获利的能力就是企业的竞争优势
Ma(2000)	企业可持续竞争优势就是企业比对手更容易实现低成本、增加产品的附加值和创新力度
贺小刚(2002)	竞争优势就是具有比对手更强的盈利能力,能够取得高于行业平均水平的利润
周晓东和项保华(2003)	竞争优势本质上是一种竞争地位优势和竞争能力优势
刘巨钦(2007)	企业的竞争优势是指企业通过创新和吸收信息与人才资源而产生的一种位势,对手无法模仿
武亚军(2007)	企业的竞争优势源于战略的改进

资料来源:根据相关资料整理。

综上所述,本书认为,新创企业竞争优势是指企业利用所控制的资源和内部培育的能力,在市场上获取的高额绩效并占得领先地位,并以此循环往复维持这种优势持续发展的属性。它包含以下内容:①新创企业竞争优势来源于其拥有的独特的资源和能力。这里的"资源"既包括企业自身拥有资源(如有形资源和无形资源),也包括企业能够从外部获取的资源(如网络资源)。而"能力"则是指企业通过获取外部资源,经过内部加工利用以适应外部环境变化的经验与技能。资源和能力只有与外部环境相互匹配才能成为竞争优势的源泉;新创企业的资源与能力不仅要反映其对机会的把握,还要对组织内部的运营与管理有所回馈；②新创企业竞争优势的基本表现是企业在市场上的表现较竞争对手要好，获得了高于行业平均水平的利润，否则新创企业将很难生存；③新创企业竞争优势会导致企业市场绩效的提高，但是它与绩效仍有差异，它不能完全用绩效指标来衡量，它有自己的度量指标。具体度量见下一节。

3.3.2　竞争优势测量维度

竞争优势来源于资源、能力、效力、资产以及过程在内的所有能够为企业提供绩效来源的东西。这些东西能够为企业提供优于对手的竞争力以及吸引客户。企业必须依靠自身的优势才能吸引并留住客户。竞争优势决定了企业客户的价值导向和企业的市场地位。

Bloodgood（1997）在其博士论文《持续竞争优势：基于资源观的企业隐形知识的作用》中对竞争优势的维度进行了划分，一是企业的市场份额，二是企业的总体绩效（主要是财务绩效）。这种划分将竞争优势与企业绩效混为一谈，缺乏科学性（Lawrence，2004），而且，这种维度划分更像是来度量企业绩效。

Schulte（1999）在其博士论文《国际企业战略与信息流对企业竞争优势和绩效的影响》中对竞争优势的维度进行了详尽的划分。他以竞争优势发展序列的方式将竞争优势分为三个维度，即效率、功能和持续性。效率主要从成本角度考虑企业的行为；功能主要从资源的角度研究资源对竞争优势的影响；而持续性主要从客户、供应商和企业专有知识（know-how）角度研究企业竞争优势的持续问题。具体的研究指标如表3-2所示。

Ma（2000）首次提出了竞争优势的维度，认为竞争优势可以从竞争力和企业的市场地位来衡量，但是这种分类方法混淆了竞争优势和竞争力的差别。

Vogel（2005）在其博士论文《利用信息技术与能力为企业取得竞争优势》中，根据竞争优势在IT企业中的表现，将竞争优势分为以下六个维度：一是低成本维度，即企业能够以较低的成本为客户提供产品或服务；二是价值增值服务，即企业能够为客户提供多功能、高性能的产品或服务；三是速度，即企业以快速、有效的方式执行操作流程；四是灵活性，即企业需要灵活地适应快速变化的市场并比对手更快地做出反应；五是创新，即企业要持续不断地为客户提供创新性产品；六是客户服务，即企业要重视客户的需求。Vogel的关于竞争优势的划分比较全面地说明了竞争优势的具体内容，但是在他的研究中却仍将竞争优势看作一个单一维度，并用上述六个方面来度量竞争优势。

表3-2　竞争优势维度的划分及内涵

维度	内涵及意义
效率	接受、存储企业生产投入物的成本
	将投入变为产出的成本
	将产品营销给客户的成本
	培训、发展与补偿员工的成本
	管理活动的总成本
	协调采购、加工、营销等活动的成本
功能	监控资源使用的影响
	更新资源的影响
	转换或处理资源的影响
	评价资源效率和效能的影响
	获取资源的影响
	核实资源效用的影响
持续性	评价供应商与选择供应商
	整合客户资源的能力
	评价客户行为并做出反应
	企业信息技术系统的作用
	企业专利技术的保护
	技术标准的开发

资料来源：据Schulte（1999）。

结合上述分析，本书将企业竞争优势看作是单一维度，不对其维度做详细的划分。

3.4　网络导向、创业能力与
竞争优势关系模型及假设

　　基于上述分析，本书就网络导向、创业能力和竞争优势之间的关系进行分析，提出相关研究假设。本书下面就对变量之间的基本研究假设以及提出假设的依据进行论证分析。

3.4.1　网络导向对创业能力和竞争优势的影响

3.4.1.1　网络导向与竞争优势的关系假设

　　Watson（2007）认为，企业嵌入一定的社会关系中，其发展必然受到社会关系的影响。当创业者或新企业积极地构建网络关系，并开发网络关系以进行商业行为时，其表现出来的便是较强的网络导向，这种倾向满足竞争优势得以构建和维持的基础。总之，网络导向较高的企业，其往往表现出较积极地进行网络活动，这一结果便产生较大的网络规模和较强的网络强度（任萍，2011；Sorenson et al.，2008），使新企业处于网络关系的核心地位，帮助其获取所需的资源，促使其迅速摆脱新进入缺陷，获取相对的竞争优势。网络导向包含三个方面的内容，即网络合作性、网络关注度以及网络开放性，这三个方面也积极地促进新企业获取相应的优势。

　　网络合作性强调合作是网络导向的基础，这种合作不仅包括与外部关系主体的合作，也包括组织内部各部门的合作。积极与组织内、外部关系主体进行合作的新企业不仅能够解决生存与发展面临的某些困难，也有利于新企业加强自身的学习（Iris & Vikas，2011），建立起学习的氛围。Wetzels 等（2011）认为，外部知识资源的获取与内部的组织学习是相辅相成的。组织与外部的合作有益于加强企业从外部获取知识和信息，组织内部的合作则促进内部员工间的相互模仿和知识的传播，以此完善竞争优势的基础。而组织内部的信任与相互认可有利于组织的沟通与交流，强化知识资源的共享和利用，加强其效用和价值。

Granovetter（1992）认为嵌入式关系可以有效连接其他企业，形成一个关系网，关系网中的个体或群体通过社会的互动和信任以加强合作关系并彼此交换资源和信息、分享知识和技能（Gulati，1998）。Lee 等（2000）提出了四种方法，可以通过与外部个体或企业建立合作关系而建立紧密的关系连接并据此提高企业的竞争优势，一是通过与其他企业建立战略联盟的方式，同客户、供应商和其他企业保持长期的资源互动和交换的关系连接；二是对于一些新创企业，可以和一些投资公司合作，有其提供资金支持，可以有效降低经营风险；三是和一些研究机构和高等院校合作，达成人才输送和培养的协议，可以为企业提供新技术和高素质人才；四是加入一些非正式的团体和协会，这些组织会集聚很多有关系有资源的成功人士，可以同他们建立合作关系，为企业形成嵌入式关系连接并积累社会资本，同时企业也可以通过这些组织获得有价值的信息和市场先机。

在新创企业的初期阶段，由于其自身资源、能力的缺乏，可以通过和其他企业或个体合作形成嵌入式的关系网络，就可以充分利用其伙伴关系的各种资源和信息，以弥补自身的缺陷和不足。对于一些高科技型的新创企业，由于产品和技术的不断更新迭代，对企业带来的冲击非常的大。对于这样的企业而言，就需要不断地和外界进行交流互动以加强合作，以获得有价值的信息和资源，减少或规避企业的运营风险，降低企业的经营管理成本，这样才能为企业创造更高的经济价值。强调合作性是网络导向的重要方面，它通过内外部的知识资源获取来提升企业的竞争优势。据此，本书提出如下假设：

假设 1：新创企业的网络合作性与其竞争优势正相关（H1）。

网络关注度表示组织对于网络关系所提供的意见和建议给予关注和支持的程度（Sorenson et al.，2008）。"招才纳贤，广开言路"是新企业得以持续生存的法宝，也是组织表现出活力的重要体现。在组织内部，员工的意见和建议往往是从企业运营的实践中产生的，具有较高的价值。组织重视他们的意见不仅能够发挥他们的主人翁精神，强化他们的工作效率，更能够帮助企业改善自身的不足，夯实其优势部分，以此来更好地适应环境，获取相对竞争优势和更多的效益（Yoshie，2011）。对于外部关系，与顾客和供应商建立的网络关系是企业获取市场知识和资源的重要途径。因为，无论是供应商还是顾客都能与组织的目标市场相联系，重视二者关系的反馈意见有助于获取市场知识，拓宽网络范围和加深网络紧密度，从而进一步改进产品和服务，通过满足顾客需求来提升竞争优势，这也满足竞争优势提升对企业反应速度的要求（Vogel，2005）。Uzzi（1997）关于嵌入式关系和经营绩效的研究与Granovetter的观点类似，认为嵌入式的伙伴关系不仅可以加强新创企业对网络关系的关注度，尤其是强化对相关资源的关注，还可以紧密连接关系网上的各企业，通过资源和信息的交换与分享，彼此获得有用的资源和知识，不仅能够提高企业的经营绩效，为企业创造价值，而且也能够降低企业的运营成本，强化新创企业的竞争优势。此外，新创企业的网络关注度越高，越有利于企业获取更有价值的经营战略模式，进而企业可以参考这种模式，通过有效的社会互动，交换与分享各种信息和资源，降低企业内外环境对企业的影响，进而提升企业的竞争优势（Gulati，1998）。据此，本书提出如下假设。

假设2：新创企业的网络关注度与其竞争优势正相关（H2）。

网络开放性主要针对组织内部，对内部成员进行开放性的管理，如去集权化，提倡组织灵活性与弹性，在对员工进行放权的同时让员工充分表达想法等（Sorensonet al.，2008）。在这一网络导向的驱使下，新企业往往以一种积极的心态面对内部问题，虚心地接受下属的意见，并且让员工参与到整个组织的管理中来。这进一步促进内部员工间的沟通与协作，加强知识资源的传递与共享。这有助于组织在恶劣环境下求生存，面对外部环境的不确定性，提升应对挑战的能力和经验，从而促进新企业竞争优势的提升。新创企业组织内部合作的个体或团队在某种经济利益、知识、资源的驱动下，彼此进行社会互动和交换，所形成的内部网络关系即为合作连接，这种连接有利于组织加强对内部资源的整合与利用，强化资源的效率。Gulati（1998）认为，在组织内部的网络关系中，合作团队的嵌入式关系程度越高，合作群体之成员的关系越紧密，形成的内部网络关系就越拥有较高的效率和协作能力，企业内各种正式的或非正式的互动关系就越具有开放性，交流就越频繁，也较容易获经济利益，进而提升企业的竞争优势与绩效。于是本书提出如下假设。

假设3：新创创业的网络开放性与其竞争优势正相关（H3）。

3.4.1.2 网络导向与创业能力的关系假设

Lee等（2001）认为，要想显著地提高新创企业的绩效水平，需要企业内部能力（技术能力、营销技巧、财务能力）和外部关系（伙伴关系、人际关系）进行良好衔接，只有这样才能有效利用企业内外各种资源和信息，获得较高的经济利益。尤其是新创企业要合理利用机会，加强其对机会的把握，以此改善企业的竞争态势，强化竞争优势。

对于个体间、个体与企业间或企业与企业间的伙伴关系连接，通常伙伴双方都是出于某种特定目的或经济利益的驱动而达成，这种合作式关系连接不仅可以提高企业的经营活动和财务水平（Maloni & Benton，1997），而且还可以加深伙伴间的友谊、信任，同时还能够相互分享彼此的各种资源、信息和关系等，以此强化组织的机会能力，寻求有价值的机会。在伙伴关系中，如果企业对这种关系很满意，意味着双方在合伙关系都有很好的沟通和默契，企业能够从与对方的关系中获得有价值的资源和信息，满足其生产和经营的需要，此时企业将加强对网络关系的关注度，进一步完善网络结构，加强网络的聚合性及其功效（Sasovova et al.，2010）。因此，双方处理各种问题和应对挑战的能力都有很大的提高，这样可以减少经营风险，提高企业的运营管理能力。当这种伙伴关系达到一种高度紧密的状态时，意味着双方的互动和交流的程度很频繁，不仅可以为双方带来显著的绩效，而且还可以有效降低运营风险，减少交易成本，消除投机行为，营造良好经营环境（Wincent et al.，2014）。

Uzzi（1997）认为，通过与合作伙伴间建立良好的关系连接，不仅可以促进双方的良好互动、交换各种信息和资源，同时也可以为企业带来经济利益。通过与其他个体或企业建立的伙伴关系，企业也会十分关注并充分利用各种资源和关系，制定出符合自身发展的各种战略和管理方法，效仿一些经营状况较好企业的做法，降低经营环境中的各种不利因素对企业的影响（Gulati，1998）。

Lee 等（2001）认为，组织内部关系连接对于一些新创企业非常重要，其可以通过和不同部门的关系获得一定的物质或隐性的帮助，而且双方并没有涉及任何利益的交换，这种源于组织内部新式的团队和资源组合有助于新创企业加强对机会的认知与把握，提升其机会能力。对于一些新创企业而言，由于其面临激变的环境和诸多挑战，如果内部能够创造出新的关系组合，尤其是不同资源之间匹配性的关系组合，就可以为其减少外部环境带来的威胁和不确定（Todd & Mizruchi，2014），可以让企业在短时间内快速成长起来。这种内部开放性的网络不仅可以为企业带来机会，有利于企业获得外部环境中重要且稀少的资源，还可以为企业的运营提供便利，使其更具柔性。

据上所述，新创企业网络导向对组织能力具有显著的影响。网络合作性加强了组织对机会的认知，并强化了其对外部资源功效的理解，是组织在运营管理方面下大功夫以完善之；而网络关注度强化了组织对市场动态和竞争对手战略的理解，确保组织能够识别出有价值的机会，提升其机会识别能力，并强化面对激烈竞争的组织战略，加强对组织的运营管理；网络开发性是组织识别机会，加强机会识别能力的基础，内部柔性的建立有利于加强组织的机会能力，并根据机会强化组织的运营，使内部资源与外部机会得到合理的匹配，进而进一步完善组织的机会能力和运营管理能力。据上所述，本研究提出如下假设：

假设4：新创企业网络合作性对机会能力具有显著的影响（H4）。

假设5：新创企业网络合作性对运营管理能力具有显著的影响（H5）。

假设6：新创企业网络关注度对机会能力具有显著的影响（H6）。

假设7：新创企业网络关注度对运营管理能力具有显著的影响（H7）。

假设8：新创企业网络开放性对机会能力具有显著的影响（H8）。

假设9：新创企业网络开放性对运营管理能力具有显著的影响（H9）。

3.4.2 创业能力对竞争优势的影响

机会能力强调了新创企业对外部环境的反应能力。企业面临的外部环境是不确定的，企业无法准确预知环境中客观事件的发展和未来状态。外部环境的不确定性使得企业不断地加强对外部信息的获取以加强适应能力并提升其机会能力（霍春辉，2006）。企业的机会能力越强，企业便能够较竞争对手更快地识别出有价值的机会，进而对外部环境做出比竞争对手更加迅速的反应，以此满足市场和客户的需求，建立竞争优势（Portes & Sensenbrenner，1993）。随着企业间竞争的加剧和全球化的强劲趋势，企业必须要培养和提升整合、构建和重组内外部资源以适应快速变化环境的能力（Teece et al.，1997），其通过作用于企业的运营操作能力来提高企业的竞争优势。

企业组织运营管理的战略变化是适应外部环境变化而进行的，以改善和提高组织运营效能为根本目的的管理活动。企业运营管理能力的改进有助于企业加强对外部环境的认知与解读，因为外部环境的变化是企业组织运营管理实现变革的最大诱因（Newbert & Tornikoski，2012）。企业只有加强了组织运营管理能力，企业才能在激烈的竞争中迅速做出反应，提升企业的动态竞争优势（Zahra et al.，2006）。在一个不断变化的世界里，要取得成功，仅凭良好的管理和技术是不够的。今天，成功的关键是动员企业的员工，培养共同目标和职责，建立信任和认同，以及快速有力地行动以获取和保持竞争优势。组织的运营管理能力是一个成功的企业必须具备的根本技能之一。企业面对环境变迁的敏感度，必须提升其运营管理能力，这决定了组织的成功与失败。而有效的管理运营，不仅强化组织的战略变革，更有利于组织利用这种能力构建竞争优势，实现企业竞争优势的跃迁。

一般而言，具备竞争优势的公司通常先于竞争对手创造、界定、发现和开拓有利于企业的市场机会（Hamel & Prahalad，1994；Miller，1983），而反过来，机会能力的提升也是组织竞争优势得以提升的关键，因为机会的价值对于任何新创企业而言都是十分重要的。很多的研究显示了组织的机会识别能力与公司的竞争优势有显著的正向关系（Klyver & Foley，2012）。Jantunen 等（2005）通过对 217 家制造型企业和服务型组织进行调查研究之后，对公司动态能力与竞争优势之间的关系进行了讨论分析，他们的研究发现公司因时制宜的工作模式、迅速对环境、企业目标的反映以及实现战略的转变等均对企业的竞争优势有显著的影响，同时也说明了柔性的战略运营对企业竞争优势的积极作用，这也进一步表明，组织的运营管理能力有助于其竞争优势的改善。另外，组织的机会能力在一定程度上使企业加快对新识别机会利用的速度，以免出现机会过时的窘境。

作为创业的起点，机会决定了新创企业的生存率（Shane，2000）。而机会能力的不断提升却决定了组织对机会的把握和利用程度，决定了新机会的价值及其功效，也反映出了组织对这一机会的理解，这是组织建立竞争优势的基础，也是其发展的关键。Baraldi 等（2012）认为组织是一个能力系统，它涵盖了多种多样的能力，但对于新创企业来说，机会能力不仅提高了企业的组织能力，而且更为重要的是，企业通过对机会的认知和把握，不仅积累了强大的关于机会的知识库，而且还形成了强有力的机会链，这是其对手所不能够模仿的，这种链条能够为企业带来强有力的竞争优势。同时，通过组织能力理论的文献梳理可以知道，机会能力意味着创造、接受和实施新想法、流程以及产品和服务。而新想法的实施却离不开组织有效的运营管理。柔性的运营管理能力会加强组织的工作效率，有利于竞争优势的改善，这是十分明显的（Luo，2005）。

因此，本书提出如下假设：

假设 10：机会能力与新创企业竞争优势正相关（H10）。

假设 11：运营管理能力与新创企业竞争优势正相关（H11）。

3.4.3 创业能力对网络导向—竞争优势关系的调节效应

本项目将创业能力引入网络导向与竞争优势关系模型中，融合了网络观与能力观的相关研究，新创企业利用网络导向建立网络联系并在创业的过程中不断引导网络动态演化，不断通过改善新创企业的创业能力来提升其竞争优势。

创业能力对网络导向与新创企业竞争优势之间关系的调节性影响主要表现为两个方面：第一，创业能力促进网络导向实施过程中组织对机会的识别和开发。创业能力使新创企业不断通过整合机会能力、关系能力、战略能力等建立与外部利益相关者的关系（Man et al.，2002），通过这些关系新创企业获得大量新市场、新材料、新技术、新产品、新服务和新流程信息（Manolova et al.，2010），这些信息使新企业先于竞争对手识别创新机会、开发新产品和新服务，进而满足市场上的新需求，这是新创企业建立竞争优势的基础。第二，创业能力使新创企业根据网络导向需求，通过整合内部能力体系以获取和积累所需资源。具有强网络导向比弱网络导向的新创企业更需借助创业能力整合各种生产要素，不断去识别、获取和整合有价值的资源（Sorenson et al.，2008），这是新创企业构筑竞争优势的保障。

新企业的网络导向是获取竞争优势的必要非充分条件。新企业由于对机会的识别能力相异，在运营过程中它们对经由网络获取的资源和知识的解读能力不同，这就导致网络导向发挥作用时的边界条件不同，De Noble 等（1999）及马鸿佳等（2010）将其解读为创业能力，他们指出，创业能力越强的新企业，在机会识别与开发方面具有明显的优势，而且其对机会背后影藏的商业价值具有很好的理解，它们还能够综合管理和运营企业获取的相关资源。而机会能力和运营管理能力是强化创业能力的两个关键要素（Politis，2005；董保宝，2014）。通过改变创业能力，新企业网络导向对竞争优势的影响可能会发生变化。这就意味着，创业能力可能调节着网络导向与竞争优势之间的关系。

创业能力对网络导向与新创企业竞争优势之间关系的调节性影响主要表现为两个方面：第一，创业能力促进网络导向实施过程中组织对机会的识别和开发。创业能力使新创企业不断通过整合机会能力、关系能力、战略能力等建立与外部利益相关者的关系（Yoshie，2011），新创企业通过这些关系获得大量新市场、新材料、新技术、新产品、新服务和新流程信息，这些信息使新企业先于竞争对手识别创新机会、开发新产品和新服务，进而满足市场上的新需求，实现新机会的开发和利用，这是新创企业建立竞争优势的基础。第二，创业能力使新创企业根据网络导向需求，通过整合内部能力体系以获取和积累所需资源，通过运营管理这些资源来实现其价值。具有强网络导向的新企业更需借助创业能力整合各种生产要素，不断去识别、获取和整合有价值的资源（Sorenson et al.，2008），这是新创企业构筑竞争优势的保障。

许多研究公司创业精神的学者强调了追求新事业机会的重要性，而且深信机会能力强时，网络导向较强的新企业能够根据其对机会的解读来挖掘、开发机会的潜在价值，通过网络合作与沟通来实现之（陈文婷、惠方方，2014）。而且，在特定时刻，当现有的机会不能满足要求时，机会能力强的新企业会即时进行创新与创造活动，重新去挖掘、评估并利用新的机会，建立新的经济性组织，为新企业带来竞争优势和利润（Dollingers，2003）。同样，一些学者也强调了新企业在构建网络联系，关注相关信息和资源时，应该加强对机会的管理与利用，同时整合内外部的各类资源以提升其竞争优势（Iris & Vikas，2011）。Sorenson 等（2008）认为，新企业在运营过程中，能否面对产业环境的变动以掌握商机，考验着企业能否在开放的网络环境下提升其获取信息的质与量，网络导向强的新企业往往具有良好的思维、创新及应变能力。若企业在运营管理中能够迅速认知市场的变化，并快速地做出反应和行动，通过网络导向构建的竞争优势会不断提升并得以延续（任萍，2011）。虽然国内外学者已经从定性角度研究了机会识别能力和运营管理能力在网络关系与竞争优势之间的作用，但仍缺乏相应的实证研究（Sorenson et al.，2008）。而且，纵观国内外有关网络导向与竞争优势关系的研究，还缺乏引入创业能力视角，整合分析网络导向、创业能力与新企业竞争优势的内在关系。因此，本研究结合上述分析提出如下假设：

假设 12：机会能力正向调节着网络导向与新企业竞争优势的作用关系(H12)。

假设 12a：机会能力正向调节着网络合作性与新企业竞争优势的作用关系(H12a)；

假设 12b：机会能力正向调节着网络关注度与新企业竞争优势的作用关系(H12b)；

假设 12c：机会能力正向调节着网络开放性与新企业竞争优势的作用关系(H12c)。

假设 13：运营管理能力正向调节着网络导向与新企业竞争优势的作用关系

（H13）。

假设13a：运营管理能力正向调节着网络合作性与新企业竞争优势的作用关系（H13a）；

假设13b：运营管理能力正向调节着网络关注度与新企业竞争优势的作用关系（H13b）；

假设13c：运营管理能力正向调节着网络开放性与新企业竞争优势的作用关系（H13c）。

图3-2是创业能力调节效应的概念模型。

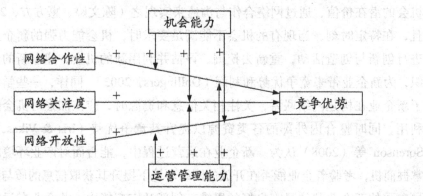

图3-2 创业能力调节效应的概念模型图

3.4.4 创业能力对网络导向—竞争优势关系的中介效应

虽然现在出现了基于网络的竞争优势观点，但是关于网络导向与竞争优势之间的关系，至今没有引起学者的重视（董保宝等，2015）。因此，网络导向与竞争优势之间的关系应提上议事日程。而从创业能力视角研究网络导向与竞争优势关系的研究更是鲜有。本书从创业能力的中介作用出发，研究网络导向对新创企业企业竞争优势的影响。Coad 和 Tamvada（2011）认为，网络导向与竞争优势的关系是比较复杂的，中间可能存在第三方变量影响二者之间的关系，关于二者关系的黑箱也是诸多学者关注的焦点。

Siu 和 Bao（2008）认为，网络导向能够加强机会能力，进而通过机会能力的发展来影响企业的竞争优势和绩效。Sorenson 等（2008）对男女创业者所创建的新创企业进行了研究，他们指出，网络导向强的新创企业，其会积极地建立紧密联系，以此获取更多样化的新观点和新想法，挖掘新的机会，同时也能使企业接触到更广泛的资源，提高企业的动态反映能力，加强其对关键资源的运营管理，优化企业的内部资源结构，从内部构建企业的竞争优势。海斯（2010）分析了网络导向对企业竞争优势的影响，他们利用反面数据验证了机会开发能力对网络与竞争优势之间关系的影响。研究结果表明，机会开发能力在二者之间扮演了重要的角色。同时研究还发现，如果企业的机会能力受到限制，那么网络导向再强，组织也会迟滞发现新机会，竞争优势就会出现下降趋势，企业的运营管理能力也会受到影响，企业的竞争优势就变得不显著。很明显，这说明了机会能力和运营管理能力在网络导向与竞争优势之间的中介作用。Yoshie（2011）发现，网络导向对竞争优势的影响会随着组织运营管理的发展而发生一定的变化。他对高科技企业进行了实证研究，其结果显示，企业的网络导向与企业运营管理能力之间存在正相关关系，同时发现运营管理能力的变化会显著影响组织的竞争优势和绩效。

由上可知，创业能力对网络导向与新创企业竞争优势关系的中介效应体现在：外部网络导向的实施，会在一定程度上加强企业为实施创业而进行的努力（Catherine，2008），确保企业能够通过不断地学习来提升其创业能力，而这种能力的构建和加强有利于企业逐渐培育其竞争优势的基础，通过不断学习更新能力体系来确保竞争优势的持续性（Kreiser，2011）。根据构建网络关系的目的与倾向，企业组织将会依据持续性原则来加强创业能力的演进和完善，通过提高资源识别和创造能力以及资源整合能力来最终提升竞争优势（Miles et al.，2009）。

因此，本书提出如下假设：

假设14：新创企业机会能力在网络导向—竞争优势之间起到了中介作用（H14）。

假设15：新创企业运营管理能力在网络导向—竞争优势之间起到了中介作用（H15）。

3.4.5 研究模型与假设总结

经过对上述变量之间的关系进行分析并提出假设，本书得出了变量之间清晰的框架，如图3-3所示。

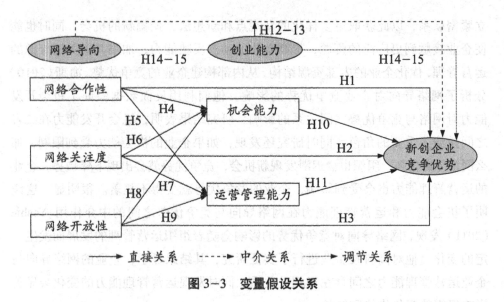

图3-3 变量假设关系

3.5 本章小结

本章基于第二章的基础理论，在对变量内涵及维度进行分析的基础上，提出了变量之间的相关假设。

网络导向被定义为新企业在创建与成长过程中与内部行为主体和外部环境主体建立网络关系的倾向、期望与态度。它被分为三个维度，一是网络合作性，强调组织内、外部的合作、沟通与交流，这是网络导向的根本属性；二是网络关注度，强调组织倾向于建立内、外部联系，积极关注内外部信息以及网络的范围与联系紧密度；三是网络开放性，强调组织对内宽松、灵活的管理并去集权化，这是知识在内部扩散的基础。

创业能力被定义为感知、发现和开发机会以及运营管理新企业、构建组织能力并获取企业成长而具备的能力。它可分为两个维度：一是用机会识别能力与机会开发能力来表征新企业的机会能力；二是用组织管理能力、战略能力和承诺能力来表征新企业的运营管理能力。

新创企业竞争优势是指企业利用所控制的资源和内部培育的能力，在市场上获取的高额绩效并占得领先地位，并以此循环往复维持这种优势持续发展的属性。本书认为，竞争优势的维度是单一的。

在对变量进行了维度划分的基础上，提出了研究假设，具体的假设包括：新创企业的网络合作性与其竞争优势正相关、新创企业的网络关注度与其竞争优势正相关、新创创业的网络开放性与其竞争优势正相关、新创企业网络合作性对机会能力具有显著的影响、新创企业网络合作性对运营管理能力具有显著的影响、新创企业网络关注度对机会能力具有显著的影响、新创企业网络关注度对运营管理能力具有显著的影响、新创企业网络开放性对机会能力具有显著的影响、新创企业网络开放性对运营管理能力具有显著的影响、机会能力与新创企业竞争优势正相关、运营管理能力与新创企业竞争优势正相关、机会能力正向调节着网络导向与新企业竞争优势的作用关系、运营管理能力正向调节着网络导向与新企业竞争优势的作用关系、新创企业机会能力在网络导向—竞争优势之间起到了中介作用、新创企业运营管理能力在网络导向—竞争优势之间起到了中介作用等 21 条假设。

4 测量工具开发及检验

在以上章节，本书就变量的内涵以及维度进行了定性研究，并依托相关基础理论，对变量之间的关系进行了假设。本章的主要内容就是在上述定性研究的基础上，对网络结构、动态能力以及竞争优势的测量工具进行开发，以确保其可操作性，并通过初步的问卷调研，以进一步验证测量工具的有效性以及可信性，最终设计出一份可用于全国调研的问卷，进而验证理论模型中的各个假设。

4.1 问卷设计原则及流程

4.1.1 问卷设计原则

问卷的设计是一个严谨、科学的过程。但是，当前国内的研究多数均遵循、使用国外的问卷，对问卷加以修改的相关研究很少；而且，国外的许多指标并不太适合中国背景下的企业（Man，2001）。因此，有必要进一步开发出更加适合中国情境的问卷来量中国特有的网络结构、动态能力以及竞争优势。本书认为，此过程应该以以下原则为指导。

（1）科学性原则

这是指标体系设置应遵循的基本原则。根据这一原则，指标与指标体系的设置应反映我国企业的运行机理。因此，指标的概念要准确，测量方法与测量内容要科学可行，应满足研究的目的，尤其是能力测项。动态能力具有很强的特殊性，而且"能力"本身就较难测量，因此，所抽取、提炼出的测量指标应该能够为研究模型服务，即这些能力测项必须有一定的特殊性，而不能将一些与本研究相关性不大的测项也纳入研究框架。

（2）可操作性原则

指标与指标体系设置时应具有足够的灵活性，尽量采用定量指标，尽量采用国内学者已经使用过的测项，以使本研究能根据自己的特点以及实际情况，对指标灵活运用。

（3）全面性原则

评价指标体系必须全面反映我国企业目前的运行状态，既包括网络联系的建立，也要反映企业动态的运行过程，即如何适应环境、如何加强学习、如何增强组织柔性并实施战略隔绝措施等。

（4）可比性原则

指标与指标体系设置时应使其在一定时期内，在涵义、范围、方法等方面保持相对的稳定性，还应考虑到易与国外相关研究指标体系相比较，以便于评价结果的比较，从而确定企业自身在同行业中、同规模以及在国民经济中所处的水平和地位，以便找出差距，挖掘潜力，提升竞争优势。

（5）既精简有突出重点，确保研究的有效性

将所有的测项精简到可以直接作为测量工具，这是定量研究的必经过程。但是，精简过程并不意味着可以随意删减，而是要在尽可能保持原有信息量的前提下，抓住关键测项，既保留足够的信息以反映客观世界，又能为被调研者节约大量宝贵的时间，同时也能保证问卷的质量。

4.1.2　问卷设计流程

在定量研究之前，首先应该对相关变量进行测量，并开发出可行的测量工具，以便进行探测性研究（pilot study），之后才能采取有效的问卷调查以进一步验证各个假设是否成立。图4-1是问卷设计的基本流程。

首先，为确保问卷开发的准确性与可用性，必须对相关的重要文献进行研究，分析变量的内涵，对变量有充分的理解之后，开发的问卷会更加符合研究目的。在此基础上进行的书面案例研究会强化对变量概念的理解；而后对与本书相关的测项进行分析界定，并将之与相关变量进行匹配。接着从文献分析的角度检测问卷内容的有效性、架构的有效性以及规则的有效性，在此过程中，

一个有效的方法就是参考其他学者的研究情况（Akaike, 1987），借鉴有用测项，修正不恰当的测项；在确定了初始问卷的基本内容之后，就要展开预调研，在收集到数据之后，需要对问卷进行统计分析与解释，并在此基础上增删个别测项，并以新的剩余测项作为基本内容，附加其他测项（如控制变量），并根据问卷的反馈情况，最终形成一份可用于全国调研的正式问卷。

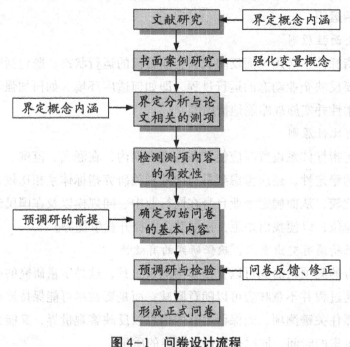

图 4-1　问卷设计流程

4.2　网络导向测量工具开发

4.2.1　网络导向理论框架构建：基于内容分析的定性研究

作为创业研究领域的一个新课题，国内外网络导向的研究仍处于起步阶段，目前关于网络导向维度的开发，Sorenson 等（2008）从合作促进商业成功视角进行的分析，关注的是男女企业主网络导向的差异及其对商业成功的影响，注重分析个人层面的网络导向，任萍（2011）从组织层面出发分析新企业的网络导向，但是其测量指标多源于 Sorenson 等（2008）的研究，未能反映出中国企业的网络导向发展实践。而且，西方网络导向量表开发的结果能否用于中国情境仍需要大量的实践检验。此外，新创企业与一般企业或者成熟企业的网络导向的测度也是不同的，成熟企业的网络导向强调合作以及内部团队结构，而新创企业更加关注网络建构的方向以及对网络关系的思考（Siu & Bao，2008）。关于网络导向的实证研究也是进展缓慢，尤其是关于网络导向的维度与测度问题一直难以取得突破（Sorenson et al.，2008）。其原因主要有：一是网络导向涉及心理学、认知行为学和组织行为学的相关理论，其理论基础较为复杂，厘清它们的关系并非易事；二是网络导向作为创业研究领域的新名词，其在理论层面上仍不清晰；三是不同情境下的网络导向具有不同的特征，学者们需要根据情境因素来了解网络关系的特征，而这些关系是比较复杂的（董保宝，2013）。

　　本书聚焦于目前中国新企业的网络导向行为，从组织层面对网络导向的实证进行探索，试图通过提炼出可操作的新企业网络导向的维度及其测度，发掘具有普遍性的网络导向行为机制，以期对新创企业网络导向的实证研究做出有益的贡献。因此，在理论上，本研究将创业理论和网络理论整合到一个可测量的架构中，提出了测量模型并实证验证以提升测量模型的实践指导性和理论解释力，这在一定程度上丰富了创业研究相关理论，尤其是网络理论。此外，在实践上，对于新企业而言，运用本研究量表可以使企业比对它们在网络关系构建方面做得如何，这对于它们认知网络价值、建构网络关系、关注网络演进方向以及提高组织内部网络的开放性具有重要的实践价值。

　　本研究的主要目的是基于中国转型经济情境，对网络导向这一国内外未经完全深入研究的概念进行深度剖析，因而利用内容分析的方法是十分合适的，它能够在主体难以定位的情况下归纳和演绎出想要研究内容的本质（Lechner & Dowling，2003）。为了确保研究内容的有效性，厘清网络导向与其他网络概念可能重叠之处，本研究用演绎的方法，即从网络导向的已有文献中，通过内容分析明确其核心内容，从理论中构建其关键维度，而后通过企业访谈来确定其具体的行为，以确保网络导向研究内容的广泛性、准确性和包容性。在此，本书利用 Nvivo10.0 软件对网络导向的研究进行理论编码，进而抽象概括出核心内容。Nvivo 是一款功能强大的定性分析（qualitative analysis）软件，能够对不同类型的数据进行编码。Nvivo 能够建立并验证数据之间的关系、创建并验证理论。其理论编码流程主要有以下三大步骤：

首先是开放编码，即为了进行精确检索，确保无遗漏，本研究利用 google 学术搜索引擎、EBSCO 检索平台、Taylor & Francis 电子期刊以及 Elsevier Science 数据库，将 network orientation 以及 network-centered 作为关键词进行搜索，一共检索到文献 47 篇，去除引用的 6 篇，剩余 41 篇，这其中包含创业者个人层面、团队层面和组织层面三方面，这些文献中心理学方面的文献有 14 篇。通过对文献内容的分析，筛选出有影响力（名刊、名篇、名人、高引用率）的期刊文献 27 篇。应用 Nvivo10.0 软件以语义段落为单元对文献进行编码（Strauss & Corbin，1998），为了避免意义重复而进行重复编码，在编码过程中不断比较意义相近的段落和观点引用，尽量减少代码数，最后得到有意义的编码 49 个。

其次是轴线编码，即在开放编码后，对有意义的编码进行整理、归类，合并意义相近的编码，厘清编码的层次关系。

最后是选择编码，即依据编码的层次性选择最具解释力和概括性的主体，以更少的范畴来代表所要解释的概念。最后得到了 6 个核心范畴，即网络思考、网络建构、网络内容、网络关注、网络开放性与网络能力，但网络内容和网络能力更多地体现了网络所聚焦的层面与能力表现，并不反映态度或者倾向性（Siu & Bao，2008；Lans et al.，2007），只有 4 个范畴体现了倾向性和态度，即网络思考、网络建构、网络关注以及网络开放性。它们的关键内容及频率如表 4-1 所示。

4.2.2　网络导向测量框架修正：基于调查问卷的探索性研究

4.2.2.1　半结构访谈与网络导向测项的确定

根据上述所得到的网络导向的不同维度及其核心内容之后，本研究在 2013 年 10 月对 12 家成立时间在 8 年以下的新企业（Li & Atuahene-Gima，2001）进行了半结构访谈，受访者均为新企业的总经理以及创业团队核心成员，他们对新企业的网络关系发展情况十分熟悉，通过访谈确定了网络导向的开放式问项。这些企业主要涉及软件、电子、集成电路以及服务行业等。通过对这 12 家企业的访谈，并结合已有文献的相关研究，本研究设计了网络导向的测量问卷，接着请战略管理和创业管理领域的 4 位专家对问卷进行了评定，对相关题项进行了合并、修改和删减。最终形成了 20 项测量指标，其中测量网络思考、网络建构、网络关注和网络开放度的分别有 5 项、4 项、5 项和 6 项。为了确保这些测项表意明晰，无阅读困难，本研究邀请了 45 位 MBA 和 EMBA 学员进行了预测试，修改了问卷中冗余和提问不当之处。

表 4-1　网络导向各维度要素词频统计

维度	关键要素	频次	占总频次的比率
网络思考	网络的价值	3	34.69%
	网络对机会的作用	4	
	关系反思适应新环境	4	
	方向反思制定新战略	6	
网络构建	建立网络的方向	5	26.53%
	构建网络的基础	2	
	内部合理沟通	3	
	外部适时合作	3	
网络关注	与外部建立良好的关系	4	20.41%
	与外部积极沟通	3	
	及时积极地对外部关系给予反馈	3	
网络开放性	内部宽松管理、沟通	3	18.37%
	内部及时有效率互馈	4	
	内部成员能畅所欲言	2	

4.2.2.2　网络导向的探索性因子分析

（1）样本与数据

为了验证本研究所得问卷的有效性，本研究需要首先对问卷进行探索性研究。因此，在 2013 年 11 至 2014 年 3 月期间，依托吉林大学创业研究中心，本研究进行了第一次问卷的发放和收集工作。首先通过熟人将电子版问卷发放给长春、沈阳、大连和哈尔滨四市的经济开发区管委会，让他们帮忙发放问卷。

在发放的 400 份问卷中，回收 213 份，经过问卷整理，得到有效问卷 121 份，问卷有效率为 30.25%。接着，本研究又同时通过电子邮件和打电话的方式与 187 家未应答企业取得联系，催促问卷填写工作，最后又回收问卷 67 份，其中有效问卷 32 份。经过上述两个阶段的数据收集工作，一共收回有效问卷 153 份，问卷总有效率 38.25%。样本量基本满足本研究对网络导向测度的分析。样本具体情况如表 4-2 所示。

表 4-2　样本描述性统计

指标	第一次问卷收集（N=153）			第二次问卷收集（N=188）		
	最小值	最大值	均值	最小值	最大值	均值
企业年龄	1	8	4.2	1	8	4.8
固定资产（万元）	6	2000000	125033.5	5	8900000	69001.4
员工数	2	311	187.3	4	1577	496.1
企业类别情况	数量	百分比		数量	百分比	
软件类企业	4	2.61%		9	4.79%	
集成电路类企业	35	22.88%		51	27.13%	
服务业企业	110	71.90%		121	64.36%	
电子类企业	4	2.61%		7	3.72%	

（2）量表的探索性分析

Churchill（1979）认为，刚刚创建的原始量表其可靠性和效度均需要多次检验与修正，在首次对原始量表进行检验时，其可靠性可能较低。他认为，以 0.4 作为可靠性检验的临界值是合适的。据此，本研究对原始量表进行 coefficient alpha 和 item-to-total 的可靠性检验，结果表明，本研究设定的各个题项均高于设定的 0.4 的临界值，因此均通过显著性检验，没有题项被删除。

接着，本研究利用 SPSS15.0 统计分析软件对全部测项进行探索性因子分析，统计结果表明，KMO 值为 0.814，问卷各条目适合做因子分析。在特征值大于 1 的情况下，采用方差极大化正交旋转并经过多次迭代后的主成分因子分析自然形成了 4 个因子，因子载荷临界值取 0.6，在任何因子上载荷值低于 0.6 或者在多个因子上载荷值大于 0.6 的均被剔除（Akaike，1987）。结果发现，"企业内部能够及时有效率地互相反馈信息"这一测项在网络开放度这一因子上的载荷值低于 0.6，因此予以剔除。剩余的 19 个题项可解释 76.79%的方差。分析结果如表 4-3 所示。

表 4-3 网络导向测度指标的探索性因子分析

网络导向(NOR)的测项	因子载荷			
	1	2	3	4
网络思考(Cronbach α = 0.792/0.783; AVE = 0.521)				
NT1 企业构建网络前认识清楚网络的作用	0.773	—	—	—
NT2 企业构建网络关系之前清楚认识其对资源获取的影响	0.694	—	—	—
NT3 企业在网络关系演进过程中清楚认知网络对环境的适应	0.817	—	—	—
NT4 企业在网络关系发展过程中清楚认识网络对战略的影响	0.839	—	—	—
NT5 企业会考虑网络关系的多元化	0.764	—	—	—
网络建构(Cronbach α = 0.815/0.799; AVE = 0.584)				
NC1 企业建构网络关系时关注网络建构的类别	—	0.883	—	—
NC2 企业建构网络关系时了解网络建构的基础	—	0.747	—	—
NC3 企业会积极构建内部和外部双元网络	—	0.809	—	—
NC4 企业很重视网络关系的构建与维护并关注构建与维护的成本	—	0.693	—	—
网络关注(Cronbach α = 0.862/0.846; AVE = 0.549)				
NF1 企业经常从外部关系方取得信息资讯	—	—	0.726	—
NF2 企业很重视从外部关系方获得的相关意见或建议	—	—	0.715	—
NF3 企业经常采纳外部关系方所关注的问题及想法	—	—	0.801	—
NF4 企业很重视自身所参与的网络范围	—	—	0.849	—
NF5 企业很重视与外部网络成员之间的联系紧密度	—	—	0.663	—
网络开放度(Cronbach α = 0.833/0.817; AVE = 0.502)				
NO1 企业内部沟通氛围宽松，管理非常灵活并且去集权化	—	—	—	0.648
NO2 企业鼓励职工积极参与内部管理	—	—	—	0.714

续表

网络导向（NOR）的测项	因子载荷			
	1	2	3	4
NO3 企业经常对员工所关注的问题和想法进行评估	—	—	—	0.837
NO4 企业内部关系非常人性化，成员能够畅所欲言	—	—	—	0.788
NO5 企业内部经常进行团队合作，一致性程度较高	—	—	—	0.847
NO6 企业内部能够及时有效率地互相反馈信息	—	—	—	0.559
Eigen value（>1）	6.771	4.309	2.033	1.125
Variance explained（accumulated %）	29.17	49.72	66.05	76.79

注：①利用主成分分析法提取因子，并利用方差极大化进行旋转。

②NOR 表示 Network Orientation，即网络导向；NT 表示 Network Thinking，即网络思考；NC 表示 Network Construction，即网络建构；NF 表示 Network Focus，即网络关注；NO 表示 Network Openness，即网络开放度，下同。

③Cronbach α 的数值有两个，前面数值是基于第一次调研数据的信度值，后面数值是基于第二次调研数据的信度值。AVE 值是第二次调研数据的统计值。

（3）可靠性检验与问卷修正

在进行可靠性检验之前，需要对问卷的敏感度进行分析，这是量表开发过程中的一个关键问题。本研究所用问卷均用 Likert-7 级量表来测量，从"完全不同意"到"完全同意"分为 7 个层级，这对于问卷填答者的态度而言是敏感的（Browne & Cudeck, 1989），而且，每一个因子的测项数量均超过 2 个，这也有利于问卷敏感度的提高。关于可靠性检验，本研究用 Cronbach α 值来检验，表4-3 的结果表明，各个因子的 Cronbach α 值均大于 0.7，因此量表具有较好的内部一致信度。从上述探索性因子分析以及信度检验可以看出，本研究所设计的网络思考、网络建构、网络关注三个维度的测量题项均按照预期收敛于相应的因子。

4.2.3 网络导向测量量表检验：基于调查问卷的验证性分析

为了检验修正后量表的独立性及其效用，本研究将采集更多样化的样本对其进行验证性因子分析，以确保探索性因子分析获得的因子结构更符合新企业网络导向发展的实践。因此，在2014年3月至5月，本研究进行了第二次大规模的数据收集，而后利用Amos结构方程软件对数据进行了验证性因子分析，以探求其对量表的解释力。

（1）样本描述

此次样本发放的范围较第一次更广，主要集中在北京、陕西、辽宁、山东、江苏、浙江、广东和河南。本研究选取这些省份的原因如下：北京是中国的首都，中关村被称为中国的"硅谷"，高新产业发达，新企业创建的速度与数量居全国前列；陕西是中国西北部地区经济最发达的省份；辽宁是东北地区经济最为发达的省份；山东是环渤海湾最大的经济区域；江苏和浙江两省是长三角最重要的经济发达区域；广东省是珠三角经济发展的龙头，其经济发展程度最高；而河南省是中国中部最主要的省份，也是中原地区的经济核心区域。这8个省区均通过政府协助分别发放样本150份，共计1200份。同时，我们将电子版问卷也发给企业负责人，并希望他们采取滚动取样法（snowball sampling），将问卷发给他们熟悉的其他企业家以进行取样。此次一共发放问卷1312份，回收问卷433份，其中有效问卷188份，问卷总有效率14.33%。样本具体情况如表4-2所示。

（2）验证性因子分析与信度效度检验

我们利用AMOS 6.0软件进行了验证性因子分析。具体结果如图4-2所示。各项拟合指标如表4-4所示。从验证性因子分析结果来看，本研究网络导向的测量模型具有良好的拟合度。

为了获得较好的实践适用性，在模型获得较好的拟合之后，还要对网络导向测量模型的信度与效度进行分析，以完善实证研究的结论。

我们接着对第二次的188份样本进行信度检验，具体结果如表4-2所示。网络思考、网络建构、网络关注和网络开放性的Cronbach α 值分别为0.783、0.799、0.846以及0.817，均大于0.6的临界值。因此，本研究测量模型信度良好，有可靠的内部一致性（Hair et al., 1998）。

信度检验之后，本研究将对量表的效度进行检验。首先是内容效度检验，内容效度是反映量表能否准确地测量其要测度的变量的一个指标，通过恰当地梳理相关文献并加以深度访谈，在此基础上形成的量表一般具有较好的内容效度（郭志刚，1999）。本研究开发的量表便是在此基础上形成的，而且经过了多位专家学者的评定与指导，这就确保了问卷的内容效度。而后，我们进行判别效度检验，这一指标主要用来测度一个概念与其他应该有所不同的概念之间的不相关（即差异）程度。一般用平均抽取变异量（AVE 值）来判断（Fornell & Larcker，1981）。其判别标准一般是各因子的 AVE 值都大于 0.5 或者大于各维度相关系数平方值。具体结果如表 4-3 所示。结果表明，网络导向四个维度的 AVE 值均大于 0.5 的临界值。因此，本研究的测量模型具有判别效度。这说明，作为探索性的量表开发，网络导向各维度测项在一定程度上能涵盖该测项内容的基本信息，测项指标对于网络导向这一变量具有一定的解释力。最后，我们对量表的收敛效度进行检验。Browne 和 Cudeck（1989）认为，利用结构方程中标准化的因子载荷值及其显著性来判定量表的收敛效度，各值应大于 0.6 的临界值。图 4-2 表明，各个测项在各自因子上的载荷值均大于 0.6，这表明量表具有收敛效度。

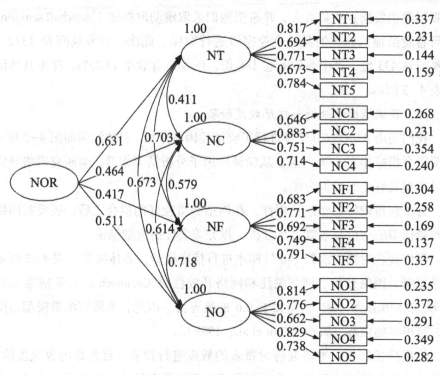

图4-2 网络导向测度模型的验证性因子分析

表4-4 网络导向模型拟合指标

	拟合指标	数值	拟合数值标准
绝对拟合指数	卡方值(χ^2)	116.33	—
	自由度(df)	96	—
	GFI(拟合优度指标)	0.917	大于0.90
	RMSEA(近似误差均方根)	0.055	小于0.08
相对拟合指数	IFI(增量拟合指标)	0.963	大于0.90
	NFI(规范拟合指标)	0.988	大于0.90
	RFI(相对拟合指标)	0.939	大于0.90
	CFI(比较适配指标)	0.974	大于0.90

　　而正如前文所说，网络思考与网络建构反映了组织对网络关系合作性的思考，这两个方面反映了组织网络关系合作性的特征。因此，本书将这两个维度和并为网络合作性。任萍（2011）和 Sorenson 等（2008）也认为，当新创企业构建网络关系时，其主要考虑的是通过网络合作为其带来的益处，网络思考不仅反映了企业对利益的考虑，也反映了其对成本的考量，而网络构建也反映了网络关系合作的基础及其对战略的影响。因此，综合上述分析，并借鉴 Sorenson 等（2008）、董保宝等（2015）和任萍（2011）的研究，用"企业内部经常交换准确的信息以解决问题""企业内部经常互相说出各自的想法，以促进问题能以最优的方式解决""企业内部经常一起工作，以更好地认识存在的问题""企业经常与外部联系主体交流以认识自身的不足""企业经常与外部联系主体交流以识别有价值的机会"以及"企业经常与外部联系主体交流以互换所需的资源"6项指标来测度网络合作性，用 NCO1-6 表示；用"企业经常从外部关系方取得信息资讯""企业很重视从外部关系方获得的相关意见或建议""企业经常吸收采纳外部关系方所关注的问题及想法""企业很重视自身所参与的网络范围"以及"企业很重视与网络成员之间的联系紧密度"5项指标来测度网络关注度，用 NFO1-5 表示；用"企业内部沟通氛围宽松，管理非常灵活并且去集权化""企业鼓励职工积极参与内部管理""企业经常对员工所关注的问题和想法进行评估""企业内部关系非常人性化，成员能够畅所欲言""企业内部经常进行团队沟通，一致性程度较高"以及"企业内部能够及时有效率地互相反馈信息"6项指标来测度网络开放性，用 NOP1-6 表示。

4.3 创业能力测量工具开发

本研究借鉴马鸿佳等（2010）和董保宝（2014）的研究，用"准确感知和识别到消费者没有被满足的需要""花费大量的时间和精力去寻找可以给消费者带来真正有价值的产品或服务""捕获到高质量的商业机会""擅长于开发新创意""擅长于开发新产品和服务""擅长于发现新的市场区域"以及"擅长于开发新的生产、营销和管理方法"7项指标来度量机会能力，用OPC1—7表示；用"能够领导和激励员工达到目标""能够合理地将权力与责任委派给有能力的下属""能够制定合理的规章制度来规范员工的工作""能够保持组织顺畅的运作""能够及时调整目标和经营思路""能够快速地重新组合资源以适应环境的变化""能够制定适宜的战略目标与计划""能够组织内部不断地学习，实现资源共享""能够不断地进行组织革新和流程革新"以及"企业拥有较强的柔性，能够适应市场的变化"10项指标来度量运营管理能力，用OMC1—10表示。

4.4 竞争优势测量工具开发

竞争优势（competitive advantage）是本书的结果变量（outcome variable）。Porter（1985）根据竞争对象的不同，将企业的竞争优势包含的类型分为：成本、产品、销售渠道、核心能力、快速的响应能力和应变能力、管理技能、研发技术、财务能力、组织管理、成长能力以及企业的持续性等，而且企业的战略决策要能为企业构造最有利的竞争利益。

Long 和 Vickers（1994）总结归纳了衡量企业竞争优势的方式：生产高品质和高质量的产品、低成本、低价格满足消费者需求、具有满足客户独特需求的能力，并提出企业可以从以下七个方面来测量竞争优势，具体为：①成本，即企业以低成本运作、生产、研发等业务活动，形成规模经济获得高绩效。②多元化，即企业可以为消费者提供多种选择，以获得较多的市场。③品质，即企业生产高质量、性能佳、持久能力较强的产品或服务。④响应能力，即快速响应市场、消费者的需求变化，以抢占市场先机。⑤时效性，即有效降低各种业务活动的作业时间，以有效结合市场，来创造价值。⑥满足客户需求的能力，即企业提供的产品或服务要符合客户需求，并且当需求发生变化时，具及时调整的能力。⑦便捷性，即企业对产品或服务的较容易取得。

Hill 和 Jones（1995）认为企业的竞争优势体现在一个企业高于其他竞争者的绩效水平和较高的收益率，以及拥有先于其他竞争者的独特能力，并提出可以通过以下四个方面来构建企业的竞争优势：高品质、高绩效、较强的创新能力、良好的客户反馈。

从影响企业竞争的关键因素着手，通过竞争战略的有效实施，能够为企业带来利益并且获得有利的竞争地位。通过企业内部的各种经营活动的有效实施和开展，在产品设计、生产、营销、宣传一系列的业务活动的过程中可以为企业创造竞争优势。这些业务活动不仅可以为企业形成差异化优势，还可以为企业带来成本优势，运用低成本获得高收益。

表4-5是具有代表性的竞争优势的测量指标。

表4-5　竞争优势的表现形式

学者	时间(年)	类型
Porter	1985	产品、营销渠道、生产成本、营销技巧、研发能力、运营成本、财务能力、组织能力、管理能力、核心能力、发展潜力、响应能力、应变能力、技术创新能力、持续性、企业联盟
Long & Vickers	1994	成本、多元化、品质、响应能力、时效性、满足客户需求能力、便捷性
Hill & Jones	1995	高品质、高绩效、较强的创新能力、良好的客户反馈

资料来源：本研究整理。

新创企业的竞争优势源自于企业对市场的准确判断，对资源的有效整合和分配以及对核心能力的培养。新创企业在竞争市场上，通过快速准确地掌握各种市场先机来赢得竞争，而竞争的获胜主要体现在企业能够以低成本将产品推销给顾客，满足顾客的需求。

新创企业独有的且先于行业内其他竞争者的市场地位即为企业的竞争优势。由于市场中企业之间的较量，不仅仅只有产品和服务的竞争，而且还包括低成本高收益，以及各种无形资源的竞争，都是为了追求企业的高绩效的目标。Das 和 Teng（2000）提出新创企业的竞争优势受到以下三个因素的影响：不可复制性、不可替代性和不可转移性。

方至民（2002）在整理诸位学者们对竞争优势的研究成果之后，总结了企业竞争优势的12种来源：①以低成本优势，获得规模经济和专业化；②差异化战略以及企业的品牌效应和商业信用；③集中化战略，独占目标市场；④流程再造，获得灵活性强、时效快和较高的响应能力；⑤通过创新抢占先机；⑥纵向整合，获得差异化优势和高承诺额准入限制；⑦多元化战略优势；⑧多元化战略获得各种知识与资源；⑨战略联盟优势；⑩知识管理优势；⑪国际化竞争优势，跨国企业与海外投资；⑫中小企业的由于自身灵活性强和反应迅速的优势。同时，他认为直接决定企业竞争优势的因素有四个：企业的竞争者、经营模式、经营领域以及企业的资产与技能。

Long 和 Vickers-Koch（1995）提出衡量企业竞争优势的方式有三个：能够满足客户的特定需求；提供更多高品质的产品；能够生产满足企业发展需求的价值。在激变、动荡、不稳定的环境中，新创企业的竞争优势发挥着关键的作用，企业不断的创新知识、生成不可模仿性的知识是企业竞争优势的重要内容。很多学者都曾探讨过关于衡量新创企业竞争优势的方式（马鸿佳等，2010；朱秀梅等，2012；董保宝等，2011，2015），但他们的研究角度各不相同。

Vogel（2005）在其博士论文《利用信息技术与能力为企业取得竞争优势》中，根据竞争优势在IT企业中的表现，将竞争优势分为以下六个维度：①低成本维度，即企业能够以较低的成本为客户提供产品或服务；②价值增值服务，即企业能够为客户提供多功能、高性能的产品或服务；③速度，即企业以快速、有效的方式执行操作流程；④灵活性，即企业需要灵活地适应快速变化的市场并比对手更快地做出反应；⑤创新，即企业要持续不断地为客户提供创新性产品；⑥客户服务，即企业要重视客户的需求。Vogel的关于竞争优势的划分比较全面地说明了竞争优势的具体内容，但是在他的研究中却仍将竞争优势看作一个单一维度，并用上述六个方面来度量竞争优势。

关于竞争优势的测量，一些学者已经注意到了，可以用企业在市场中与其对手竞争的能力来表示（Hamel & Prahalad，1994；Peteraf，1993；Ma，2000）。企业可以让管理人员说明本企业在市场中是如何应对主要对手的挑战的，这种测量方法虽然主观性较大，但是相当准确（Vogel，2005）。而Victor（2005）却认为，将竞争优势的测量与绩效联系起来，用企业客观绩效的增长情况（与竞争对手相比）来测量竞争优势也有一定的合理性。

基于此，本书借鉴上述研究，整合 Long 和 Vickers（1994）、方至民（2002）、董保宝等（2015）、Vogel（2005）以及 Victor（2005）的研究，用以下六项指标来测度新创企业竞争优势，即成本、多元化、满足客户需求的能力、产品品质、响应速度和时效性，用 CA1-6 表示，并结合李克特的 5 点量表测量企业是否拥有这六种类型的竞争优势，或者是每项指标是否影响企业的持续性竞争优势。通过设计好相应的量表，请各位被测者按照其满意程度来勾选企业的竞争优势，并选择其认为构成企业持续性竞争优势的选项。本书关于持续新竞争优势六指标的题项如表 4-6 所示。

表 4-6　持续性竞争优势衡量指标的题目

序号	指标	题　　目
1	成本	企业以较低于其他竞争者的生产成本获得较高的利益和价值
2	多元化	企业多元化的发展，能提供更多选择的产品和服务
3	满足客户需求的能力	企业提供的产品和服务能够满足客户的特定需求
4	产品品质	企业能提高性能高、稳定性强、持久性以及优美外观的产品
5	响应速度	企业能够快速响应客户的需求变更
6	时效性	企业能够缩短反应、生产和回应时间，并创造更多价值

资料来源：根据文献整理所得。

4.5　控制变量

本书的控制变量如下：

第一，企业年龄（age）。企业年龄是组织网络关系构建以及能力发展的关键变量，它对组织的发展具有重要的影响（Pieters et al.，2011）。在问卷设计中，直接由填写者填写公司的成立年份，然后倒推计算。

第二，企业的股权性质（ownership）。本书将其分为：个人独资、民营企业、合资企业、外商独资企业四类，并用分类变量表示。

第三，企业规模（size）。以员工数量来表示。

第四，企业是否为高科技企业（type）。以分类变量表示，即"是"或者"否"。

4.6 预调研及问卷修正

根据调研需要，本书将上述开发的问卷测项都安排在四页的 A4 纸上，在内容的安排上，将企业竞争优势测项放在第一项，这样容易引导企业家直接进入主题，其次是企业的网络导向和创业能力测项，最后是容易填写的企业情况和企业家个人资料。为了使企业家能够更好地理解测项，本问卷先对各个变量进行了解释。如在测量"创业能力"之前，先对"创业能力"进行解释说明，以便使企业家对"创业能力"有更好的理解，方便他们作答。

上述测项均采用 Likert-5 级量表来测量，从"完全不同意"到"完全同意"来反映企业家的意见。

4.6.1 预调研的开展与资料收集

预调研采取面对面的方式进行，以确保问卷回收的质量和数量。虽然这种方式花费了一定的金钱和数量，但面对面填写问卷能够充分为企业家解释调研过程中的疑惑，使他们充分理解问卷所要检测的变量的内涵，以确保他们填写的问卷的质量，同时也能够为问卷的修正提出合理的意见，确保后续大规模调研时问卷对新创企业现实的解释力。

在预调研之前，我们先请战略管理领域的 2 位教授和创业研究领域的 3 位副教授对问卷进行了审核，让他们提出意见及反馈，我们按照他们的意见对问卷进行了修改。接着，本书作者把问卷又交给 12 位 MBA 学生以测试完成问卷所需的时间，结果是他们平均用时 10 分钟，最长的花费 23 分钟，最短的只需要 8 分钟。这说明完成问卷的时间是企业家可以接受的。最后，通过长春市开发区管委会的协助，随机选取了 37 家成立时间在 8 年以内的新创企业（Zahra & Garvis, 2000），每家企业选择 3～4 位高层管理者填写问卷。此次共回收问卷 125 份，除去 20 份无效问卷，最后还有 105 份有效问卷，问卷总有效率为 84%。

4.6.2 预调研问卷处理结果

对量表效果的评价包括信度和效度两个方面。前者在于检测不同的观察者在不同的时间得出观测的结果是否一致，即要求量表具有稳定性、可靠性、一致性；后者在于检测呈现出来的结果恰好就是所测对象的真正特征，一个测验所测得的结果必须符合该测验的目标，这样才能成为有效且正确的测量工具（吴明隆，2000）。本书先对这些测项进行探索性因子分析，主要是利用主成分分析（principal component analysis）和方差极大旋转法（varimax rotation）来实现，接着测算测项与分量表总分的相关性（Corrected Item-Total Correlation，简称 CITC），若相关系数太低，则可以考虑删除。而后进行信度分析，主要是通过 Cronbach'α 来实现。表 4-7 是变量的探索性因子分析结果以及信度分析。

表 4-7　变量的探索性因子分析与信度分析

竞争优势(competitive advantage)[a]		
测项	因子载荷	Cronbach'α
CA1	0.727	
CA2	0.747	
CA3	0.693	0.761
CA4	0.859	
CA5	0.851	
CA6	0.644	
创业能力(entrepreneurial capability)		
测项	OPC($\alpha = 0.811$)	OMC($\alpha = 0.778$)
OPC1	0.771	
OPC2	0.683	
OPC3	0.755	
OPC4	0.892	
OPC5	0.677	
OPC6	0.804	
OPC7	0.751	
OMC1		0.788
OMC2		0.807
OMC3		0.913
OMC4		0.802

续表

创业能力（entrepreneurial capability）		
OMC5		0.833
OMC6		0.668
OMC7		0.713
OMC8		0.824
OMC9	0.597	0.713
OMC10		0.638
网络导向（network orientation）		
测项	NCO($\alpha=0.798$)	NFO($\alpha=0.763$)	NOP($\alpha=0.759$)
NCO1	0.728		
NCO2	0.815		
NCO3	0.672		
NCO4	0.811		
NCO5	0.819		
NCO6	0.678		
NFO1		0.811	
NFO2		0.659	
NFO3		0.785	
NFO4		0.671	
NFO5		0.725	
NOP1			0.750
NOP2			0.791
NOP3			0.837
NOP4			0.635
NOP5			0.693
NOP6			0.766

注：*对竞争优势实施了强制性因子分析。

CA＝竞争优势；EC＝创业能力；NO＝网络导向；OPC＝机会能力；OMC＝运营管理能力；NCO＝网络合作性；NFO＝网络关注度；NOP＝网络开放性，下同。

根据探索性因子分析的原则，由于 OMC9 在机会能力和运营管理能力两个因子上的负荷均超过了 0.5 的临界值，所以，将 OMC9 删除。因此，运营管理能力的测项由 10 项变为 9 项。其他的量表基本满足分析的需要，也没有删减现象。删除有问题的测项后所进行的信度分析表明量表的信度很好（表 4−8）。

表 4−8　量表修正前后的有效性与可信度比较

	测项数		KMO 值		累计解释力（%）		Cronbach'α		测项中最小的 CITC 值	
	调整前	调整后	调整前	调整后	调整前	调整后	调整前	调整后	调整前	调整后
1. NO	17	17								
NCO	6	未变化	0.798	未变化	61.33	未变化	0.798	未变化	0.672	未变化
NFO	5	未变化	0.753	未变化	65.29	未变化	0.763	未变化	0.659	未变化
NOP	6	未变化	0.782	未变化	67.44	未变化	0.759	未变化	0.635	未变化
2. EC	17	16								
OPC	7	未变化	0.827	未变化	63.29	未变化	0.811	未变化	0.677	未变化
OMC	10	9	0.748	0.791	61.88	64.39	0.778	0.792	0.638	0.726
3. CA	6	未变化	0.712	未变化	63.93	未变化	0.761	未变化	0.644	未变化

为了进一步检验变量各个维度之间的相关性，以便进一步检测量表的预测效度，本书作了相关性分析，如表 4−9 所示。从相关性统计中可以发现，网络导向各个维度之间的相关性从 0.312 到 0.493 不等，其相关性较高，创业能力亦是如此，但是创业能力与网络导向、竞争优势的相关性则相对较小。这些结果表明，在以网络导向和创业能力预测新创企业竞争优势的时候，应该考虑到共线性问题（multi-linear）。

4.6.3　问卷修正

在上述初始问卷检验结果的基础上，最后对问卷进行了修改后形成了一份正式的问卷。其中网络导向、竞争优势的测项并未出现变化，创业能力中的运营管理能力度量指标由 10 项减为 9 项。精简后的量表在获得充分信息的前提下可以节省问卷填写者的时间，有助于增加正式问卷的回收率和质量。在此次调研中发现，虽然十几分钟的时间不长，但对于企业家来说也是十分宝贵的时间，这会导致较低的回收率和问卷质量的不高。因此，节省填写者的时间是一个至关重要的环节，这能够确保问卷的质量，也保证了调研的质量。

表4-9　变量间相关性分析

	NCO	NFO	NOP	OPC	OMC	CA
NCO	1					
NFO	0.312*	1				
NOP	0.471***	0.493*	1			
OPC	0.104***	0.203*	0.258*	1		
OMC	0.239**	0.303**	0.189*	0.302**	1	
CA	0.312**	0.273*	0.313**	0.186*	0.337*	1

注：*$p < 0.1$；**$p < 0.05$；***$p < 0.01$。

4.7　本章小结

本章首先对问卷设计的原则和过程进行了分析，基本原则包括：科学性原则、可操作性原则、全面性原则、可比性原则以及既精简又突出重点，确保研究的有效性等。接着，本章根据对文献的分析，对网络思考、网络构建、网络关注以及网络开放性进行了探测性的测量，并结合相关文献提出了网络导向的三维度，即网络合作性、网络关注度以及网络开放性，分别开发了6项、5项以及6项测量题项，对机会能力和运营管理能力进行了测量，并开发了各自的测量题项，接着对竞争优势的测项进行了开发，最后介绍了本书分析中所用的控制变量。

接着，为了验证问卷的可靠性以及合理性，本章对开发的问卷进行了预调研和分析，以确保后续研究的有效性。首先是预调研的展开与资料收集过程，通过滚动法收集了105份有效问卷，并对这些问卷进行了详尽分析，对问卷进行了修正，最后形成了一份完整的问卷，以便进行下一步的大范围的调研。

5 问卷调查及实证研究

经过上章的初步测试，本书得到了一份比较简洁且表述全面的问卷。下一步将是在全国范围内发放问卷，以收集足够的资料和数据，并在此基础上进行实证研究。通过借助统计工具来验证前文提出的假设是否合理，最后讨论假设的验证情况。本章便是遵循此逻辑来展开研究。

5.1 样本确定与资料收集

5.1.1 确定调研对象

本书调研的对象是新创企业，主要包括高科技企业和传统企业两大类别。从竞争优势的角度来讲，我国的高科技新创企业面临着严峻且激烈的市场竞争，发展迅速，其竞争优势也正在显现，研究高科技新创企业的竞争优势具有重要的现实意义；而对于我国的传统产业，由于社会体制和经济发展层次的影响，我国传统企业的竞争优势相对较弱，而且竞争优势展现的不明显，研究传统产业的竞争优势情况，能够为这些行业敲响警钟，为其竞争优势构建提供一定借鉴。从创业能力角度来看，高科技新创企业的能力演进速度快，模式多，特点明显，而传统企业的能力演进速度缓慢。从网络导向来看，传统企业较新创企业对网络关系的理解和认知较好，而高科技新创企业建立网络联系的倾向和态度却十分强烈，其网络导向性较高，而且高科技新创企业的网络联系十分灵活。同时，高科技企业主要集中在信息技术（IT）、生物制药、电子行业等，而传统企业主要集中在家居、教育、汽车、房产、零售业等行业。因此，选择高科技企业和传统企业作为样本来源，就可以控制由于产业差异性而导致外部环境变量对自变量和因变量的影响，从而可以集中研究网络导向、创业能力与竞争优势的关系。高科技企业与传统企业的区分点就在于生产过程中的技术含量、劳动密集程度以及生产环节的复杂性，具体的分类由企业负责人做出。

在抽样之前，本书需要先确定样本选择的标准，以便抽样的展开。具体标准如下：

首先，Zahra 和 Garvis（2000）将新创企业界定为成立时间在八年以内的企业。Man 和 Sterner（2001）认为，成立时间在五年之内的企业应该算是新创企业，因为经过五年的发展，这些企业在运营方面将会有比较正规的管理，而且企业规模也会逐渐扩大，将脱离"新创"的特征。全球创业观察（2006）将新创企业界定为成立时间在 42 个月之内的企业，这一界定虽为学术界所接受，但是其界定的时间较短，无法使新创企业展现其竞争优势。新创企业需要经过一定时间的运营才能展现其明显的竞争优势特质，而 Lechner 和 Dowling（2003）认为，新创企业大约需要经过 2~3 年的运作，才能步入正轨，并且也有了市场绩效表现，其创业能力也逐渐凸显，经过 2~3 年的市场锻炼，企业的竞争优势也开始出现。如果选择 2 年以下的企业，那么，由于企业刚刚建立不久，企业的各方面业务刚刚起步却还不稳固，很难展现出强有力的能力，企业的竞争优势也不能立刻显现出来。如目前较为流行的网络创业型企业建立的初期，其现金流为负，很难说这样的企业就缺乏竞争力。因此，本研究借鉴 Zahra 和 Garvis（2000）以及 Lechner 和 Dowling（2003）的研究成果，所选企业的运营时间介于 2~8 年之间，既满足 Zahra 和 Garvis（2000）对新创企业的界定，也满足 Lechner 和 Dowling（2003）对新创企业运营时间的要求。

其次，问卷的填写人必须是总裁、总经理、营销总监、投资总监（项目负责人）或者首席运营官（Chief Operation Officers）等。因为这些人均为企业的高层管理人员，他们对企业的运作与管理有很好的了解，能够满足研究的需要（Simmons，1991）。而且，他们对企业网络导向和创业能力有重要的影响。

最后，本研究问卷调研方式有三种：一是面对面的问卷调研，二是面向 EMBA 学院发放问卷，三是与三家咨询公司建立合作关系，让他们协助发放问卷。

5.1.2 资料收集

根据上一章的分析，本书将经过验证的量表重新整理，并将它们汇集到四页 A4 纸上，这对于企业家是可以接受的。在问卷的开头，先说明此次调研的目的，为引起企业家重视，还专门注明了这是国家自然科学基金的项目（下划线强调），并承诺了对问卷资料的保密，确保企业家的隐私不受侵犯。

在问卷的第一部分，安排了关于企业竞争优势的情况，为说明竞争优势，问卷还特意对竞争优势进行了解释，方便企业家更好地理解本书调研的目的。第二部分和第三部分分别是网络导向和创业能力的情况，接着安排了企业家较为敏感的个人信息情况。最后安排了自由问答部分，让企业家就中国企业如何改进能力，提高企业的竞争优势来提出自己的观点，使他们能够自由发挥。

本研究数据来源主要有三个渠道：①作者及其团队成员自行发放和回收问卷。首先通过"熟人关系"与企业负责人取得联系，询问其是否愿意参与问卷调研，在征得他们的同意后约定时间去企业面谈。这种方式一共发放问卷 110 份，收回问卷 102 份，其中有效问卷 44 份，问卷总有效率 40%。②利用大连理工大学和吉林大学 EMBA 教育平台，我们将纸版问卷发给 EMBA 学院，也采取面对面的方式让他当场填写问卷并当场回收。我们通过这种方式发放问卷 73 份，收回 36 份，其中有效问卷 21 份，问卷总有效率 28.77%。③委托长春的三家企业咨询公司进行，因为这些公司与很多企业有紧密的联系，能够确保样本的质量和回收数量。这三家咨询公司从其客户名单中随机选择了主营业务涵盖广泛的 377 家企业，并向他们的高层发放问卷。最后回收问卷 252 份，剔除其中有缺失项以及企业年限不符的 113 份问卷，有效问卷 139 份，问卷总有效率为 36.87%。

调研从 2014 年 3 月持续到 6 月，调研主要在长春、哈尔滨、沈阳、大连、北京、天津和石家庄七市进行。此次调研问卷一共发放问卷 560 份，收回问卷 390 份，有效问卷 202 份，问卷总有效率是 36.07%。由于本研究使用了来源不同的样本，为了验证它们是否来自于同一个母体，必须对样本来源的差异性进行检验。在此，本研究采取了 One-Way ANOVA 检验来验证三组样本的填写者在主要研究变量上的差异。结果发现，在问卷所涉及的所有问项中，只有在竞争优势之"低成本方面"问项上有差异，其余条目并没有表现出显著性差异，证明三种来源基本上来自于同一母体，不同取样方式对分析结果不会带来显著性影响。

此外，在调研方面有两个问题需要解决，一是非回应偏差问题（nonresponse bias），另一是共同方法偏差问题（common method variance）。当有效问卷与无效问卷（包括未收回问卷和有缺失项的问卷）之间的答案可能存在偏差时，便产生了非回应偏差（Lambert & Harrington，1990）。本研究对回收的 188 份无效问卷和 202 份有效回答问卷做了 t 检验，所有 t 值均呈现非显著性，表明在本研究中非回应偏差问题并不严重。接着，我们利用 Harman 单因子法来解决共同方法偏差问题（Podsakoff & Organ，1986）。对整个问卷做分析，我们发现在未旋转的情况下，第一个因子只解释了 27.29% 的方差，而且因变量和自变量均负载到不同的因子上。因为单个因子没有出现，也没有出现单个因子解释多数方差的现象，所以，在本研究中，共同方法偏差问题并不严重，对后续分析影响不大。

5.1.3 样本特征

本部分主要以 SPSS 15.0 为主要分析工具，首先将原始数据编码后输入到软件中，而后根据研究的需要分别执行不同的命令进行分析说明。

（1）样本总体特征

样本总体特征如表 5-1 所示。

（2）企业经营所在地

此次调研虽然涉及多个省市，但调研主要在长春、哈尔滨、沈阳、大连、北京、天津和石家庄七个城市，具体的企业分布情况如表 5-2 所示。

（3）企业年龄

在此次调查中，为了获取企业年龄的数据，采取由填写人填写企业成立时间，进而进行倒推的方法，具体处理结果如表 5-3 所示。企业的平均寿命为 5.87 年，高科技企业与传统企业的年龄寿命相差约 2.84 年。

（4）企业规模

企业规模由企业的员工人数来衡量，由企业家自己填写。具体情况如表 5-4 所示。表中数据报表明了高科技企业与传统企业之间在规模上存在较大差异。

表5-1 样本基本情况（ $N = 202$ ）

基本特征	样本数量	百分比（%）	基本特征	样本数量	百分比（%）
性别			100人以上	60	29.70%
男	167	82.67%	教育情况		
女	35	17.33%	高中及以下	7	3.47%
年龄			专科	12	5.94%
40岁以下	141	69.80%	本科	130	64.36%
41~50岁	32	15.84%	研究生及以上	53	26.23%
51岁以上	29	14.36%	家族企业		
企业年限			是	55	27.23%
2~4年	53	26.24%	否	147	72.77%
4~6年	112	55.45%	行业		
6~8年	37	18.31%	IT	57	28.22%
员工人数			生物制药	22	10.89%
1~10人	12	5.94%	电子	37	18.32%
10~30人	34	16.83%	零售与服务	66	32.67%
30~100人	96	47.52%	制造	20	9.90%

注：由于四舍五入，总计百分比可能略大或略小于100%。下同。

表5-2 企业经营区域分布一览

区域分布		高科技产业	传统产业	总计
长春	样本量	17	9	26
	占所属产业样本量比重(%)	14.66%	10.47%	12.87%
哈尔滨	样本量	14	4	18
	占所属产业样本量比重(%)	12.07%	4.65%	8.91%
沈阳	样本量	12	11	23
	占所属产业样本量比重(%)	10.34%	12.79%	11.39%
大连	样本量	21	16	37
	占所属产业样本量比重(%)	18.10%	18.60%	18.32%

续表

区域分布		高科技产业	传统产业	总计
北京	样本量	25	23	48
	占所属产业样本量比重(%)	21.55%	26.74%	23.76%
天津	样本量	17	13	30
	占所属产业样本量比重(%)	14.66%	15.12%	14.85%
石家庄	样本量	10	10	20
	占所属产业样本量比重(%)	8.62%	11.63%	9.90%
总计	样本量	116	86	202
	占所属产业样本量比重(%)	100%	100%	100%
Contingency coefficient = 0.591, Pearson Chi-Square = 67.331, DF = 32, Sig. = 0.000				

表 5-3　企业寿命(年)

	高科技企业	传统企业	综合
均值	4.17	7.01	5.87
中位数	4.03	6.94	5.33
标准差	1.02	1.14	1.53
最大值	8	8	8
最小值	2	2	2
N	116	86	202

表 5-4　企业规模情况(人)

	高科技型新创企业	传统型新创企业	综合
均值	57.66	106.54	89.49
中位数	51.01	99.34	73.29
标准差	7.25	15.63	14.29
最大值	137	312	196
最小值	10	10	10
N	116	86	202

（5）企业股权性质

对企业所有制性质的统计分析结果显示，除了个人独资企业之外，其他各类企业的分布较为均匀。在高科技新创企业中，合资企业和外商独资企业所占比例较高，分别为20.33%和26.79%，而在传统型新创企业中，民营企业和外商独资企业占据了多数，分别为39.57%和19.59%。由此可见，无论是高科技企业还是传统企业，外商独资企业均有所涉及。

5.2　实证研究

定量研究中最后的一个环节就是对理论模型和假设进行验证。本节的主要内容是在对上述资料进行初步处理的基础上，通过借助统计工具以进一步验证有关变量之间的关系。本书所使用的工具主要有 AMOS 6.0 结构方程软件和 SPSS 13.0 统计分析软件。

5.2.1　研究方法的确定——结构方程与多元线性回归

5.2.1.1　结构方程介绍

社会科学研究中，有许多现象或事件是无法直接进行测量的，这些尚无法测量的因素称为潜在变量，因此，一般只能通过对与之相关联的测量因素（这些因素可称为显在变量）进行间接评价。该如何分析潜在变量之间以及潜在变量与显在变量之间的关系呢？结构方程模型（Structure Equation Modeting，简称 SEM）为之提供了令人满意的研究方法，尤其是线性结构方程模型的深入研究和 AMOS 软件的开发使之广泛应用于心理学、管理学和社会统计学领域之中，本节首先就结构方程模型方法的应用作简要介绍，然后利用 AMOS 方法对变量架构进行验证性因子分析。

管理学领域研究当中最常见的统计方法基本上可以分为两类，一是以回归为代表的第一代统计方法，二是以结构方程模型为代表的第二代统计模型。结构方程模型是应用线性方程系统表示观测变量与潜变量之间，以及潜变量之间关系的一种统计方法，是一种非常通用的、主要的线性统计建模技术。它将多元回归分析、路径分析（Path Analysis）和验证性因子分析（CFA）统一整合到一个模型框架体系内，根据变量的协方差矩阵来研究变量之间的相关关系，其中的验证性因子分析具有验证功能，可以验证模型的效度以及模型的拟合度，并对模型进行修正，从而证实先前的假设是否合理。这种方法弥补了传统统计方法的不足，它既可研究可观测变量，又可研究不能直接观测的变量（隐变量）；它不仅能研究变量间的直接作用，还可研究变量间的间接作用，通过路径图直观地显示变量间的关系。

在结果方程模型中存在以下变量：①显变量（manifest variable）：指可直接观测的或可度量的变量，如销售额、市场占有率、新产品开发数量等；②潜变量（latent variable）：指无法直接观测到，但可以通过显在变量得以体现的变量，如企业能力，学习态度等；③外生变量（exogenous variable）：外生变量其变量值是由模型之外的因素决定的，相当于线性回归分析中的自变量；④内生变量（endogenous variable）：内生变量是指模型中可由其他变量解释的变量，相当于线性回归分析中的因变量。

结构方程式模型可用以下矩阵方程表示（Bollen, 1989; Joreskog & Sorbom, 1993）：

$$\eta = B\eta + \Gamma\xi + \zeta \tag{5-1}$$

式中：

η——内生（因变）（endogenous, dependent）潜变量；

ξ——外生（自变）（exogenous, independent）潜变量；

B——内生潜在变量间的关系，既潜在内生变量对潜在内生变量效应的系数矩阵（$m \times m$），其对角线元素均为0；

Γ——表示潜在外生变量对潜在内生变量的效应的系数矩阵（$m \times n$）；

ζ——表示残差项构成的向量（$m \times 1$），即模式内所包含的变量及变量间关系所未能解释部分）。

在典型分析过程中，我们输入各指标变量的协方差矩阵（covariance matrix）、总受试人数、指标与潜在变量的从属关系（指标如何归属于各潜在变量），结构方程式会估计指标与潜伏、潜伏与潜伏、模式未能解释部分、指标测量上误差等指定参数，其数值亦反映各关系的强弱。

结构方程模型的应用可分为四个步骤（侯杰泰等，2004），首先要进行模型的构建，即根据以往的理论推导出研究的基本模型，而后使用结构方程来验证变量的关系。接着是对模型进行评估，结构方程参数估计常用的方法主要是最小二乘法和极大似然法。再次是检验方程的收敛性、参数估计的值的范围是否合理等。最后是对模型进行修正，这主要是当数据和模型不能很好拟合时使用，此时需要对模型进行修正，而后通过参数的再设定可以增加模型的拟合程度。

根据 AMOS 的特征，其具体的拟合指标包括绝对拟合指标和相对拟合指标（侯杰泰等，2004；温忠麟等，2004）。本书将依据这些指标对模型拟合程度进行评定。这些评价模型拟合程度的指标又有一定的标准，满足此标准的拟合，才是比较好的拟合模型。这几个主要指标及其准则如表5-5所示。

表5-5 结构方程拟合指标的相关标准

指标 ＼ 标准	拟合较好	拟合很好
χ^2/df	$3 < \chi^2/df < 5$	$\chi^2/df < 3$
RMSEA	$0.05 < \text{RMSEA} < 0.08$	$\text{RMSEA} < 0.05$
NFI	$0.90 < \text{NFI} < 0.95$	$0.95 < \text{NFI} \leqslant 1$
CFI	$0.90 < \text{CFI} < 0.95$	$0.95 < \text{CFI} \leqslant 1$
IFT	$0.90 < \text{NNFI} < 0.95$	$0.95 < \text{IFI} \leqslant 1$
GFI	$0.90 < \text{GFI} < 0.95$	$0.95 < \text{GFI} \leqslant 1$
RFI	$0.90 < \text{RFI} < 0.95$	$0.95 < \text{RFI} \leqslant 1$

注：χ^2为卡方，df为自由度，RMSEA（Root Mean Square Eerror of Approximation）为估计误差均方根；NFI（Normed Fit Index）为标准拟合指数；CFI（Comparative Fit Index）为比较拟合指数；IFI（Incremental Fit Index）为渐进拟合指数；GFI（Goodness-of-Fit Index）为拟合优度指数；RFI（Relative Fit Index）为相对拟合优度指数。

5.2.1.2 多元线性回归方法介绍

回归分析主要研究因变量与自变量的关系，因变量是随机变量，自变量是因素变量，是可以加以控制的变量。多元回归分析一般解决以下问题：第一，确定因变量与多个因素变量之间联系的定量表达式，通常称为回归方程式或数学模型，并确定它们联系的密切程度；第二，通过控制可控变量的数值，借助于数学模型来预测或控制因变量的取值和精度；第三，进行因素分析，从影响因变量变化的因素中寻找出哪些因素对因变量的影响最为显著，哪些因素不显著，以区别主要因素和次要因素。

在操作过程中，需要列出影响 Y 的多个因素与 Y 之间的关系方程。一般地，设因变量 Y 与 k 个自变量 X_1, X_2, $\cdots$, X_k 线性相关：

$$Y = B_0 + B_1 X_1 + B_2 X_2 + \cdots + B_k X_k + \varepsilon \tag{5-2}$$

其中 Y 为可观察的随机变量；X_1, X_2, $\cdots$, X_k 为可观察的一般变量；B_0, B_1, B_2, $\cdots$, B_k 为待定模型参数，其中 B_0 为截距，ε 为不可观测的随机误差。有 n 组独立观察的样本数据 $(y_i, x_{i1}, \cdots, x_{ik})$，$i = 1, 2, \cdots, n$，代入方程（5-2）中，有：

$$y_i = b_0 + b_1 x_{i1} + b_2 x_{i2} + \cdots + b_k x_{ik} + e_i \quad (i = 1, 2, \cdots, n) \tag{5-3}$$

其中 n 个随机变量 e_i 相互独立且服从同一正态分布 $\text{Nor}(0, \sigma^2)$。根据最小二乘原则，求 B_0, B_1, B_2, $\cdots$, B_k 的估计值 b_0, b_1, $\cdots$, b_k，使上式的误差平方和 $\sum (e_i)^2 = \sum [y_i - (b_0 + b_1 x_{i1} + b_2 x_{i2} + \cdots + b_k x_{ik})]^2$ 最小，为此，分别将上式对 b_0, b_1, $\cdots$, b_k 求偏导数，令其等于 0，当 x_1, x_2, $\cdots$, x_k 相互独立时，由极值原理，可求出总体回归系数矩阵 $B_{总体} = [B_0, B_1, B_2, \cdots, B_k]^T$ 的估计值矩阵 $B_{样本} = [b_0, b_1, \cdots, b_k]^T$：$B_{样本} = (X^T X)^{-1} X^T X$ 进而得到回归方程：

$$y = b_0 + b_1 x_1 + b_2 x_2 + \cdots + b_k x_k \tag{5-4}$$

本书将依据上述原理对后面的变量关系进行回归分析。

5.2.2 数据质量分析

在验证假设之前，很有必要对测量工具的有效性和可信性进行检验，包括探索性因子分析、数据可靠性分析和相关分析等。

5.2.2.1 探索性因子分析

为了明确变量之间的关系，有必要根据现有数据对变量进行探索性因子分析。本次调研所得的 202 份问卷足以进行一次探索性因子分析。

首先，对网络导向进行一次探索性因子分析，经过采取主成分分析法（最大变异转轴法），发现衡量取样适当性的 KMO 值为 0.793，大于 KMO 值为 0.5 的标准（吴明隆，2003），表示变量间的共同因素很多，适合做因子分析，并且 Bartlett 球体检验的 χ^2 值为 393.545，自由度为 119，且达到了显著性水平。累计解释变异数达到 59.33%。因子分析结果如表 5-6 所示。

表5-6　网络导向的探索性因子分析结果（$N=202$）

测项	NCO	NFO	NOP
NCO1	0.765		
NCO2	0.797		
NCO3	0.689		
NCO4	0.848		
NCO5	0.824		
NCO6	0.703		
NFO1		0.839	
NFO2		0.691	
NFO3		0.737	
NFO4		0.677	
NFO5		0.745	
NOP1			0.723
NOP2			0.774
NOP3			0.805
NOP4			0.681
NOP5			0.670
NOP6			0.791
特征值	7.274	3.012	1.096
可解释信息量(%)	29.11	19.03	11.19
累计解释量(%)	29.11	48.14	59.33

其次，对创业能力进行探索性因子分析，采取主成分分析法，发现衡量取样适当性的 KMO 值为 0.755，大于 KMO 值为 0.5 的标准（吴明隆，2003），表示变量间的共同因素很多，适合做因子分析，并且 Bartlett 球体检验的 χ^2 值为 371.54，自由度为 107，且达到了显著性水平。累计解释变异数达到 55.97%。因子分析结果如表 5-7 所示。

表 5-7　创业能力的探索性因子分析结果($N = 202$)

测项	OPC	OMC
OPC1	0.783	
OPC2	0.706	
OPC3	0.761	
OPC4	0.875	
OPC5	0.691	
OPC6	0.834	
OPC7	0.717	
OMC1		0.772
OMC2		0.816
OMC3		0.827
OMC4		0.825
OMC5		0.801
OMC6		0.639
OMC7		0.737
OMC8		0.807
OMC9		0.647
特征值	11.337	2.571
可解释信息量(%)	39.22	16.75
累计解释量(%)	39.22	55.97

　　第三，对企业竞争优势，也同样采取主成分分析法，但本书对其实施强制性因子分析，将测项归为单一因子：竞争优势。因子分析结果如表 5-8 所示。

　　最后，本书对网络导向、创业能力以及竞争优势分别实施一阶和二阶验证性因子分析，其拟合结果如表 5-9 所示。结果表明，竞争优势和网络导向的拟合情况很好，除创业能力的指标中 CFI（= 0.898）略低于标准值之外，其他拟合指标值较好，基本满足结构方程对数据拟合的要求。

表5-8 竞争优势的探索性因子分析结果($N = 202$)

测项	因子载荷
CA1	0.657
CA2	0.763
CA3	0.781
CA4	0.852
CA5	0.836
CA6	0.697

表5-9 结构方程拟合指标分析结果

	χ^2	df	χ^2/df	CFI	RMSEA	AGFI	GFI	NFI
网络导向(二阶)	116.53	52	2.24	0.979	0.034	0.981	0.953	1.000
创业能力(二阶)	129.75	57	2.27	0.898	0.057	0.933	0.909	0.907
竞争优势(一阶)	102.66	48	2.14	0.988	0.983	0.991	1.000	1.000

5.2.2.2 可靠性与效度分析

数据可靠性检验也称为信度检验(reliability test),是指不同测量者使用同一测量工具的一致性水平,用以反映相同条件下重复测量结果的近似程度,即一组项目是否在测量同一概念。可靠性一般可通过检验测量工具的内部一致性(internal consistency)来实现(Zikmund,2002)。本研究主要通过Cronbach's alpha来检验测量工具的内部一致性,该指标已经被证实是检验多维度量表可靠性的有效指标。笔者对网络导向、创业能力以及竞争优势分别进行了可靠性分析,结果如表5-10所示。从可信度分析的数据来看,Cronbach's α 的最小值为0.757,最大为0.829,可以认为本研究的数据以及量表具有较好的可靠性和稳定性,完全达到了美国统计学家Hair等(1995)认为的Cronbach's α 大于0.7的标准。

效度检验(validity test)主要包括内容效度检验(content validity)和架构效度检验(construct validity)。

表 5-10　量表可信度分析($N=202$)

变量	测项	Cronbach's α
NCO	NCO1~6	0.803
NFO	NFO1~5	0.791
NOP	NOP1~6	0.765
OPC	OPC1~7	0.829
OMC	OMC1~9	0.772
NO	—	0.799
EC	—	0.805
CA	CA1~6	0.757

内容有效性即表面有效性（face validity），是指量表逻辑上能够清晰反映出研究中所要测量的概念的内容，一般可以通过主观进行判断。在题项选择阶段，本研究紧紧围绕相关理论基础和前人研究，力求全面地覆盖测量内容。在问卷初稿完成之后，笔者分别与知识管理学者、管理领域专家、组织中的从业人员就问卷的内容和形式进行了深入的讨论，补充遗漏题项，剔除重复项，调整问卷结构，以保证题目分布的合理性。通过以上过程，可以保证问卷的内容有效性。

架构有效性表示测量工具证明理论假设的程度，即测量得到的实证数据与要测量概念的理论逻辑相一致的程度，一般包括收敛有效性和区别有效性。在前面讨论中，通过验证性因子分析，已经初步说明测量四个过程的量表具有收敛有效性和区别有效性。

收敛有效性（convergent validity）是指对一个理论概念进行测量，当它与相同架构的不同测量工具高度相关时，说明该测量工具具有收敛有效性。按照Steenkamp 和 Trijp 的方法，该有效性可以通过计算标准化的因子负载（factor loadings）及其显著性来判断，如果各个维度下的因子负载值均显著大于 0.5，则符合收敛有效性。表 5-6、表 5-7 和表 5-8 已经证实变量测量题项的因子负载都大于 0.5，且在 $P<0.01$ 水平下显著，这证明该量表具有较好的收敛有效性。

区别有效性（discriminate validity）是指量表区别不同维度或概念的程度，量表的测项分别负载到不同的因子上，表明了量表的区分效度明显。

5.2.2.3 相关分析

在对数据的可靠性和有效性进行分析的基础上，本书对因子之间的相关性进行了分析，相关系数矩阵如表 5-11 所示。结果表明，分别在网络结构、动态能力内部，各个维度的相关性比较高，而不同唯独结构之间的相关性比较小。如网络合作性和竞争优势的相关性达到 0.393，网络关注度与网络开放性具有 0.527 的相关性。这一方面说明了各变量维度结构中具有结构有效性，但同时也意味着在进行多元回归分析时存在多重共线性问题，即不同因子所反映的信息存在一定程度的重合。因此，为解决这一问题，在假设检验中，在适当时候应对数据进行重新整合，尽可能减少因子之间的相互影响，以减少共线性，而对数据进行均值中心化（mean-centered）是解决共线性问题的最好途径。

表 5-11　变量相关性矩阵（$N = 202$）

	NCO	NFO	NOP	OPC	OMC	CA	Age	Ownship	Size
NCO	1								
NFO	0.304*	1							
NOP	0.353***	0.527*	1						
OPC	0.251***	0.357*	0.266*	1					
OMC	0.282**	0.393**	0.192*	0.344**	1				
CA	0.393**	0.252*	0.381**	0.137*	0.326*	1			
Age	0.054	0.068	0.092	0.147	0.105	0.213	1		
Ownship	−0.147*	0.138*	0.103	0.298**	−0.217*	0.255*	0.076	1	
Size	−0.288***	0.304***	0.084	0.202	0.197	−0.084	0.119	0.102	1
Type	0.115	−0.106	−0.149**	0.092	0.232*	0.118	0.091	0.085	0.103

注：$*p < 0.1$；$**p < 0.05$；$***p < 0.01$。

5.2.3　假设检验与结果

本节将通过利用结构方程模型以及多元线性回归模型，借助 Amos6.0 以及 SPSS13.0 统计软件，对数据进行处理。在正式进行数据处理之前，先将有关控制变量转化为虚拟变量，然后利用结构方程模型以及多元线性层级回归（hierarchial regression analysis）对数据进行分析。

首先，本书将检验网络导向与竞争优势的关系，但是，考虑到机会能力与运营管理能力的调节效应，即它们与网络导向的交互项对竞争优势的影响，我们将上述关系融合到一个模型中进行综合检验。接着，我们对网络导向与创业能力之间的关系进行验证，最后检验创业能力的中介效应。

5.2.3.1 网络导向和创业能力对竞争优势的影响及创业能力的调节效应分析

为了进一步验证变量之间的关系以及前文假设，本书对变量间的关系进行了层级多元回归分析，结果如表 5—12 所示。在模型 1 中只加入控制变量，模型 2 是控制变量、自变量、调节变量对因变量的主效应模型；模型 3 是加入交互效应后的全效应模型。

表 5—12 的实证分析结果表明，网络导向之网络合作性对新企业的竞争优势具有显著的影响（$\beta = 0.239$，$p < 0.01$），因此假设 1 获得支持。而网络关注度对新企业竞争优势的影响作用并不明显（$\beta = 0.104$，$p > 0.1$），因此假设 2 未获得支持。但网络开放性对竞争优势却显示出了明显的影响（$\beta = 0.187$，$p < 0.1$），因此假设 3 获得支持。同样，新创企业机会能力对竞争优势的影响作用也很明显（$\beta = 0.173$，$p < 0.1$），而运营管理能力对竞争优势也呈现出了显著的正向影响（$\beta = 0.229$，$p < 0.05$），因此，假设 10 和假设 11 均获得支持。在模型 3 中，新创企业机会能力对网络合作性与竞争优势之间的关系具有负向调节作用（$\beta = -0.198$，$p < 0.01$），表明验证结果与假设的方向相反，因此假设 12a 未获得支持。而机会能力对网络关注度和网络开放性与竞争优势之间的关系均分别具有正向调节作用（$\beta = 0.319$，$p < 0.1$；$\beta = 0.237$，$p < 0.05$），因此，假设 12b 和假设 12c 获得数据的支持。相比较而言，运营管理能力与网络导向之网络合作性、网络关注度以及网络开放性之间交互项的回归系数均未达到 0.1 上的统计显著性。因此，假设 13a、13b 和 13c 均未获得支持，进而导致假设 13 未获得支持。

表 5-12 多元层级回归分析结果

	新企业竞争优势		
	模型1	模型2	模型3
企业规模	0.027	0.033	0.095
行业	0.103***	0.107	0.139*
企业年龄	0.092*	0.102	0.126
网络合作性		0.239***	0.284*
网络关注度		0.104	0.113
网络开放性		0.187*	0.213***
机会能力		0.173*	0.186***
运营管理能力		0.229**	0.217***
网络合作性×机会能力			−0.198***
网络关注度×机会能力			0.319*
网络开放性×机会能力			0.237**
网络合作性×运营管理能力			−0.203
网络关注度×运营管理能力			0.091
网络开放性×运营管理能力			0.104
R^2	0.227	0.334	0.393
Adjusted R^2	0.183	0.285	0.347
R^2 change	—	0.102***	0.062***
F-value	7.029***	8.104***	7.733***
N, df	202,24	202,35	202,42

注：表中列示的是标准化回归系数。*$p < 0.1$, **$p < 0.05$, ***$p < 0.01$。

5.2.3.2 网络导向与创业能力的关系检验

我们接着检验网络导向与创业能力之间的作用关系。首先将机会能力作为因变量，其具体检验结果如表 5-13 所示。

表 5-13　网络导向对机会能力的多元回归结果

变量	机会能力			
	模型 1		模型 2	
	β	t	β	t
控制变量				
企业寿命			0.171*	1.552
企业规模			0.204**	3.173
所有权			0.318*	2.626
企业类型			0.267***	2.171
自变量				
网络合作性	0.161***	1.939	0.194**	1.889
网络关注度	0.234*	2.371	0.298***	2.490
网络开放性	0.283***	1.523	0.352*	3.083
R^2	0.232		0.337	
ΔR^2			0.105	
Adj.R^2	0.199		0.274	
F	7.395***		8.995***	

注：$N=202$；*$p<0.10$，**$p<0.05$，***$p<0.01$。截距未加以列示。

就网络导向与机会能力的关系而言，从解释或预测方程的效率指标，即确定性系数 R^2 来看，网络导向对机会能力的解释力达到了 0.232（相应的调整后的 R^2 为 0.199），随着控制变量加入方程，解释力达到了 0.337（相应的调整后的 R^2 为 0.274），这表明控制变量的解释力也不容忽视，企业规模、寿命、企业的所有权结构以及企业类型均与机会能力存在正相关关系；而且，在加入控制变量前，网络合作性、网络关注度和网络开放性均与创业能力中的机会能力正相关（$\beta=0.194$，$p<0.05$；$\beta=0.298$，$p<0.01$；$\beta=0.352$，$p<0.1$）。在加入控制变量之后，三者对机会能力的影响力得到增强（$\Delta\beta$分别为 0.033、0.064 和 0.069）。检验结果表明，假设 4、6 和 8 均得到支持，即网络合作性、网络关注度和网络开放性均与创业能力之机会能力成正相关关系。

而后，我们将运营管理能力作为因变量，其具体检验结果如表 5-14 所示。

表5-14　网络导向对运营管理能力的多元回归结果

变量	运营管理能力			
	模型1		模型2	
	β	t	β	t
控制变量				
企业寿命			0.164	1.376
企业规模			0.181*	2.821
所有权			0.323	4.563
企业类型			0.173**	1.031
自变量				
网络合作性	0.187*	3.314	0.249**	1.833
网络关注度	0.258*	1.821	0.324**	2.821
网络开放性	0.379**	2.523	0.331***	2.219
R^2	0.194		0.281	
ΔR^2			0.087	
Adj.R^2	0.136		0.231	
F	8.393***		7.714***	

注：$N=202$；*$p<0.10$，**$p<0.05$，***$p<0.01$。截距未加以列示。

就网络导向与运营管理能力的关系而言，从解释或预测方程的效率指标，即确定性系数 R^2 来看，网络导向对运营管理能力的解释力达到了0.194（相应的调整后的 R^2 为0.136），随着控制变量加入方程，解释力达到了0.281（相应的调整后的 R^2 为0.231），这表明控制变量的解释力不容忽视，企业规模和企业类型与运营管理能力存在正相关关系，但是企业所有权和企业寿命与运营管理能力的关系不显著；在加入控制变量前，网络合作性、网络关注度和网络开放性均与创业能力中的运营管理能力正相关。在加入控制变量之后，只有网络开放性对运营管理能力的影响力减弱（$\Delta\beta=0.048$），网络合作性和网络关注度对运营管理能力的影响力却增强了（$\Delta\beta=0.062$ 和 0.066），但其关系仍然显著。因此，检验结果表明，假设5、7和9均得到支持，即网络合作性、网络关注度和网络开放性均与运营管理能力成正相关关系。

5.2.3.3 创业能力对网络导向—竞争优势关系中介作用的检验

假设 14 和 15 试图说明创业能力对网络导向与新创企业竞争优势关系的中介作用。关于中介作用，本书将使用 Baron 和 Kenny（1986）所述的三个步骤来验证之，并用 Sobel，Aroian 以及 Goodman 检验法来进一步验证其显著性（Newbert，2008）。

Baron 和 Kenny（1986）认为，检验变量间的中介效应，需要经过三个回归步骤：首先，测量自变量与因变量的关系，其 β 值应显著；其次，测量自变量与中介变量的关系，其 β 值也应显著；最后，将自变量和中介变量同时代入回归方程，测量二者与因变量的关系，此时，自变量与因变量的 β 值比步骤 1 的 β 值要小，且不显著表示假设完全成立，显著则为部分成立，但中介变量与因变量之间的关系仍显著。如表 5-15 所示。

表 5-15　中介变量的测量步骤

步骤			β值	成立条件
步骤一	自变量	因变量	$\beta1$	$\beta1$ 应具显著性
步骤二	自变量	中介变量	$\beta2$	$\beta2$ 应具显著性
步骤三	自变量	因变量	$\beta3$	1. $\beta4$ 应具显著性；
	中介变量		$\beta4$	2. $\beta1 > \beta3$； 3. $\beta3$ 不具显著性为完全成立；显著者为部分成立。

本书将用上述中介回归的方法研究网络导向→创业能力（机会能力与运营管理能力）→竞争优势之间的关系。具体的检验结果如表 5-16 所示。

表 5-16 的分析结果表明，步骤 1 和步骤 2 均满足条件，在步骤 3 中，网络导向对竞争优势不具显著性，而机会能力却对竞争优势具有显著的影响，而且，0.271 大于 0.201。因此，机会能力对网络导向—竞争优势关系的完全中介效应成立，即满足 Baron 和 Kenny 所述的完全中介效应原理，所以假设 14 得到验证。

接着，我们用同样的方法检验了运营管理能力在网络导向与竞争优势之间的中介效应，具体结果如表 5-17 所示。

表5-16 机会能力中介作用检验结果

步骤	解释变量	被解释变量	β值	假设成立条件
步骤1	自变量	因变量	β1	β1 应具显著性
	网络导向	竞争优势	0.201*	自变量与竞争优势呈现正向显著性相关
步骤2	自变量	中介变量	β2	β2 应具显著性
	网络导向	机会能力	0.247*	自变量与机会能力呈现正向相关关系
步骤3	自变量	因变量	β3	β4 应具显著性
	网络导向		0.109	不显著，完全中介效应成立
	中介变量	竞争优势	β4	
	机会能力		0.271***	β4 具有显著性

注：*$p<0.1$；**$p<0.05$；***$p<0.01$。

表5-17 运营管理能力中介作用检验结果

步骤	解释变量	被解释变量	β值	假设成立条件
步骤1	自变量	因变量	β1	β1 应具显著性
	网络导向	竞争优势	0.174**	自变量与竞争优势呈现正向显著性相关
步骤2	自变量	中介变量	β2	β2 应具显著性
	网络导向	运营管理能力	0.192*	自变量与机会能力呈现正向相关关系
步骤3	自变量	因变量	β3	β4 应具显著性
	网络导向		0.137***	显著，部分中介效应成立
	中介变量	竞争优势	β4	
	运营管理能力		0.208***	β4 具有显著性

注：*$p<0.1$；**$p<0.05$；***$p<0.01$。

表5-17的分析结果表明，步骤1和步骤2均满足条件，在步骤3中，网络导向对竞争优势同样具有显著性，而且运营管理能力对竞争优势也具有显著的影响，0.208 大于 0.174。因此，运营管理能力对网络导向—竞争优势关系的部分中介效应成立，即满足 Baron 和 Kenny 所述的部分中介效应原理，所以假设15得到部分支持。

在上述分析的基础上，我们将机会能力与运营管理能力整合为创业能力并用单一指标来衡量。按照上述步骤我们做了创业能力在网络导向与竞争优势之间的中介效应检验，具体如表5-18所示。

表5-18的实证结果表明，步骤1和步骤2均满足中介效应检验的要求，在步骤3中，网络导向对竞争优势的影响不具有显著性，但创业能力对竞争优势却具有显著的影响，0.292大于0.274。因此，创业能力对网络导向—竞争优势关系的完全中介效应成立，即满足Baron和Kenny所述的完全中介效应原理，所以我们认为，创业导向在网络导向与竞争优势之间扮演着重要的角色，它是网络导向转化为绩效的有效路径。

表5-18　创业能力中介作用检验结果

步骤	解释变量	被解释变量	β值	假设成立条件
步骤1	自变量	因变量	$\beta1$	$\beta1$应具显著性
	网络导向	竞争优势	0.274**	自变量与竞争优势呈现正向显著性相关
步骤2	自变量	中介变量	$\beta2$	$\beta2$应具显著性
	网络导向	创业能力	0.163*	自变量与机会能力呈现正向相关关系
步骤3	自变量	因变量	$\beta3$	$\beta4$应具显著性
	网络导向		0.181	不显著，完全中介效应成立
	中介变量	竞争优势	$\beta4$	
	创业能力		0.292***	$\beta4$具有显著性

注：*$p < 0.1$；**$p < 0.05$；***$p < 0.01$。

为了有效地检验创业能力的中介作用，本书使用Sobel, Aroian和Goodman检验来验证这一作用。这种方法的作用在于检验第三变量在自变量和因变量之间的中介作用是否显著。如表5-19所示，每一项统计指标均呈现出显著性，表明创业能力的中介作用显著。值得注意的是，表5-16、表5-17、表5-18所示的结果已经显示了"NO→EC→CA"的不同中介效用，表5-19的结果只是对此结果的进一步验证，并未改变研究结果。

综上所述，根据OLS回归验证结果以及中介回归验证结果，本书所提出的21条假设中，得到验证的有13条，未获得支持的有6条，获得部分支持的有2条。具体情况如表5-20所示。

表5-19　创业能力的中介作用

中介关系	Sobel	Aroian	Goodman
NO→OPC→CA	2.091**	2.634**	2.852**
NO→OMC→CA	2.563*	2.812*	2.647*
NO→EC→CA	2.912**	2.743**	2.741**

注：*$p < 0.10$；**$p < 0.05$；***$p < 0.01$。

表5-20　假设检验结果一览

假设	结论	说　明
H1：NCO→CA	支持	新创企业的网络合作性与其竞争优势正相关
H2：NFO→CA	不支持	新创企业的网络关注度与其竞争优势正相关
H3：NOP→CA	支持	新创创业的网络开放性与其竞争优势正相关
H4：NCO→OPC	支持	新创企业网络合作性对机会能力具有显著的影响
H5：NCO→OMC	支持	新创企业网络合作性对运营管理能力具有显著的影响
H6：NFO→OPC	支持	新创企业网络关注度对机会能力具有显著的影响
H7：NFO→OMC	支持	新创企业网络关注度对运营管理能力具有显著的影响
H8：NOP→OPC	支持	新创企业网络开放性对机会能力具有显著的影响
H9：NOP→OMC	支持	新创企业网络开放性对运营管理能力具有显著的影响
H10：OPC→CA	支持	机会能力与新创企业竞争优势正相关
H11：OMC→CA	支持	运营管理能力与新创企业竞争优势正相关
H12：OPC × NO→CA	部分支持	机会能力正向调节网络导向与新企业竞争优势的作用关系
H12a：OPC × NCO→CA	不支持	机会能力正向调节网络合作性与新企业竞争优势的作用关系
H12b：OPC × NFO→CA	支持	机会能力正向调节网络关注度与新企业竞争优势的作用关系

续表

假设	结论	说　明
H12c：OPC × NOP→CA	支持	机会能力正向调节网络开放性与新企业竞争优势的作用关系
H13：OMC × NO→CA	不支持	运营管理能力正向调节网络导向与新企业竞争优势的作用关系
H13a：OMC × NCO→CA	不支持	运营管理能力正向调节网络合作性与新企业竞争优势的作用关系
H13b：OMC × NFO→CA	不支持	运营管理能力正向调节网络关注度与新企业竞争优势的作用关系
H13c：OMC × NOP→CA	不支持	运营管理能力正向调节网络开放性与新企业竞争优势的作用关系
H14：NO→ OPC→CA	支持	新创企业机会能力在网络导向—竞争优势之间起到了中介作用
H15：NO→ OMC→CA	部分支持	新创企业运营管理能力在网络导向—竞争优势之间起到了中介作用

5.3　本章小结

　　本章依据开发的测量工具，首先在长春、哈尔滨、沈阳、大连、北京、天津和石家庄七市范围内进行了一次大规模的调研，以备实证研究之用。首先本书确定了调研对象，即高科技新创企业和传统型新创企业，研究时间区间在2~8年间。这两类企业的区分点就在于生产过程中的技术含量以及生产环节的复杂性，具体的分类由企业负责人做出。其次，本书从3个途径来收集数据资料并对调研收回的有效问卷，从行业分布情况、企业经营所在地、企业寿命、企业规模以及企业股权性质等5个方面分析了样本的基本特征，为后面的实证研究奠定了基础。

　　接着，本书利用结构方程模型和多元线性回归对所得到的数据进行了实证研究。首先确定数据的质量，即对数据进行因子分析、可靠性和效度分析以及相关性分析。而后，笔者对数据进行了多元回归分析，对本书提出的21条假设进行了验证。结果表明，本书所提出的21条假设中，得到验证的有13条，未获得支持的有6条，获得部分支持的有2条。具体情况如表5-20所示。

6 研究结果讨论

本研究在于探讨企业的网络导向、创业能力与新创企业竞争优势的关系，在验证假设之后，需要对已经成立和未成立的假设进行分析，以解释个中原因，并试图提供一些可供企业借鉴的建议。

6.1 网络导向和创业能力
与竞争优势关系的讨论

竞争优势的构建和维持与构建网络关系中新企业的合作态度和开放程度紧密相关。新企业由于"新且小"的先天缺陷，在其获取合法性并构建竞争优势的过程中，其内部首先应紧密合作，利用企业内网络来构建合作的基础（科林斯、波勒斯，2006），在企业愿景上达成共识，在沟通基础上认识到存在的问题并努力用最佳的方式解决，这离不开企业内部灵活的管理与宽松的沟通环境，而后再谈与外部的合作，因为内部合作与共识是外部合作的基础。在外部合作的过程中，新企业应着重关注外部关系所带来的机会、知识和信息等关键资源，通过构建"广而深"的网络关系来构建竞争优势。已有研究拘泥于探索网络结构及企业在网络中的位势给企业带来的竞争优势（Siu & Bao, 2008），与以往研究不同的是，本研究表明新企业更善于通过网络合作倾向和开放性而非仅仅依赖网络结构和位势来获得竞争优势。本研究揭示了，在创业过程中，新企业将会打破网络结构的束缚，在构筑内部和谐关系的同时注重与外部网络关系主体进行交流、沟通与合作，利用多元的思维碰撞去获取有价值的、稀缺的信息与资源，从而构筑竞争优势的基础。

网络关注度与竞争优势关系的不显著性不仅反映出我国转型经济情境下新企业所嵌入网络导向特征对竞争优势作用关系的特殊性，也反映出新企业对不同网络价值认知差异性对竞争优势构建的影响。在转型经济情境下，网络导向的特征与中国特有的"关系"紧密相连（Chen et al., 2013），新企业一般认为，与政府部门搞好关系将会有助于企业的发展，进而可能会忽视其他一些商业网络的重要性，尤其对于"新且小"的创业企业而言，其声誉的缺乏也会导致其对某些关键网络关系的关注与投入不足，对于一些能够为其带来机会和资源的重要网络关系不重视，这就导致网络关注度的效用不强，其对竞争优势的影响也就不那么明显。

对于一些高科技新创企业或者是以技术为导向的新创企业来说，其经营与管理需要投入大量的资金支持，对于企业的一些大型设备和厂房建设可以通过政府和银行提供资助来解决，还有一些技术研发和管理资金需要从一些专业的创投企业（venture capital）获得，因此要求他们加强对这些外部关系的关注度。虽然利用截面数据所得到的网络关注度对竞争优势的作用不明显，但是，随着网络关系的发展以及企业生命周期的演进，网络关注度与竞争优势的关系可能会产生变化。Barney（2007）认为，加强与一些创投企业的合作关系对于新创企业而言至关重要。从一些专业的创投企业获得资助，不仅可以为新创企业提供资金支持，同时也会因为其的专业知识和技能为企业提供经营管理的建议和有效监督，这样也有效地分摊了企业经营管理的风险和成本，因此，网络合作性在维持竞争优势的同时还有助于其经营风险的降低。对于一些发展前景较好、技术较强的新创企业，可以为其成长与发展提供稳健良好的各种支持和资助；对于具有一定技术而无法获得资金的创业企业而言，由于其创业风险较高，可以为其提供一定的支持和资助，减少其负担，帮助企业获得快速发展并获益。对于新创企业而言，由于其各方面的资金、资源和技术的缺乏，需要各种资助者关系连接为其提供一定的帮助，为其降低融资困难，减少受外部环境影响的各种问题，缩减其各种交易的成本，降低其经营管理风险，进而提高企业的竞争优势（Lee et al. 2001；Siu & Bao, 2008；董保宝等，2011，2015）。

在知识经济时代，企业面临着动荡、不确定和激烈的竞争环境，由于各种高科技的使用，使得产品的研发周期不断缩短，产品更迭更是迅速，这一系列的变化都对新创企业的创业能力提出巨大的挑战。然而，企业由于自身信息的不对称、资源的短缺，对于这种变化不是很敏感，或是企业虽然能够预测到这种变化，但是由于自身创业能力不足，而无法采取有效的战略和措施来应对。因此企业要想在激烈的竞争环境中提升自己的创业能力，维持持久性的竞争优势，只有通过建立网络连接，来巩固企业成员间的友好信任与合作关系，并通过这种关系网络来获得企业所需要的资源和信息，加强其机会能力，这样才能获得持久性的竞争优势和更多的附加价值（Hakansson & Snehota，1995；陈忠仁、赖秋燕，2004；李新春等，2008）。总之，企业获得持续性竞争优势的关键不仅在于网络的构建和企业成员之间的良好互动关系，更在于企业内部创业能力的不断提升与改进。

机会能力强调了企业对市场的理解和掌握，适应环境能够促进新创企业对某一潜在可盈利机会的理解与把握，而那些能够不断地改进产品和服务以保持竞争优势的企业就是由于它们把握了一些至关重要的机会，这种较强的机会能力是新创企业能够迅速发现机会、鉴别机会并使企业理解市场机会的基本表现，企业只有不断地对市场的变化做出反应，适时地进行机会开发和战略转移，企业的竞争优势便能够得以维持，企业的盈利能力便能够得以延续（Williamson，1999）。

从资源基础观（Pfeffer & Salancik，1978）出发，企业通过构建关系网络以及成员之间的互动和合作关系，可以获得各种资产、信息、人力资源以及管理技能等资源，以此来整合资源并识别有价值的机会，对机会的把握和利用展现了新创企业强劲的机会能力，这对于提升企业的持续性竞争优势有重要的作用（Moller & halinen，1999；朱秀梅等，2010）。企业的事业型关系网络可以促进成员之间共同学习和交流、技术的分享与转移，提高成员的专业技能，同时也可以促进高素质人才在组织内部的流动和转移，而这些对企业的运营管理而言，都是非常重要的，也是十分有益的。在企业内部网络中，各部门成员之间的良好互动，可以有效促进知识信息的交流和转换（Chen & Lin，2002），使得企业能够及时了解市场动向、消费者的需求和偏好、产品的特性以及市场的接受程度、产品的价格定位等相关信息，然后有针对性地生产新产品或改造已有产品，并制定合理的价格，使其满足消费者的需求，加强组织运营管理的效率，通过提升运营管理能力来提高企业的竞争优势。

运营管理能力一直是新创企业所关注的焦点问题，因为"新"的缘故，新创企业的运营管理在创业初期的表现并不尽如人意，其运营效率很低。在新创企业的发展过程中，不仅企业家自己要不断地学习，它们还不断地强调企业本身的学习能力，利用知识来丰富自身和成员的运营管理知识，提升运营管理效能，即整个企业的员工都应该具备一种好学的精神，如通过与上下游厂商探讨问题的解决方案，组织员工去同行业企业参观、访问，在企业内部采取一种有助于提高学习效率的激励机制等，并以此来加强运营管理能力，这对企业竞争优势的贡献已经得到了许多实证研究的支持（Zahra et al., 1995; Woiceshyn & Daellenbach, 2005）。通过运营管理能力的提升不仅可以确保企业内部的活力，更重要的是这将有助于企业从不断地有效运营中获得熊彼特租金（Zollo & Winter, 2002）。

在快速变化的市场竞争中，新创企业组织势必保持一定的灵活性，这种战略灵活性不仅仅要求新创企业具有明显的机会能力，加强对机会的利用，更重要的是，企业组织也应该能够对企业的运营管理做出及时的战略调整，以确保企业的运营管理能力的不断改善，因为运营管理能力对竞争优势的作用要大于机会能力（见表5-12，0.229＞0.173）。此外，为了提升这种运营管理能力，新创企业组织内部必须建立灵活的运营管理机制，如工作模式因人而异、允许部门之间打破常规等。

以上说明，新创企业的竞争优势的主要来源之一就是企业的创业能力。企业创业能力的提升会促进企业整体能力的改进，尤其是机会能力和运营管理能力，企业的竞争优势便会得到维持，并在此基础上得到提升和延续。对我国传统型新创行业和高科技新创企业的实证研究也充分说明了这一点。

6.2　网络导向与创业能力关系的讨论

Holm, Eriksson 和 Johanson（1996）认为，在关系网络中，成员间通过深入的互动、交流和合作，彼此间相互了解、信任、承诺，形成紧密的关系网络，共同强化彼此对机会的认知，进而能够提升企业的获利空间，这表明网络导向强的企业，其对企业获利性的把握较准确，而这源于网络导向对机会能力的影响。Hagedoorn 和 Schakenraad（1994）对美国、欧洲和日本等国家的信息、机械和石化企业进行了调查，发现企业通过构建战略导向关系网络能够明显地提高企业的机会识别能力，抓住潜在的、有价值的机会。Baun, Calabrese 和 Silverman（2000）在对加拿大的科技新创企业进行研究时，提出关注联盟网络的运行机制和网络节点情况可以有效提高新创企业的机会开发能力，利用对网络的关注来完善组织的机会识别体系，强化机会认知，加强机会能力。新创企业通过和个体或企业联盟形成伙伴关系网络，可以获得各种信息、资源，降低企业的运营成本，进而提升企业的运营管理能力。Lee 和 Pennings（2001）通过有效结合企业内部的各种能力、资源和外部各种关系网络对韩国的一些高科技新创企业进行了详细的探究，得出企业与一些专业的创投企业建立网络连接能够有效提升企业的营销技能。Holm，Eriksson 和 Johanson（1999）提出在关系网络中的个体，其互动的频率越高，对彼此的了解、信任和承诺的程度越深，合作性倾向越强，则企业的运营管理成效就越大，企业的获利空间也就越高。

Johanson 和 Mattsson（2006）对中小企业进入新西兰的国际方式进行了探讨，Chetty 和 Holm（2000）借用他们的研究模式，提出通过构建和形成事业型关系网络，通过合作和关注网络，可有助于新创企业发现商机、获取知识和信息、知识创新、构造核心能力，使得企业获得更高的机会能力和运营管理能力，进而提升其绩效水平。Chetty 和 Eriksson（2012）针对新创企业的国际化提出，在相对成熟、稳定的国际化关系网络中，企业通常会运用其已有的关系网络获得必要的知识和经验来打开国际市场，拓展事业，同时也会不断地扩展其国际关系网络范围，而这些都离不开新创企业对网络的关注与合作，尤其是组织内部网络的开放性管理。

Barnir 和 Smith（2002）从社会网络和市场的关系入手，发现通过和市场中已有企业或个体建立彼此之间信任、支持和友善的互动关系，形成较紧密且稳固的社会网络，可以有效降低或打破新创企业进入市场的障碍，并且能够让新进入的企业快速拓展业务活动，加快组织内部的知识流动，强化其运营管理的效率和技能，提升运营管理能力。Powll，Koput 和 Smith-Doerr（1996）从事业型关系网络的概念出发，研究其与组织学习的关系，研究发现组织的学习能力和学习的速度受到企业对网络关注程度的影响，而事业型网络数量以及网络经验也会改善新创企业的组织学习情况，进而影响到其运营管理能力。Kogut（2000）在探讨生产技术行业的知识传播和事业型网络之间的关系时，研究发现通过在企业建构和形成关系网络时，其网络的关注程度和合作意愿有利于加快企业知识的传播，加快知识的流转、分享和学习，能够强化组织的机会开发能力，并提高企业的运营管理能力和获利能力。Short 和 Venkarraman（2012）针对新创企业的业务系统改造，提出企业的网络开放性能够强化业务流程再造的功能和作用，也即是在企业的流程再造中，可以运用通过建立开放性的网络来驱动流程再造的速度，加强流程再造的能力，并能够有效提升企业的运营管理。上述分析均说明了，网络合作性、网络关注度和网络的开放性均会提升新创企业的机会能力和运营管理能力。

6.3　创业能力调节效应的讨论

机会能力对网络导向与竞争优势关系的作用机制具有两面性，这与 Victor（2005）关于机会能力促进竞争优势和绩效的研究略有不同。两面性表现在：一方面，机会能力强的新企业能够从更加开放性的网络中受益，构建持续性的竞争优势；另一方面，机会能力强的新企业反而不能通过网络合作性倾向来构筑竞争优势。该结果与以往研究结论不同的是：以往的研究表明网络合作能够解决新企业资源约束问题，有助于新企业的快速成长（蔡莉等，2010；Victor，2005），而本研究则认为，新企业竞争优势的构建与维持可能并不能通过网络合作性来实现。究其原因，本研究认为，对新企业而言，由于各方面的运营难以在短期内走上正轨，内部网络的创建与运行需要时间，其竞争优势的构筑具有时滞性，因而其对外部网络的依赖性较大（Siu & Bao，2008），而较强的机会能力能够促使新企业发掘网络关系机会，但通过利用网络合作构建的竞争优势具有"暂时性（contemporary）"（Victor，2005），因为对外部网络的高依赖性会导致新企业认知框架僵化，这并不利于新企业从其他领域获取新知识和新信息，导致其错过了较佳的创新机会，不利于竞争优势的构建。而网络开放性有助于内部知识的传播与整合，较强的机会能力能够保证新企业发现有价值的机会，并对与机会相关的知识进行整合以利用机会，为其竞争优势的持续性提供知识基础。该结果进一步证明了，互惠且宽松的内部网络而非外部网络对新企业竞争优势的构建与持续的重要价值。

运营管理能力的调节效应的不显著性表明，运营管理能力对创业活动影响的复杂性。已有研究认为，新企业的运营管理能力对创业活动的影响机制在于其对内部资源和能力的整合与运用。与成熟企业相比，新企业的资源识别能力和获取能力受到多种因素的限制，其对资源的整合与利用能力也需要较长时间来形成，这就容易导致其运营管理效率较低。此外，虽然绩效在一定程度上能够反映企业的运营管理能力，但一些管理能力较差的企业在短期内也能获得良好的绩效（Luo et al., 2012），因而其未能真正反映企业运营能力的好坏。另外，运营管理能力可能也涵盖了与外部构建连接的网络能力，其网络能力的高低也反映了企业运营管理能力的强弱。成功运营的新企业会加强其构建网络关系的自信心，收获更多"应该构建何类网络关系以及如何构建"的内隐知识，而失败运营的新企业将会进行自省，从失败中找出"何类网络关系于企业有害以及未来如何避免之"的认识。在目前中国的特殊情境下，很有必要进一步挖掘提升新企业运营管理能力的方法和途径，因为这是新企业生存与发展之本，更是新企业通过构建网络关系合理利用机会、资源并培育创业能力的关键。

为了更直观地揭示机会能力对网络导向与竞争优势之间的调节作用，本书在图6-1中画出了相关的调节作用图，以展示机会能力分别与网络合作性、网络关注度以及网络开放度之间交互作用斜率图。如图6-1a所示，机会能力对网络合作性与竞争优势之间的正向作用起到了抑制作用。具体而言，对机会能力较强的新企业而言，网络合作性与竞争优势之间的正向作用较微弱；而对机会能力较弱的创业者而言，网络合作性与竞争优势之间的正向作用反而更加强烈。图6-1b是机会能力与网络关注度之间交互项的斜率图，它表明机会能力对网络关注度与竞争优势之间起着正向强化作用。该结果表明，对于机会能力较弱的新企业而言，网络关注度与竞争优势之间正向作用关系较弱，即新企业网络关注度越高，其竞争优势反而越弱。但对于机会能力较强的新企业而言，网络关注度与竞争优势之间呈现出更加强烈的正向作用关系。简而言之，机会能力更强的新企业能从网络关注度中获益，而机会能力不足的新企业则未必，甚至可能起到负面影响。图6-1c展示的网络开放性与机会能力的交互项，所表示的内涵与图6-1b相类似。

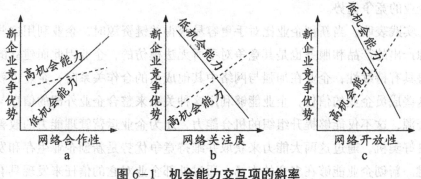

图6-1 机会能力交互项的斜率

6.4　创业能力中介作用的讨论

对假设 14 和 15 的研究结果表明，创业能力在网络导向—竞争优势关系的中介作用成立，这不仅打开了网络导向到竞争优势的黑箱，更为重要的是，提出了网络导向转化为竞争优势的一条路径，即经由创业能力对竞争优势起作用。

在不断变化的市场经济条件下，新创企业的创业能力可能是决定企业生存与发展的一个关键性变量。企业通过外部与其他相关机构的紧密联系，借助媒介的作用，通过大量的研究、学习，不仅可以获取抉择所需的大量信息，更重要的是通过了解市场、适应市场以及不断地学习，企业可以改变内部机构设置和权力分布，也可以模仿其他的市场占优者，并从学习中产生新的创意，进而开发出全新的机会，并加大企业的运营管理能力，强化企业对新机会的利用效率，提升企业的竞争优势。中国企业家的网络导向所关注的核心问题就是构建外部网络关系，时刻关注网络联系的发展，尤其是网络的聚合度、紧密度和广度，以此来提升组织的创业能力，进而通过创业能力的改变来维持企业的竞争优势，提高企业的竞争力（Staber & Sydow，2002）。同时，这也反映了新创企业对未来竞争日趋激烈的认识，即创业能力是新创企业应对环境变迁和激烈竞争的"必杀技"，这也与创业的基本精神相呼应，也即把握机会，强化运营管理，实现组织合法性，建立资助一事并实现企业成长。建立网络联系一直以来就是中国企业的主要职能之一，不仅在企业成立初期，即使公司已经具备一定的规模和竞争优势，积极地建立各种关系仍是中国企业的主要任务之一，他们的目的就在于提高企业对外部环境的反应能力，加强企业创业能力的发展，改善企业的竞争优势。

实践表明，当新创企业比对手更容易获得关键资源时，企业利用这些关键资源产出的产品和服务也是其竞争对手所无法模仿的，企业因此而建立的竞争优势具有持续性，企业在加强与网络中其他成员的合作关系时，企业也就获得了这些成员企业的信任，企业能够利用这种关系来整合企业外部的信息与内部的资源，这不仅能够提升组织的机会能力，还为企业运营管理能力的改善提供了良好契机，通过这两大能力来获取并维持竞争优势是新创企业生存和发展的关键。新创企业能够在多变的市场上通过外部企业对它的信任来发现具有潜在价值的市场机会。另外，企业还应该通过自身在网络中的地位以及表现获取资源、构建创业能力体系，并时刻根据市场环境和企业内部环境的变化进行有机的协调，强化运营管理的功效，为企业竞争优势的维持奠定基础。因此，企业的网络导向不仅能够直接影响企业的竞争优势，还能够通过企业创业能力的改善来影响企业的竞争优势。

新创企业强化对外部网络关系的关注，有利于企业把握对手的动向，寻求市场先机，使企业尽快适应市场（Brush et al., 2008）；关注消费者多元化需求的变化并与他们建立联系，不仅能够调整企业的外部行为，还能够进一步构建、提升企业的创业能力，加强企业的运营管理；与供应商建立联系，能够使企业了解上游原材料信息，加大企业对市场的掌控力度，降低企业的生产成本；与大学等科研机构建立联系，不仅能够增强企业的机会能力，加大企业创新，还能够促进企业学习，使其运营管理更有效率，等等。

上述分析表明了，新创企业创业能力之机会能力和运营管理能力在网络导向与竞争优势之间具有一定的中介效用，这进一步强化了创业能力在网络导向与新创企业竞争优势之间的中介桥梁作用。

6.5 相关建议

从概念上看，竞争优势、创业能力和网络导向均是抽象的概念，但这些变量并非不可测度，更不神秘！当本书将创业能力划分为两个维度之后，创业能力的神秘也就被揭开了。而在创业研究领域，网络导向是一个较新的概念，诸多学者对其内涵和特征并未有充分的理解，本研究从网络合作性、网络关注度和网络开放性对网络导向进行了详细的解读，以期还原网络导向的全貌。事实上，竞争优势可以通过战略规划、组织设计来培育，也可以通过网络联系和创业能力的培育来维持，同样也可以通过组织机会能力的提升来改进。即使对于企业内部可能出现的那种不能很好地加以规划的自发战略行为，如果一旦认识到了这些要素的功效（functions），那么新创企业就应该为创业能力的开发创造良好的条件，通过外部合作来加强能力，通过能力发展来维持竞争优势。本书通过研究网络导向、创业能力以及竞争优势的逻辑关系，为企业培育持续竞争优势提供了一定指导。

6.5.1 构建网络导向战略，不间断地加深并拓展外部联系

与创业导向战略一样，新创企业应构建积极的网络导向战略，不断加强与外部的合作，关注网络关系的变化与演进，同时深化组织内部的网络合作，建立开放性的网络连接。只有不断地加强外部联系，深化关系，加强企业对市场的不断了解，拓展联系，不断地获取关键的、有价值的信息资源，促进网络成员对其的信任，这样才能不断地提高企业的识别与开发机会的能力，建立持续的竞争优势。

新创企业要解决"新且小"的问题，必须根据其网络导向战略来构建充分的内外部联系，而建立外部联系主要有以下好处：首先，网络对机会识别有着重要的作用，能够提高企业的机会能力。因为创业家的社会背景（关系）在机会识别过程中起到支持作用。创业家的知识是其在一定网络环境中生活、学习长期积累的结果，特别是感性认识中的部分隐性知识，更是直接来自其各种关系网络中。网络可为创业家提供有关了解市场、服务市场与顾客的方法与途径等知识。而网络联系可以扩大知识的边界，这种知识可能直接形成机会，加强新创企业对机会的把握。其次，网络导向有助于企业加强对外部网络关系的关注，通过关注目标企业的战略运营和市场表现，新创企业能够准确把握和理解市场的竞争行为，以此做出合理的战略运营规划，提升其运营管理能力。最后，网络开放性有助于新创企业通过整合内部网络关系以加强对有限资源的利用，发挥资源的最大效益。由于缺少资源，再加上新创企业本身的资源禀赋不足，企业的发展将会步履维艰，而内部网络的整合与利用不仅使得组织的沟通顺畅，资源得到合理配置，更为重要的是网络开放性能够加强组织内部的团结，降低外部不确定性对内部的冲击，能够保证企业的成长与发展（Kalish，2008）。

6.5.2 培育并加强新创企业创业能力，将之作为竞争优势的来源

竞争优势源于能力之说已经被学术界和业界所证实。而对于新创企业而言，究竟是何种能力保障了竞争优势？作为战略的制定者，创业家在培育组织能力

的过程中将会考虑能力的类型及其对竞争优势的作用。从组织战略认知角度出发，很多创业家均认为创业能力将会是影响其创业成功的关键能力，也会影响到组织的变化，其在进行战略规划时需要考虑这种能力的作用。因此，创业家应该成为创业能力演进过程中的战略审计者（Edwrads et al.，2007）。作为创业的起点，机会选择决定了企业的效益，机会是否新颖、是否能够迅速商业化决定了组织的成功和竞争优势的构建。而毫无疑问，运营管理能力的有效提升是决定竞争优势的关键力量，它与机会能力相比，其对竞争优势的作用更大，是新创企业的关键能力之一。

同时，保证创业能力各个维度的独特性。本书实证研究的结果表明，创业能力的各个维度与竞争优势存在正向关系。因此，企业要维持持续的竞争优势，就必须保持企业各类能力的独特性和动态性。当市场上新的变化产生后，企业必须重新进行战略审计，对创业能力的相应结构进行升级和创新，因为赢得明天优势的能力是那些更好、更快地对新的能力进行革新的能力（Collis，1994）。从某种意义上讲，更高水平的创业组织能力就是促使企业获取新机会的能力。随着竞争的加剧，势必要求新创企业不断地做出战略反应，具有比对手更快、更有效地进行战略转型的运营管理能力（De Noble et al.，1994），以加强组织的柔性和反应能力，并不断地比对手更早地鉴别有价值的资源和机会（Barney，2007）。所以，企业的创业能力必须不断地演进，否则企业就不能在不确定的市场竞争中获益（Hitt et al.，2001）。所以，决定企业竞争优势的创业能力是一个能力组合，但这种组合绝不是静态不变的，各能力因子的权重将随着环境的变迁而自发或自觉地进行演进、调整。

由此可见，在动态的市场环境下，新创企业会不断地进取，不断地努力，他们会通过他们结成的网络关系获得企业所需的资源与知识，这是创业能力的提升基础。创业家在企业发展中起着至关重要的作用，其不断自我提高的不竭内在动力是创业能力提升的动力源泉。企业通过学习代理机制将自己从企业网络中获取的知识迁移到自己的企业中，并且利用开放性的内部网络关系在企业内部传播、复制与制度化这些知识或技能，这些活动会激发潜藏在企业内部的创业能力碎片，进而提升企业整体的创业能力水平。

但是，对新创企业而言，创业能力的培育是一个艰难复杂的过程。新创企业必须认识到创业能力形成过程中的艰难。机会能力的提升是企业在不断的市场竞争中不断提升自我的一个过程，这个过程不仅需要组织外部网络的帮助，更需要组织内部的通力协作；而运营管理能力的提升对新创企业更是一个考验。所以，在新创企业内部真正地培育创业能力是一个长期积累的过程，是企业的一项长期战略任务。

6.6 本章小结

本章基于上章的实证研究结果，对网络导向、创业能力与新创企业竞争优势的关系进行了分析探讨。

首先，本章从网络合作性、网络关注度和网络开放性三个视角分析了新创企业网络导向对竞争优势的影响，进一步强化了网络导向与竞争优势的关系。对于网络关注度与竞争优势关系的不显著性，本章也解释了其中的原因，这不仅反映出我国转型经济情境下新企业所嵌入网络导向特征对竞争优势作用关系的特殊性，也反映出新企业对不同网络价值认知差异性对竞争优势构建的影响。

其次，本书从创业能力二维度角度研究了新创企业机会能力和运营管理能力对竞争优势的作用，尤其强调了运营管理能力的作用要大于机会能力的作用。

接着，对创业能力的调节效应进行了分析，着重分析了运营管理能力调节效应不显著的原因，这反映了运营管理能力对创业活动影响的复杂性。而关于创业能力中介作用的探讨，主要解释了创业能力在网络导向—竞争优势关系之间的中介作用，这不仅打开了网络导向到竞争优势的黑箱，更为重要的是，提出了网络导向转化为竞争优势的一条路径。

最后，从两方面提出了相关建议，以强化新创企业的竞争优势，为企业发展提出了建议或借鉴，即构建网络导向战略，不间断地加深并拓展外部联系以及培育并加强新创企业创业能力，将之作为竞争优势的来源。

7 研究结论及展望

7.1 研究的基本结论

网络导向作为一个全新的概念，现在已经逐渐受到战略管理学者和创业研究学者的关注，而创业能力与竞争优势的关系也成为近年来创业研究领域的热门话题。网络导向、创业能力与新创企业竞争优势的相关研究虽已受到诸多学者的关注但研究成果目前仍不多，这就为本书的写作提供了契机。经济学者从经济学视角研究企业竞争优势的经济影响，管理学者从战略管理的角度研究竞争优势的发展及其持续性问题。很明显，不同学科的研究视角和目的是不同的。本书从新创企业运行的视角研究企业的网络导向、企业创业能力的提升以及竞争优势的关系。

本书在对基础理论（战略管理理论、创业理论、社会资本理论、社会网络理论、组织能力理论和资源依赖理论）进行分析回顾的基础上，以新创企业竞争优势的持续性为主线，研究网络导向和创业能力对竞争优势的促进作用。

上述实证研究的结果指明了本书的研究结论：

第一，从网络导向出发，研究了网络导向的三个维度，即网络合作性、网络关注度以及网络开放性对创业能力的作用机理，结果表明：网络导向对新创企业创业能力有显著的影响。具体的影响主要有：新创企业网络合作性对机会能力具有显著的影响、新创企业网络合作性对运营管理能力具有显著的影响、新创企业网络关注度对机会能力具有显著的影响、新创企业网络关注度对运营管理能力具有显著的影响、新创企业网络开放性对机会能力具有显著的影响以及新创企业网络开放性对运营管理能力具有显著的影响。

第二，利用多元回归探究了创业能力与新创企业竞争优势的关系，结果表明：创业能力的两个维度均与企业竞争优势之间存在正相关关系。具体的关系主要有：机会能力和运营管理能力均与企业竞争优势呈正相关关系。

第三，利用调节回归分析方法，探究了创业能力的调节作用，结果表明：创业能力的不同维度在不同的网络导向—竞争优势之间扮演了不同的调节作用。具体结果主要有：机会能力正向调节网络关注度与新企业竞争优势的作用关系以及机会能力正向调节网络开放性与新企业竞争优势的作用关系，但机会能力正向调节网络导向与新企业竞争优势作用关系的假设得到部分支持，而机会能力正向调节网络合作性与新企业竞争优势的作用关系、运营管理能力正向调节网络导向与新企业竞争优势的作用关系、运营管理能力正向调节网络合作性与新企业竞争优势的作用关系、运营管理能力正向调节网络关注度与新企业竞争优势的作用关系以及运营管理能力正向调节网络开放性与新企业竞争优势的作用关系等假设未获得支持。

第四，利用中介回归方法，探究了创业能力的中介作用，结果表明：创业能力在网络导向—竞争优势之间扮演了桥梁的角色。具体的结果有：新创企业机会能力在网络导向—竞争优势之间起到了中介作用以及新创企业运营管理能力在网络导向—竞争优势之间起到了中介作用。

7.2　本书的创新点与主要贡献

7.2.1　创新点

本书的创新主要有以下三点：

第一，基于网络导向视角构建了新创企业竞争优势提升的综合概念模型，并利用新创企业数据进行了实证检验。通过理论回顾，本书发现，以前的研究主要关注成熟企业竞争优势的来源以及什么因素促进了企业竞争优势的出现，比如企业的资源、核心能力以及动态能力等，虽然有文章分别从网络视角和内部能力视角研究企业的竞争力，但是这些研究的角度不一，很少有研究从创业能力视角分析新创企业竞争优势的持续性问题。而关于网络导向与竞争优势的关系研究则更是鲜有。目前并没有研究将网络导向、创业能力与新创企业竞争优势整合到一个框架下进行研究。本书以竞争优势为主线，研究了新创企业的网络导向、创业能力与竞争优势的关系，将三者有机地纳入到一个框架体系内，这是对企业竞争优势研究的丰富与发展，同时运用我国的新创企业调研数据对此问题进行了实证研究也是一次较新的尝试。

第二，首次探究了创业能力在网络导向与竞争优势之间的调节作用。以前研究要么研究网络导向与竞争优势的关系，要么研究创业能力某一维度（如机会能力）与竞争优势的关系，很少有研究探究创业能力在网络导向和新创企业竞争优势之间的作用。本书首次从调节效应的角度出发，研究了创业能力的这一角色，并得出了比较特殊的研究结论，这不仅完善了创业能力相关研究，更进一步地解释了网络导向与竞争优势之间的关系机理。

第三，首次打开了网络导向与竞争优势之间的黑箱。如上所述，以前的观点均认为网络导向对新创企业竞争优势具有直接的影响效果，忽略了二者关系的间接性，即也许会有第三方变量"介入"二者的关系。本书从影响新创企业生存与发展的关键能力，即创业能力入手，深入挖掘其在网络导向与新创企业竞争优势之间所扮演的角色，并分析了机会能力与运营管理能力的中介效应。在丰富组织能力理论的同时，也打开了网络导向到竞争优势的黑箱，使二者之间的关系更加明了。

7.2.2 主要贡献

（1）对理论的贡献

中国新创企业的发展呼唤有价值的理论出现，以此指导中国新创企业的实践发展。我国关于竞争优势的研究正处于"关键时期"。中国新创企业创业能力的提升需要一个很长的过程，需要不断地通过外部的联系来实现，中国新创企业竞争优势的研究也是摆在学者面前的一个重要课题。本研究以期能够呼应上述要求，为新创企业创业理论的发展做出一定贡献。

本书的理论贡献主要有以下五点：

一是超越了竞争优势来源（源于内部还是外部）问题的争论，将创业能力引入网络导向与竞争优势关系模型中，融合了网络观与能力观的相关研究，新创企业利用网络导向建立网络联系并在创业的过程中不断引导网络动态演化，在合作与开放的基础上提升新企业的竞争优势。这一研究进一步丰富了关于竞争优势来源的理论。

二是将网络导向引入新企业竞争优势的构建过程中并验证了网络的开放性和合作性对竞争优势的影响，这不仅进一步强化了网络对创业活动和新企业发展影响的先验认识，也弥补了以前过分关注网络结构和位势而忽视网络倾向对新企业创业活动影响的缺憾（Sorenson et al.，2008）。

三是本研究发现了网络导向对竞争优势的影响因机会能力的不同而具有差异性。这一结果增添了对网络导向如何作用于竞争优势边界条件的理论解释，有助于未来研究进一步探索网络导向在什么情况下、以何种程度、什么方式作用于竞争优势的内在机理。

四是本研究将网络导向这一西方前沿性的研究引入中国情境，检验了这一变量对竞争优势的影响，有助于未来进行跨文化比较研究，探索情境差异和制度差异如何塑造企业的网络关系倾向及其对竞争优势构建的差异化路径等深层次的问题。

五是打开了新创企业网络导向到竞争优势的黑箱，强调了创业能力的桥梁作用，在一定程度上破解了竞争优势之谜。

总之，本书聚焦于网络导向的开发、创业能力的提升与新创企业竞争优势的持续性，通过理论开发和实证研究来挖掘导向—能力—优势的关系机理，即通过研究网络导向与创业能力的关系、创业能力与竞争优势的关系以及创业能力的调节效应和中介效应，在一定程度上拓宽了竞争优势研究的视角，对已有的相关研究也进行了有机的整合。

（2）对实践的贡献

本研究对实践的指导意义主要体现在：

首先，对于新创企业的管理层来说，构建网络导向战略，通过合作性、关注度和开放性的网络，建立内外部联系，加强联系的紧密度，扩大联系的范围，增强联系的聚合度，使其他企业信任本企业，建立良好的市场信誉，这样，新创企业才能有效地抓住外部机会，拓展合作范围，共享合作成果。

其次，不同企业的内部运营环境是不同的，当外部环境发生变化时，企业的内部系统必须做出反应。企业的原有状态便会被打破。因此，企业必须认识和把握长期非均衡的发展格局和内部运营环境，并根据不同地区、不同行业、不同企业以及不同时期的企业和环境特征，不断探索从非均衡到均衡，或从均衡到非均衡，再到均衡的可能性和方法，由此推动企业去制定适合企业发展的战略，才是真正的管理学习和实施之道（Wang，2004）。同时，企业员工要有共同的愿景和目标，这样才能迅速应对市场；企业还要创建学习型团队，在学习的过程中促成团队建设的多样化，在一个生产团队中，既要有技术好、威信高、组织能力强的负责人，又要有能干的生产骨干，还应有勤恳的维护和保障人员，利用各自的技术特长，使团队成为一个有效率的生产单元；建立高效的领导体制，并实现其战略柔性。建立战略隔绝机制，加强对企业知识的保护。总之，企业必须具有强有力的整合能力，才能实现动态能力的升迁。

最后，中国的企业应根据企业的发展现状，选择适合自己的发展模式。不同的模式会带来不同的竞争优势。即使是暂时的竞争优势也能够为企业带来暂时的租金。企业通过一系列措施加强并维持了这种竞争优势时，企业的持续竞争优势也就产生了。

7.3 研究不足与展望

本研究的局限性主要有以下五方面：

第一，虽然本研究的新企业样本来源比较广泛，但企业的发展水平和层次并不均匀，因此研究结果的一般性仍需作进一步的验证，将来应收集更多区域的数据资料，对研究结果进行区域比较，以增加研究结论的解释力。

第二，本研究的研究对象为 8 年之内的新企业，行业限制明显，而不同行业的网络关系构建、创业能力的发展等方面存在一定的差异，这就需要在将来扩大行业数据收集，进行行业比较研究。

第三，由于调研所用资料在时间上具有就近原则，数据的横断面性质明显，将来应该尽可能加长研究观察时间，收集多年期资料，尤其是从初创期到成长期，这将能够更加有效地观察新创企业竞争优势的演变及其网络导向和创业能力的演进，采用纵向研究的方法来分析三者的关系。

第四，调研问卷上出现的偏差问题。虽然本书在大规模调研之前进行了预调研，并将区分度不好的题项删除。但是，有些题项并非区分度不好，而是由于表述问题或者企业家理解偏差导致。本书将会对这些题项进行二次表述并在将来的研究中进行测试。

第五，行业比较问题。高科技新创企业和传统型新创企业是不同的，它们之间存在较大的差异。本书中所用的数据是高科技企业和传统企业的总体数据，没有分别对高科技企业和传统企业分开进行分析，并比较这两类企业在创业能力和竞争优势上的差异。未来应该进行行业分类，研究三者之间的关系，以增强行业指导性。

对于未通过的假设，将来需要重新在更加广的范围内进行调研，以进一步验证这些假设。由于受到调研时间以及样本数据选择范围的限制，本书中未通过的假设还需要进一步地验证，这需要扩大样本容量，并将样本扩展至城镇地区，探究这些假设成立或者不成立的实际意义，以此来指导我国企业的发展。

参考文献

[美] 巴尼. 2013. 战略管理：获取持续竞争优势 [M]. 周健，等译. 北京：机械工业出版社.

[美] 海斯，等. 2010. 追求竞争优势：运营、战略与技术 [M]. 朱润萍，冯丁妮，田巧智，译. 大连：东北财经大学出版社有限责任公司.

[美] 吉姆·科林斯，杰里·波勒斯. 2006. 基业长青 [M]. 真如，译. 北京：中信出版社.

[美] 斯隆. 2005. 我在通用汽车的岁月：斯隆自传 [M]. 刘昕，译. 北京：华夏出版社.

[美] 汤普森，等. 2006. 战略管理获取竞争优势 [M]. 蓝海林，等译. 北京：机械工业出版社.

鲍勃·卢茨. 2013. 绩效致死：通用汽车的破产启示 [M]. 张科，译. 北京：中信出版社.

蔡莉，柳青. 2007. 新创企业资源整合过程模型 [J]. 科学学与科学技术管理，28（2）：95－102.

蔡莉，单标安. 2013. 中国情境下的创业研究：回顾与展望 [J]. 管理世界，12：112－124.

陈耀. 2003. 企业战略联盟持续竞争优势研究. [D]. 南京：南京理工大学.

陈荣德. 2004. 组织内部网络的形成与影响：社会资本观点 [D]. 台北：台湾国立中山大学人力资源研究所.

蔡莉，单标安，刘钊，等. 2010. 创业网络对新企业绩效的影响研究——组织学习的中介作用 [J]. 科学学研究，28：1592－1600.

常冠群. 2009. 基于能力的资源获取与创业绩效关系研究 [D]. 长春：吉林大学.

陈文婷，惠方方. 2014. 创业导向会强化创业学习吗——不同创业导向下创业学习与创业绩效关系的实证分析 [J]. 南方经济，（5）：69-81.1000-6249.

陈钦约. 2010. 基于社会网络的企业家创业能力和创业绩效研究 [D]. 天津：南开大学.

陈忠仁，赖秋燕. 2004. 事业网路对竞争策略、核心能力与创新绩效关系之调和影响——资源基础观点 [J]. 台湾管理学刊，（4）.

董保宝. 2015. 网络导向、创业能力与新企业竞争优势——一个交互效应模型及其启示 [J]. 南方经济，1：37-53.

董保宝.2014.创业研究在中国——回顾与展望[J].外国经济与管理,1:72-80.

董保宝. 2013. 创业网络演进阶段模型构建及研究启示探析 [J]. 外国经济与管理，9：34-41.

董保宝. 2012. 网络结构与竞争优势——基于动态能力的中介效应视角 [J]. 管理学报，1：50-56.

董保宝，葛宝山，王侃. 2011. 资源整合过程、动态能力与竞争优势：机理与路径 [J]. 管理世界，3：92-101.

董保宝. 2014. 风险需要平衡吗？新企业风险承担与绩效倒 U 型关系及创业能力的中介作用 [J]. 管理世界，1：89-98.

董保宝，李白杨. 2014. 新创企业学习导向、动态能力与竞争优势关系研究 [J]. 管理学报，3：376-382.

董保宝，周晓月. 2015. 网络导向、创业能力与新企业竞争优势）——一个交互效应模型及启示 [J]. 南方经济，1：37-53.

段晓红. 2010. 企业家能力与企业创新能力的关系研究 [D]. 武汉：华中科技大学.

方至民. 2002. 策略管理：建立企业永续竞争力 [M]. 台北：前程文化事业有限公司，551.

冯文娜. 2008. 网络对企业成长影响的实证研究 [D]. 济南：山东大学.

郭海. 2010. 监督机制、企业家创业能力与绩效关系研究 [J]. 商业经济与管理，6：40-46.

郭志刚. 1999. 社会统计分析方法 SPSS 软件应用 [M]. 北京：中国人民大学出版社.

韩炜，杨俊，包凤耐. 2013. 初始资源、社会资本与创业行动效率——基于资源匹配视角的研究 [J]. 南开管理评论，3：87—97.

胡望斌，张玉利，牛芳. 2009. 我国新企业创业导向、动态能力与企业成长关系实证研究 [J]. 中国软科学，4：102—124.

霍春晖. 2006. 动态复杂环境下企业可持续竞争优势研究 [D]. 沈阳：辽宁大学.

侯杰泰. 2004. 结构方程模型及其应用 [M] 北京：经济科学出版社.

贺小刚. 2002. 企业持续竞争优势的资源观阐释 [J]. 南开管理评论，2002，4：32—37.

温忠麟，侯杰泰，马什赫伯特. 2004. 结构方程模型检验：拟合指数与卡方准则 [J]. 心理学报，36：186—194.

黄家齐，林亿明. 2006. 团队导向人力资源管理活动及社会资本对团队知识分享与创新之影响 [J]. 台大管理论丛，16 (2)：101—130.

黄毅志. 2002. 社会阶层、社会网络与主观意识 [M]. 台北：巨流圆书公司.

简兆权，刘荣，何紫薇. 2011. 吸收能力、整合能力对动态能力及可持续竞争优势的影响研究 [J]. 科技进步与对策，17：57—60.

焦豪. 2011. 双元型组织竞争优势的构建路径：基于动态能力理论的实证研究 [J]. 管理世界，11：112—123.

久保铁男. 2009. 谁推到了美国三巨头：通用、福特、克莱斯勒落马的背后 [M]. 北京富欧睿汽车咨询有限公司，译. 北京：机械工业出版社.

黎赔肆. 2008. 社会网络视角的企业家学习模式研究 [D]. 上海：复旦大学.

李新春，刘莉. 2008. "家族性"影响因素、战略决策质量与竞争优势关系探析 [J]. 外国经济与管理，1：52—58.

李新春，刘佳，陈文婷. 2008. 从基于制度到基于市场的战略创业转型——中国大型电子企业联想、海尔、TCL案例研究 [C] //中国制度变迁的案例研究（广东卷）（第6集）.

罗家德，朱庆忠. 2004. 人际网络结构因素对工作满足之影响 [J]. 中山管理评论，12 (4)：795—823.

刘巨钦. 2007. 论资源与企业集群的竞争优势 [J]. 管理世界，1：164—165.

吕东，蔡莉，朱秀梅. 2011. 创业网络和信任对高科技创业企业竞争优势的影响 [J]. 经济纵横，02：23—27.

马鸿佳，董保宝，常冠群. 2010. 网络能力与创业能力——基于东北地区新

创企业的实证研究 [J]. 科学学研究, 28 (7): 1008-1014.

马鸿佳, 董保宝, 葛宝山. 2010. 高科技企业网络能力、信息获取与企业绩效关系实证研究 [J]. 科学学研究, 28: 127-132.

买忆媛, 甘智龙. 2008. 我国典型地区创业环境对创业机会与创业能力实现的影响——基于 GEM 数据的实证研究 [J]. 管理学报, 5 (2): 274-278.

倪锋, 胡晓娥. 2007. 基于认知的创业能力发展理论模型初探 [J]. 企业经济, 10: 36-38.

任萍. 2011. 新企业网络导向、资源整合与企业绩效关系研究 [D]. 长春: 吉林大学.

单标安, 蔡莉, 鲁凤丽, 等. 2011. 基于资源整合视角的新企业网络导向与绩效关系研究 [C]. 第四届管理学年会 (中小企业与创业分论坛) 论文集.

唐靖, 姜彦福. 2009. 创业能力的概念发展及实证检验 [J]. 经济管理, 30 (9): 51-55.

唐靖, 姜彦福. 2008. 创业能力概念的理论构建及实证检验 [J]. 科学学与科学技术管理, 8: 52-57.

王小伟. 2014. 网络导向与新创企业绩效关系: 一个综合模型 [J]. 经济研究导刊, 24: 16-19.

吴道友. 2006. 创业研究新视角: 内创业及其关键维度分析 [J]. 商业研究, 11: 20-22.

吴思华. 2003. 虚拟组织、网络关系与出版: 从虚拟文化之生产看出版的动态网络组织 [J]. 网路社会学通讯期刊, 29.

吴结兵, 徐梦周. 2008. 网络密度与集群竞争优势: 集聚经济与集体学习的中介作用 [J]. 管理世界, 8: 69-76.

吴海平, 宣国良. 2007. 结网合作策略选择的能力依赖模型及其启示 [J]. 管理科学学报, 10 (1): 28-38.

吴明隆. 2000. SPSS 统计应用实务 [M]. 北京: 中国铁道出版社.

吴明隆. 2003. SPSS 统计应用实务 [M]. 北京: 科学出版社.

武亚军. 2007. 战略规划如何成为竞争优势: 联想的实践及启示 [J]. 管理世界 (4): 118-129.

肖海林, 彭星间, 王方华. 2004. 企业持续发展的生成机理模型: 基于海尔的案例的分析 [J]. 管理世界, (8): 111-118.

尹苗苗，蔡莉．2012．创业能力研究现状探析与未来展望［J］．外国经济与管理：1—11．

方世杰，林丽娟．2005．参与科技专案厂商之组织学习、社会资本与技术转移之实证研究［J］．管理学报，22．

袁进进．2010．农村微型企业创业、创业者创业能力及开发研究［D］．武汉：华中农业大学．

张映红．2005．公司创业能力与持续竞争优势［J］．经济与管理研究，3：24—28．

张玉利，王晓文．2011．先前经验、学习风格与创业能力的实证研究［J］．管理科学，24（3）：1—12．

赵国珍．2010．现代产业集群推进中的企业家再创业能力提升分析——以绍兴为例［J］．学术交流，3：97—100．

周丽芳．2002．华人组织中的关系社会网络［J］．本土心理學研究，18：175—228。

朱秀梅，陈琛，蔡莉．2010．网络能力、资源获取与新企业绩效关系实证研究［J］．管理科学学报，13（4）：44—56．

朱秀梅，韩蓉，陈海涛．2012．战略导向的构成及相互作用关系实证研究［J］．科学学研究，30．

周晓东，项保华．2003．什么是企业竞争优势？［J］．科学学与科学技术管理，06：104—107．

Aake D A. 1984. Strategic Market Management. ［M］New York：John wiley & Sons.

Ahuja G. 2000. Collaboration networks, structural holes, and innovation：a longitudinal study［J］. Administrative Science Quarterly, 45：425—455.

Akaike H. 1987. Factor analysis and AIC［J］. Psychometrika, 52：317—332.

Akdere M. 2005. Social Capital Theory And Implications For Human Resource Development［J］. Singapore Management Review.

Alder P S, Kwon S. 2002. Social capital：Prospects for a new concept. Academy of Management Review, 27（1）：17—40.

Alder P S, Keok Seok-Woo. 2000. 'Social Capital：the Good, the Bad, and the Ugly', InLesser E. L.（ed.）, Knowledge and Social Capital：Foundations and Applications［M］. Oxford：Butterworth-Heinemann press：89—115.

Alderson W. 1965. Dynamic Marketing Behavior：A Functionalist Theory of

Marketing [J]. ResearchGate.

Aldrich H. E.and Zimmer, C. 1986. Entrepreneurship through social networks [C] //the art and science of entrepreneurship, ed. D. L. Sex-ton and R. W. Smilor. Cambridge, MA: Ballinger Publishing: 3−23.

Alvarez, S. A, Barney, J. B. 2000. Entrepreneurial Advantage: The Resource Based View [C] //Meyer, G. D. & Heppard, K. (Eds.), Entrepreneurship as Strategy [M]. Thousand Oaks: Sage Publications.

Alvarez S A. And Barney, J. B. 2002. Organizing rent generation and appropriation: Toward a theory of the entrepreneurial firm [M]. Journal of Business Venturing.

Alvarez V S.and Merino, T. G. 2003. The history of organizational renewal: evolutionary models of Spanish savings and loans institutions [J]. Organization Studies, 24: 1437−1461.

Amit R, Schoemaker P H. 1993. Strategic assets and organization rent [J]. Strategic Management Journal, 14 (1): 33−46.

Amin A, Cohendet P. 2004. Architectures of knowledge: firms, capabilities, and communities [M]. Oxford University Press, 150−156.

Anderson R, Dodd D, Sarah J. 2010. Network practices and entrepreneurial growth [J]. Scandinavian Journal of Management, 26 (2): 121−133.

Anderson, J. C. Hakansson, H. & Hohanson, J. 1994. Dyadic business relationships within a business network context [J]. Journal of Marketing, Chicago, 58 (10): 1−15.

Anderson J C, Narus J A. 1990. A Model of Distributor Firm and Manufacturer Firm Working Partnerships [J]. Journal of Marketing, 54 (1): 42−58.

Andaleeb S S. 1995. Dependence Relations and the Moderating Role of Trust: Implications for Behavioral Intentions in Marketing Channel [J]. International Journal of Research in Marketing, 12 (2): 157−172.

Anh V, Shi Y, Terry H. 2009. Strategic framework for brand integration in horizontal mergers and acquisitions [J]. Journal of Technology Management in China, 4 (1): 26−52.

Arikan M, Mcghacth M. 2010. The development of capabilities in new firms [J]. Strat. Mgmt. J., 31: 1−18.

Arthurs J D, Busenitz L W. 2006. Dynamic capabilities and venture performance: The effects of venture capitalists [J]. Journal of Business Venturing, 21 (2): 195–215.

Ardichvil A, Cardozo R N. 2000. A model of the entrepreneurial opportunity recognition process [J]. Journal of Enterprising Culture, 8 (02): 103–119.

Baker W E. 1990. Networks and Corporate Behavior [J]. American Journal of Sociology, 96 (3): 589.

Baker W E, Sinkula J M. 1999. The synergistic effect of market orientation and learning orientation on organizational performance [J]. Journal of the Academy of Marketing Science, 27 (4): 411–427.

Badaracco J L. 1991. The Knowledge Link-How Firms Compete Through Strategic Alliances [M]. Boston: Harvard Business School Press.

Baraldi E, Gressetvold E, Harrison D. 2012. Resource interaction in inter-organizational networks: Foundations, comparison, and a research agenda [J]. Journal of Business Research, 65 (2): 266–276.

Bakos J Y, Treacy M E. 1986. Information technology and corporate strategy: a research perspective [J]. MIS Quarterly, 10 (2): 107–119.

Bambenger I. 1989. Developing competitive advantage in small and medium-size firms [J]. Long Range Planning, 22: 80–88.

Barney L D. 2007. Salmon Recovery in Idaho: What is a Big Fish Worth? [J]. Journal of Private Enterprise, (Fall).

Barney J B. 1986. Organizational Culture: Can it be a Source of Sustained Competitive Advantage [C] // Academy of Management Review: 656–665.

Barney, J. 1991. Firm resources and sustained competitive advantage [J]. Journal of Management, 17 (1): 99–120.

Bartlett, C. A, Ghoshal, S. 1997. The myth of the generic Manager: New personal competencies for new management roles [J]. California Management Review, 40 (1): 92–116.

Barney J B. 2001. Is the resource-based "view" a useful perspective for strategtic management research? Yes [J]. Academic of Management Review, 26 (1): 41–56.

Barney J B, Alvarez S. 2002. Social network structure and information about market opportunities: The role of strong and weak ties [D]. Center for Entrepreneurship,

Fisher College of Business, The Ohio State University.

BarNir A, Smith K A. 2002. Interfirm alliances in the small business: The role of social networks [J]. Journal of Small Business Management, 40 (3): 219−232.

Baraldi E, Gressetvold E, Harrison, D. 2012. Resource interaction in inter-organizational networks: foundations, comparison, and a research agenda [J]. Journal of Business Research, 65 (2): 266−276.

Belliveau M, O'Reilly C, Wade J. 1996. Social capital at the top: Effects of social similarity and status on CEO compensation [J]. The Academy of Management Journal, 39 (6): 156

Belle D, Dill D, Burr R. 1991. Children's network orientations [J]. Journal of Community Psychology, 19 (4): 362−372.

Baron R M, Kenny D A. 1986. The mo derator-mediator variable distinction in social psychological research: Conceptual, strategic, and statistical considerations [C] // Journal of Personality and Social Psychology: 1173−1182.

Baum J A C, Calabrese, T., Silverman, B. S. 2000. Don't go it alone: alliance network composition and startups' performance in Canadian biotechnology [J]. Strategic Management Journal, 21 (3): 267−294.

Blackhurst J, Dunn K S, Craighead C W. 2011. An empirically derived framework of global supply resiliency [J]. Journal of Business Logistics, 32 (4): 374−391.

Blackwell R D, Stephan K C R. 2001. Why the E−Commerce Honeymoon is over and where Winning Businesses Go From Here [M]. Crown Business: 84−84.

Blau, J. R. 1974. Patterns Of Communication Among Theoretical High Energy Physicists [J]. Sociometry, 37 (3): 391−406.

Bloodgood, M. J. 1997. Sustaining competitive advantage: The role of tacit knowledge in a resource-based perspective. [D]. University of South Carolina.

Blyler, M., Coff, R. W. 2003. Dynamic capabilities, social capital, and rent appropriation: ties that split pies [J]. Strategic Management Journal, 24 (7): 677−686.

Bollen, K. A. 1990. Political democracy: Conceptual and measurement traps [J]. Studies in Comparative International Development, 25 (1): 7−24.

Brady, T. A., Davies, A. 2004. Building project capabilities: from exploratory to exploitative learning [J]. Organization Studies, 25: 1601−1621.

Brass D J, Burkhardt M E. 1992. Centrality and power in organizations [J]. N.nohria & R.eccles Networks & Organizations Theory & Practice: 191–215.

Brehm, J. R., et al. 1997. Individual-Level Evidence for the Causes and Consequences of Social Capital [J]. American Journal of Political Science, 41 (3): 999–1023.

Brinckmann, S., Costa, K. D., Gils, M. J. V., et al. 2011. Rational design of HIV vaccines and microbicides: report of the EUROPRISE network annual conference 2010 [J]. Journal of Translational Medicine, 40 (17): 3356–3362.

Browne M, Cudeck R. 1989. Single sample cross-validation indices for covariance structures [J]. Multicariate Behavioral Research, 24: 445–455.

Bruton G, Susanna K., Donald, S., et al. 2015. New financial alternatives in seeding entrepreneurship: microfinance, crowdfunding, and peer-to-peer innovations [J]. ET & P, 39 (1): 9–26.

Brush C G, Greene P, Hart M M. 2002. From initial idea to unique advantage: the entrepreneurial challenge of constructing a resource base [J]. IEEE Engineering Management Review, 30 (1): 86–86.

Bourdieu P. 1977. The economics of linguistic exchanges [J]. Social Science Information, 6.

Bourdieu P. 1997. The forms of capital [M]. In: Halsey AH, Lauder H, Brown P, Stuart Wells A (eds) Education, culture, economy, society. Oxford University Press, Oxford, 46–58.

Bourdieu P. 1986. La force du droit [Eléments pour une sociologie du champ juridique] [J]. Actes De La Recherche En Sciences Sociales, 64 (1).

Bourdieu P. 1985. The Social Space and the Genesis of Groups [J]. Theory & Society, 14 (6): 723–744.

Brown J S, Johan de Kleer. 1981. Towards a Theory of Qualitative Reasoning about Mechanisms and its Role in Troubleshooting [J]. Human Detection and Diagnosis of System Failures, 15: 317–355.

Brown J S. 1997. Seeing Differently, Insights on Innovation [M]. Harvard Business School Press, Boston, MA.

Brush C G, Edelman L F, Manolova T S. 2008. The Effects of Initial Location,

Aspirations, and Resources on Likelihood of First Sale in Nascent Firms [J]. Social Science Electronic Publishing, 46 (2): 159−182.

Burt M G. 1992. The justification for applying the effective-mass approximation to microstructures [J]. Journal of Physics Condensed Matter, 4 (32): 6651−6690.

Burt R S. 1997. A note on social capital and network content [J]. Social Networks, 19 (97): 355−373.

Burt R S. 1984. Network items and the general social survey [J]. Social Networks, 6 (84): 293−339.

Burt R S. 2001. Attachment, decay, and social network [J]. Journal of Organizational Behavior, 22 (6): 619−643.

Burt R S. 2005. Brokerage and closure: an introduction to social capital [M]. New York: Oxford University Press.

Greene P G, Brush C G. Hart M M. 1999. The Corporate Venture Champion: A Resource-Based Approach to Role and Process[J].Entrepreneurship Theory & Practice, 3: 103−122.

Buchanan M. 2002. Small World: Uncovering Nature's Hidden Networks [J]. Philosophy of Physics General Works.

Casillas J C, Moreno A M. 2010. The relationship between entrepreneurial orientation and growth: The moderating role of family involvement [J]. Entrepreneurship and Regional Development, 22: 265−291.

Casson M. 1982. The Entrepreneur: An Economic Theory [J]. Social Science Electronic Publishing.

Catherine L, Ahmed K. 2007. Dynamic capabilities: A review and research agenda [J]. International Journal of Management Reviews, 9 (1): 31−51.

Cavalcante S, Kesting P, Ulhøi J. 2011. Business model dynamics and innovation: (re)establishing the missing linkages[J].Management Decision,49(8): 1327− 1342.

Chakravarthy B S. 1982. Adaptation: A Promising Metaphor for Strategic Management [J]. Academy of Management Review, 7 (1): 35−44.

Chamberlin E H. 1933.the Theory of Monopolistic Competition [J].

Chang, J. 2000. Model of Corporate Entrepreneurship: Intrapreneurship and Exopreneurship [J]. Academyofentrepreneurshipjournal, 4 (2): 187−213.

Chan P S, Heided D. 2001. Information technology and the new environment: Developing and sustaining competitive advantage [J]. SAM Advanced Management Journal, 6: 4−12.

Charles R. Growen, III, Willam, J. T. 2005. Effect of technologic intensity on the relations among Six Sigma design, electronic-business, and competitive advantage: A dynamic capabilities model study [J]. The Journal of High Technology Management Research, 16 (1): 59−87.

Charles D, Florin V, Irene B. 2008. Business capabilities of small entrepreneurial media firms: independent production of children' s television in Canada [J]. Journal of Media Business Studies, 5 (1): 9−39.

Chandler G N, Hanks S H. 1994. Market Attractiveness, Resource-Based Capabilities, Venture Strategies, and Venture Performance [J]. Journal of Business Venturing, 9 (4): 331−349.

Chen, Z. X., Aryee, S., Lee, C. 2005. Test of a mediation model of perceived organizational support [J]. Journal of Vocational Behavior, 66: 457−470.

Chen, M. J. Competitor analysis and interfirm rivalry: Toward theoretical intergration [J]. Academy of Management Review, (21): 120−134.

Chen, X., Kong, F. 2013. Impact of corporate culture on resources sharing between enterprises [J]. International Journal of Networking & Virtual Organisations, 12 (1): 3−13.

Chen C L, Jaw Y L. 2009. Building global dynamic capabilities through innovation: A case study of Taiwan's cultural organizations[J]. Journal of Engineering & Technology Management, 26 (4): 247−263.

Chen H L, Wang L F, Qian-Hua X U. 2007. Integration: the Inherent Impetus of Enterprise Growth [J]. Industrial Engineering Journal, 10 (1): 31−34.

Chen X H, Lin C D, Wu Y E. 2002. Credit risk assessment of enterprise basing on neural network [J]. Journal of Systems Engineering, 17 (6): 570−575.

Chetty S, Eriksson K. 2002. Mutual commitment and experiential knowledge in mature international business relationship [J]. International Business Review, 11: 305−324.

Chetty S, Holm D B. 2000. Internationalisation of small to medium-sized manufacturing firms: a network approach [J]. International Business Review, 9 (1): 77−93As the access to this document is restricted, you may want to look for a different version under "Related research" (further below) orfor a different version of it.

Chong L, Gibbons P. 1997. Corporate entrepreneurship: the roles of ideology and social capital. Group Organ Manag, 22: 10−30.

Christensen K. 2005. Enabling intrapreneurship: the case of a knowledge-intensive industrial company [J]. European Journal of Innovation Management, 8 (3): 305−322.

Churchill G A. 1979. A Paradigm for Developing Better Measures of Marketing Constructs [J]. Journal of Marketing Research, 16: 64−73.

Coad A, Tamvada J. 2011. Firm growth and barriers to growth among small firms in India [J]. Small Bususiness Economics, 35 (3): 65−79.

Collis D J. 1994. Research Note: How Valuable are Organizational Capabilities? [J]. Strategic Management Journal, 15 (Supplement S1): 143−152.

Coleman James.1990 Foundations of Social Theory[J].New Blackwell Companion to Social Theory.

Coleman S. 1988. Why there is nothing rather than something: A theory of the cosmological constant [J]. Nuclear Physics B, 310 (3−4): 643−668.

Coleman A L. 1998. Excellence and Equity in Education: High Standards for High-Stakes Tests. [J]. Virginia Journal of Social Policy & the Law, 6: 81−114.

Collins J C, Porras J I. Organizational Vision and Visionary Organizations [J]. California Management Review, 2008, 50 (1): 117−137.

Cohen W M, Levinthal D A. 1990. Absorptive Capacity: A New Perspective on Learning and Innovation. [J]. Administrative Science Quarterly, 35 (1): 128−152.

Combs J G, Ketchen D J, Jr, Ireland R D, et al. 2011. The role of resource flexibility in leveraging strategic resources [J]. Journal of Management Studies 48: 1098−1125

Cook K S. 1977. Exchange and Power in Networks of Interorganizational Relations [J]. Sociological Quarterly, 18 (1): 62−82.

Collis D J. 1991. A Resource-Based Analysis of Global Competition: The Case of the Bearings Industry [J]. Strategic Management Journal, 12 (S1): 49−68.

Coyne K P. 1986. Sustainable competitive advantage-What it is, what it isn't [J].

Business Horizons, 29 (1): 54-61.

Crook T R, Ketchen, D. J., Combs, J. G., Todd, S. Y. 2008. Strategic resources and performance: A meta-analysis [J]. Strategic Management Journal 29: 1141-1154.

Day G S. 1984. Strategic Market Planning: The Pursuit of Competitive Advantage [J]. Marketing News, (2).

D' Aveni R A, Gunther R. 1994. Hypercompetition. Managing the Dynamics of Strategic Maneuvering [J]. Das Summa Summarum Des Management, 21 (1): 83-93.

Dollinger, MJ.1999.Entrepreneurship strategies and resources[J].Entrepreneurship Strategies & Resources.

De Noble. A., Jung, D.and Ehrlich, S. 1994. Initiating new Ventures: The role of entrepreneurial self-efficacy. Paper presented at the Babson Research Conference. Babson College. Boston.

De Noble A. Jung D.and Ehrlich S. 1999. Initiating New Ventures: The Role of Entrepreneurial Self-efficacy [J]. Paper presented at the Babson Research Conference. Babson College. Boston. MA.

Dodd, S. D & Patra, E. 2002. National difference in entrepreneurial networking [J]. Entrepreneurship and Regional Development, 14 (1): 117-134.

Dollingers J. 2003. Entrepreneurship: Strategies and Resources [J]. Prentice Hall (3ed.).

Duck S.1973.Personal Relationships and Personal Constructs: A study of friendship formation [M]. Oxford, England: John Wiley & Sons.

Dyer J H, Nobeoka, K. 2000. Creating and Managing a High Performance Knowledge-Sharing Network: The Toyota Case [J]. Strategic Management Journal, 21 (3): 345-367.

Dyer J H, Singh H. 1998. The relational view: Cooperative strategy and sources of interorganizational competitive advantage [J]. Academy of Management Review, 23 (4): 660-679.

Edwards, J. R., & Lambert, L. S. 2007. Methods for integrating moderation and mediation: A general analytical framework using moderated path analysis [J]. Psychological Methods, 12: 1-22.

Elfring, Tom, and Hulsink W. 2003. Networks in entrepreneurship: the case of high-technology firms [J]. Small Business Economics, 21 (3): 409−422.

Elg U. 2008. Inter−firm market orientation and the influence of network and relational factors [J]. Scandinavian Journal of Management, 24 (1): 55−68.

Emirbayer M, Goodwin J. 1994. Network Analysis, Culture, and the Problem of Agency [J]. American Journal of Sociology, 99 (6): 1411−1454.

EMIRBAYER M. 1997. Manifesto for a relational sociology = Manifeste pour une sociologie relationnelle [J]. American Journal of Sociology.

Fernandez, R. M., Castilla, E. J., Moore, P. 2000. Social Capital at Work: Networks and Employment at a Phone Center [C]. American Journal of Sociology, 1288−1356.

Flap H, Völker B. 2001. Goal specific social capital and job satisfaction: Effects of different types of networks on instrumental and social aspects of work. [J]. Social Networks, 23 (4): 297−320 (24).

Flexman N, Scanlan T. 1982. Running Your Own Business: How to Evaluate and Develop Your Entrepreneurial Skills [M].

Fornell C.and Larcker, D. 1981. Evaluating structural equation models with unobservable variables and measurement error [J]. Journal of Marketing Research, (1): 173−190.

Freeman, L. C. 1979. Centrality in social networks: Conceptual clarification [J]. Social Networks, 1: 215−239.

Fryer D., Fagan R. 2003. Toward a critical community psychological perspective on unemployment and mental health research [J]. American Journal of Community Psychology, 32 (1−2): 89−96.

Fukuyama F. 1995. Social capital and the global economy: A redrawn map of the world [J]. Foreign Affairs, 5.

Gartner W B. 1985. A Conceptual Framework for Describing the Phenomenon of New Venture Creation [J]. Social Science Electronic Publishing, 10 (4): 696−706.

Garud R, Nayyar P R. 1994. Transformative Capacity: Continual Structuring by Intertemporal Technology Transfer[J].Strategic Management Journal, 15(5):365−385.

Gargiulo, M.et al. 2009. The two faces of control: network closure and individual performance among knowledge workers [J]. Administrative Science Quarterly. 54 (2): 299−333.

Gemunden, K. G. Heydebreck, P. 1995. The influence of business strategies on technological network activities [J]. Research Policy, 24 (6): 831−849.

Gemünden H G, Ritter T, Walter A. 1996. Relationships and networks in international markets [M]. Pergamon.

Gittell R J, Vidal A. 1998. Community organizing: building social capital as a development strategy [M]. Sage Publications.

Gottlieb, B. H. 1981. Social networks and social support: An overview of research, practice and policy implications [J]. Health Education Quarterly, 12 (1): 5−22.

Gomes-Casseres B. 1996. The Alliance Revolution: The New Shape of Business Rivalry [J]. International Journal of Research in Marketing, 15.

Grant, R. M. 1996. Toward the knowledge-based theory of the firm [J]. Strategic Management Journal, 17 (2): 109−122.

Grant R M. 1991. The resource-based theory of competitive advantage: Implications for strategy formulation [C]. California Management Review, 3−23.

Granovetter M S. 1973. The strength of weak ties [J]. American Journal of Sociology, 78 (2): 1360−1380.

Granovetter M. 1992. Economic Institutions as Social Constructions: A Framework for Analysis [J]. Acta Sociologica, 35 (1): 3−11.

Granovetter M. 1995. Coase Revisited: Business Groups in the Modern Economy [J]. Industrial & Corporate Change, 4: 93−130.

Gulati, R. 1998. Alliances and networks [J]. Strategic Management Journal, 19 (4): 293−317.

Gulati R, Singh H. 1998. The Architecture of Cooperation: Managing Coordination Costs and Appropriation Concerns in Strategic AlliancesThe Architecture of Cooperation: Managing Coordination Costs and Appropriation Concerns in Strategic Alliances [J]. Administrative Science Quarterly, (4): 781−814.

Gulati, Ranjay, Gargiulo, et al. 1999. Where do interorganizational networks come from? [J]. American Journal of Sociology, 104 (5): 1439−1493.

Gulati R, Nohria N, Zaheer A. 2000. Guest editors' introduction to the special issue: strategic networks [J]. Strategic Management Journal, 21 (3): 199—201.

Gulati, Ranjay. 1999. Network location and learning: the influence of network resources and firm capabilities on alliance formation [J]. Strategic Management Journal, 20 (5): 397—420.

Grevesen C W, Damanpour F. 2007. Performance implications of organisational structure and knowledge sharing in multinational RD networks [J]. International Journal of Technology Management, 38: 113—136 (24).

Håkansson, H.and Snehota, I. (Eds) 1995. Developing Relationships in Business Networks [M], Routledge, New York.

N Harrison, D Samson. 2002. Technology management: text and international cases [J]. Management Technology.

Hagedoorn J, Schakenraad J. 1994. The effect of strategic technology alliances on company performance [J]. Social Science Electronic Publishing, 15 (4): 291—309.

Hair, J. F.et al. 1998. Multivariate Data Analysis [M]. Upper Saddle River, NJ: Prentice-Hall, Inc.

Hall, Richard. 1993. A framework linking intangible resources and capabiliites to sustainable competitive advantage [J]. Strategic Management Journal, 14 (8): 607—618.

Hamel G, Prahalad C K. 1994. Seeing the future first [J]. Fortune.

Harrington T C, Lambert D M, Vance M P. 1990. Implementing an effective inventory management system [J]. International Journal of Physical Distribution & Logistics Management, 20: 17—23.

Hamel, G. 1991. Competition for competence and inter-partner learning within international strategic alliances [J]. Strategic Management Journal, 12 (S1): 83—103.

Hamel, G. & Prahalad, C. K. 1990. Strategic intent [J]. Harvard Business Review, 67 (3): 63—69.

Hamel G, Prahalad C K. 1995. Compitiendo por el futuro: estrategia crucial para crear los mercados del mañana [M], Ariel.

Hart S L. 1995. A natural resource-based view of the firm [J]. Academy of Management Review, 20 (4): 986—1014.

Herron L, Robinson R B. 1993. A structural model of the effects of entrepreneurial characteristics on venture performance [J]. Journal of Business Venturing, 8 (3): 281－294.

Hessels, J., & Zwan, P. V. D. 2011. Entrepreneurial exit, ability and engagement across countries in different stages of development (summary) [J]. General Information.

Hedlund, G. 1994. A model of knowledge management and the N-form corporation [J]. Strategic Management Journal, 15 (Supplement S2): 73－90.

Helfat, C. E. Peteraf, M. A. 2007. The dynamic resource-based view: Capability lifecycles [J]. Strategic Management Journal, 24 (10): 997－1010.

Herden H N. 1992. Intensivtherapie [M]. Fortschritte in der Chirurgie im letzten JahrzehntSpringer Berlin Heidelberg, 335.

Hillmann H, Aven B L. 2011. Fragmented networks and entrepreneurship in late imperial russia [J]. American Journal of Sociology, 117 (2): 484－538.

Hill, C. W.and Jones, G. 1995. Strategic Management, An Integrated Approach [M], 2nd ed. Boston, MA: Houghton Mifflin Company.

Hitt Michael A, Irel R. Duane, Camp S. Michael, et al. 2001. Strategic entre-preneurship: entrepreneurial strategies for wealth creation [J]. Strategic Management Journal, 22 (6－7): 479－491.

Hitt, M. A., Bierman, L., Uhlenbruck, K., Shimizu, K. 2006. The importance of resources in the internationalization of professional service firms: The good, the bad and the ugly [J]. Academy of Management Journal, 49: 1137－1157.

Hoang, H., Antoncic B. 2003. Network-based research in entrepreneurship: A critical review [J]. Journal of Business Venturing, 18: 165－187.

Hofer C W, Schendel D. 1978. Strategy formulation: analytical concepts [J]. West Pub.co.

Hoselitz B F. 1952. Non-economic barriers to economic development[J]. Economic Development & Cultural Change, 1 (1): 8－21.

Holcomb, T. R., Holmes, R. M., Connelly, B. L. 2009. Making the most of what you have: Managerial ability as a source of resource value creation [J]. Strategic Management Journal, 30: 457－485.

Holmes, J. G. 2000. Social relationships: the nature and function of relational schemas [J]. European Journal of Social Psychology, 30 (4): 447−495.

Holm Desirée Blankenburg, Eriksson Kent, Johanson Jan. 1999. Creating value through mutual commitment to business network relationships [J]. Strategic Management Journal, 20 (5): 467−486.

Hult, G. T. M., Craighead, C. W., Ketchen, D. J. Jr. 2010. Risk uncertainty and supply chain decisions: A real options perspective [J]. Decision Sciences, 41 (3): 435−458.

Irava, W. J.and Moores, K. 2010. Clarifying the strategic advantage of familiness: unbundling its dimensions and highlighting its paradoxes[J].Journal of Family Business Strategy, 1 (1): 131−144.

Iris R, Vikas A. 2011. E-learning technologies: A key to dynamic capabilities [J]. Computers in Human Behavior, 27 (5): 1868−1874.

Ibarra, H. 1993. Network centrality, power, and innovation involvement: Determinants of technical and administrative roles [J]. Academy of Management Journa, 36: 471−501.

Jacobs, J. 1961. The death and life of great american cities [M]. New York: Random House.

Jantunen A. 1998. Knowledge processing capabilities and innovative performance: an empirical study [J]. European Journal of Innovation Management, 8 (3): 336−349.

Janine Nahapiet, Sumantra Ghoshal. 1998. Social capital, intellectual capital, and the organizational advantage. Academy of management review [J]. Academy of Management Review, 23 (2).

Jarillo, Carlos J. 1988. On strategic networks [J]. Strategic Management Journal, 9 (1): 31−41.

Johanson J, Mattsson L G. 1987. Interorganizational relations in industrial systems: a network approach compared with the transaction cost approach [J]. Working Papers.

Johanson R K. 1960. Pressure regulating valve: US, doi: US2940462 A [P].

Joreskog K, Sorbom D. 1993. Structural equation modeling with SIMPLIS language [M].

Jörg Sydow, Udo Staber. 2002. The Institutional Embeddedness of Project Networks: The Case of Content Production in German Television[J]. Regional Studies,

36 (3): 215-227.

Joseph A. Schumpeter. 1934. The theory of economic development: An inquiry into profits, capital, credit, interest, and the business cycle [J]. Social Science Electronic Publishing, 25 (1): 90-91.

Kale P and Singh H. 2007. Building firm capabilities through learning: The role of the alliance learning process in alliance capability and firm-level alliance success [J]. Strategic Management Journal, 28 (10): 981-1000.

Kale P, Dyer J H, Singh H. 2002. Alliance capability, stock market response, and long term alliance success: the role of the alliance function [J]. Strategic Management Journal, 23 (8): 747-767.

Kalish, Yuval. 2008. Bridging in social networks: Who are the people in structural holes and why are they there? [J]. Asian Journal of Social Psychology, 11 (1): 53-66.

Kale Prashant, Singh Harbir, Perlmutter Howard. 2000. Learning and protection of proprietary assets in strategic alliances: building relational capital [J]. Strategic Management Journal, 21 (3): 217-237.

Keil T. 2004. Building external corporate venturing capability [J]. Journal of Management Studies, volume 41 (5): 799-825.

Kilduff, M., Brass, D. J. 1999. Communal social capital, linking social capital, and economic outcomes. Paper presented at the annual meeting of the Academy of Management, Chicago.

Kirzner I M. 1971. Entrepreneurship, entitlement, and economic justice [J]. Eastern Economic Journal, 4 (1): 9-25.

Kilduff, M. Tsai, W. 2003. Social networks and organizations [M]. London: Sage Publications.

Kim Klyver, Dennis Foley. 2012. Networking and culture in entrepreneurship [J]. Entrepreneurship & Regional Development, 24 (7): 561-588.

Kleinbaum, A. M. 2014. The un-scaffolding hypothesis: a natural experiment on network responsiveness to structural change [EB/OL]. Tuck Working Papers. Hanover, NH.

Kleinbaum, A. M. 2012. Organizational misfits and the origins of brokerage in Intrafirm networks [J]. Administrative Science Quarterly, 57 (3): 407-452.

Kleinbaum, A. M., Stuart, T. E. 2014. Network responsiveness: the social structural microfoundations of dynamic capability [J]. Academy of Management Perspectives, 28 (4): 133−159.

Kleinbaum, A. M., Tushman, M. L. 2007. Building bridges: the social structure of interdependent innovation [J]. Strategic Entrepreneurship Journal, 1 (1): 103−122.

Kleinbaum, A. M., Stuart, T. E., Tushman, M. L. 2013. Discretion within constraint: homophily and structure in a formal organization [J]. Organization Science, 24 (5): 1316−1336.

Kleinbaum, A. M., Stuart, T. E. 2014. Inside the black box of the corporate staff: social networks and the implementation of corporate strategy [J]. Strategic Management Journal, 35 (1): 24−47.

Kogut B. 2000. The network as knowledge: generative rules and the emergence of structure [J]. Strategic Management Journal, 21 (3): 405−425.

Krackhardt D, Hanson J R. 1993. Informal networks: the company behind the chart. [J]. Harvard Business Review, 71 (4): 104−111.

Krackhardt, D. 1992. Networks and organizations [M]. Cambridge: Harvard Business School Press.

Knight H O. 1921. An anomalous portal vein with its surgical dangers [J]. Annals of Surgery, 1921, 74 (6): 697−699.

Knoke D, Kuklinski J H. 1982. Network analysis. [J]. Beverly Hills Calif, 102 (1): 1−12.

Ko S., Butler E. 2007. Creativity: A key link to entrepreneurial behavior [J]. Business Horizons, 50: 365−372.

Kotter, J. P. 1982. The general managers [M]. New York: Free Press.

Kogut, B. (1988a). 'Joint ventures: Theoretical and emperical perspectives', Strategic Management Journal, 9 (4): 319−332.

Kogut, B. (1988b). 'A study of the life cycle of joint ventures [C] //F. Contractor and P. Lorange (eds.), Cooperative Strategies in International Business, Lexington Books, Lexington, 6: 169−185.

Kogut, B., Zander, U. 1993. Knowledge of the firm and the evolutionary theory of the mulinational, Journal of International Business Studies, 24 (4): 625−645.

Kostova, T., & Roth, K. 2003. Social capital in multinational corporations and a micro-macro model of its formation [J]. Academy of Management Review, 28 (2): 297-317.

Kraatz, M. S. 1998. Learning by association interorganizational networks and adaptation to environmental change [J]. Academy of Management Journal, 41 (6): 621-643.

Kraus, S., Kauranen, I., Reschke, C. H. 2011. Identification of domains for a new conceptual model of strategic entrepreneurship using the configuration approach [J]. Management Research Review, 34 (1): 58-74.

Kreiser M. 2011. Organizational learning: the impact of network range and network closure [J]. ET & P, (Sep.): 1025-1050.

Kuratko, D. F. 2009. Introduction to entrepreneurship [M]. Eigth Edition, South-Western Cengage Learning, Canada.

Lans T, et al. 2011. Analysing, pursuing and networking: Towards a validated three-factor framework for entrepreneurial competence from a small firm perspective [J]. International Small Business Journal, 29 (6): 695-713.

Lans T, Verstegen J A A M, Bergevoet R H M, et al. 2007. Towards excellence- an analysis of entrepreneurial competence in small businesses in a changing agri-food sector: Paper presented at the RENT XXI Conference [J]. In: Proceedings of the RENT XXI Conference, Cardiff, Wales, UK, 22-23 November 2007.

Larson, A. 1992. Cooperative alliances: A study of entrepreneurship [D]. Ph. D Dissertation, Harvard Business School.

Laumann, Galaskiewicz J, Marsden. 1978. Community-elite influence structures: Extension of a network approach [J]. American Journal of Sociology, 83(3): 594-631.

Lechner C and Dowling M. 2003. Firm networks: external relationships as sources for the growth and competitiveness of entrepreneurial firms [J]. Entrepreneurship and Regional Development, 15 (1): 1-26.

A Lechner, K Georgopoulos, M Burbidge, A Richardson. 2006. Investigation into the use of hybrid solutions for high resolution A/D converter testing [J]. Journal of Electronic Testing.

Lee C C, Yang J. 2000. Knowledge value chain [J]. Journal of Management

Development, volume 19（9）: 783-794（12）.

Lee Choonwoo, Lee Kyungmook, Pennings Johannes M. 2001. Internal capabilities, external networks, and performance: A study on technology-based ventures [J]. Strategic Management Journal 22（6-7）: 615-640.

Lee S H, Wong P K, Chong C L. 2005. Human and social capital explanations for R & D outcomes [J]. Engineering Management IEEE Transactions, 52（1）: 59-68.

Dorothy Leonard, Sylvia Sensiper. 1998. The role of tacit knowledge in group innovation [J]. California Management Review, 3（40）: 112-132.

Lawrence, C. T. 2004. Building and sustaining the sources of competitive advantage in E-commerce capabilities [J]. Doctoral dissertation of University of south Australia.

Leung A Zhang, J Wong, P K, Foo M. D. 2006. The use of networks in human resource acquisition for entrepreneurial firms: Multiple "fit" considerations [J]. Journal of Business Venturing, 21: 664-686.

Leana C R, Buren H J V. 1999. Organizational social capital and employment practices [J]. Academy of Management Review, 24（3）: 538-555.

Li, H., Atuahene-Gima, K. 2001.product innovation strategy and performance of new technology ventures in china [J]. Academy of Management Journal, 44（4）: 1123-1134.

Liao H, Chang C, Cheng C & Kuo. 2004. Employee relationship and knowledge sharing: A case study of a Taiwanese finance and securities firm, Knowledge Management Research and Practice [J]. Knowledge Management Research & Practice, 2（1）: 24-34（11）.

Lin N. 2001. Social capital: A theory of social structure and action [M]. Cambridge University Press.

Lin N. 1982. Social resources and instrumental action [C] //Marsden PV, Lin N (eds) Social structure and network analysis. Sage, Beverly Hills: 131-145.

Lin, N. 2001b. Social capital: A theory of social structure and action [M]. Cambridge: Cambridge University Press.

Lin, N. Dumin, M. 1986.access to occupations through social ties [J]. Social Networks, 8: 365-385.

Lin, M. Q. Kuo, J. H. 2006. The influence of social capital on cluster-based knowledge sharing and value creation: An empirical analysis of the hsinchu science-based industrial park in taiwan [J]. 辅仁管理评论, 13 (3): 1-38.

Lin Yi. 2005. Muslim narratives of schooling, social mobility and cultural difference: A case study in multi-ethnic northwest China [J]. Japanese Journal of Political Science, 6 (1): 1-28.

Lippman S A, Rumelt R P. 1982. Uncertain imitability: An analysis of interfirm differences in efficiency under competition [J]. Bell Journal of Economics, 13 (2): 418-438.

Liu T. 2010. Analysis on the impact factors of the peasant workers' returning to hometown to venture: Based on the survey of ganzhou area in jiangxi province [J]. Issues in Agricultural Economy.

Long C, Vickers M. 1995. Using core capabilities to create competitive advantage [J]. Organizational Dynamics, 24 (1): 7-22.

Lou Sirong. 2005. Flexibility and revenue management in supply chains [D]. The University of Texas at Dallas.

Luo J, Zu X F, Chen L, et al. 2012. Design of data sharing and exchange interface of telecom enterprise marketing management system [J]. Ieri Procedia, 2: 907-913.

Maloni M J, Benton W C. 1997. Supply chain partnerships: Opportunities for operations research [J]. European Journal of Operational Research, 101 (3): 419-429.

Thomas W. Y. Man, Theresa Lau, Ed Snape. 2008. Entrepreneurial competencies and the performance of small and medium enterprises: An investigation through a framework of competitiveness [J]. Journal of Small Business & Entrepreneurship, 21 (3): 257-276.

Ma H. 2000. Of competitive advantage: kinetic and positional [J]. Business Horizons, 43: 53-64As the access to this document is restricted, you may want to look for a different version under "Related research" (further below) orfor a different version of it.

Mattsson L G, Johanson J. 2006. Discovering market networks [J]. European Journal of Marketing, 40 (3-4): 259-274 (16).

Man, Thomas W Y. 2002. Entrepreneurial competencies and the performance of small and medium enterprises in the hong kong services sector (china) [D]. Hong

Kong polytechnic (people's republic of china).

Man T W Y, Lau T, Chan K F. 2002. The competitiveness of small and medium enterprises: A conceptualization with focus on entrepreneurial competencies [J]. Journal of Business Venturing, 17 (2): 123−142.

Manolova S., Manev M., Gyoshev S. 2010. In good company: The role of personal and inter-firm networks for new-venture internationalization in a transition economy [J]. Journal of World Business, 45 (3): 257−265.

Man T W Y, Lau T. 2005. The context of entrepreneurship in Hong Kong: An investigation through the patterns of entrepreneurial competencies in contrasting industrial environments [J]. Journal of Small Business & Enterprise Development, 12 (4): 464−481 (18).

Mcclelland J D. 1961. A plastic flow model of hot pressing [J]. Journal of the American Ceramic Society, 44 (10): 526−526.

Mcelwee G. 2005. The enterprising farmer: a review of entrepreneurship in agriculture [J]. Journal of the Royal Agricultural Society of England.

Mitchell, K. A. R. 1969. Use of outer dorbitals in bonding. Chemical Reviews [J], 69 (2): 157−178.

Boissevain J, Mitchell J C. 1973. Network analysis: studies in human interaction [M]. Mouton.

Mizruchi M S. 1994. Social network analysis: recent achievements and current controversiessocial network analysis: recent achievements and current controversies [J]. Acta Sociologica, (4): 329−343.

March, J. G. 1991. Exploration and exploitation in organizational learning [J]. Organization Science, 2: 71−87.

Miles, R. E., & Snow, C. C. 1992. Causes of failure in network organizations [J]. California Management Review, 34 (4): 53−72.

Miles P., Munilla S., Darroch J. 2009. Sustainable corporate entrepreneurship [J]. Int Entrep Manag Journal, 5: 65−76.

Miller R W. 1983. Automated support for maintenance management in high technology industry [J]. Industry Applications IEEE Transactions on, ia−19 (4): 527−533.

Möller K K, Halinen A. 1999. Business relationships and networks: : managerial challenge of network era [J]. Industrial Marketing Management, 28 (99): 413−427.

Milgram S.1976.The small wold problem[J].Psychology Today,32(2):425−443.

Nahapiet, J., Ghoshal, S. 1998. Social capital, intellectual capital, and the organizational advantage.academy of management review[J]. Academy of Management Review, 23 (2).

Nahapiet, J., & Ghoshal, S. 1997. Social capital, intellectual capital and the creation of value in firms [D]. Academy of Management Best Papers Proceedings.

Newbert, S. L. 2008. Value, rareness, competitive advantage and performance: a conceptual-level empirical investigation of the resource-based view of the firm [J]. Strat. Mgmt. J., 29: 745−768.

Newbert S., Tornikoski T. 2012, Supporter networks and network growth: A contingency model of organizational emergence [J]. Small Business Economics, 39 (1): 141−159.

Oliver, W. 1990. Encoding stable memory traces in neural network models [J]. Bulletin of the Psychonomic Society.

Ouchi W G. 1980. Markets, bureaucracies, and clans [J]. Administrative Science Quarterly, 25 (1): 129−141.

Penrose, E. 1959. The Theory of the Growth of the Firm [M]. Oxford: Blackwell,.

Peteraf, M. A. 1993. The cornerstones of competitive advantage: A resources-based view [J]. Strategic Management Journal, 14: 179−191.

Peteraf M A. 1994. Pricing and performance in monopoly airline markets. [J]. Journal of Law & Economics, 37 (1): 193−213.

Perry-Smith J E. 2006. Social yet creative: the role of social relationships in facilitating individual creativity [J]. Academy of Management Journal, 49 (1): 85−101.

Perry-Smith J E, Shalley C E. 2003. The social side of creativity: a static and dynamic social network perspective [J]. Academy of Management Review, 28 (1): 89−106.

Pfeffer J, Salancik G R. 1978. The external control of organizations: a resource dependence perspective [J]. Social Science Electronic Publishing, 4 (2).

Philip M. Podsakoff, Dennis W. Organ. 1986. Self-report in organizational research: problems and prospects [J]. Journal of Management, 12: 531−544.

Politis, Diamanto. 2005. The process of entrepreneurial learning: a conceptual framework [J]. Entrepreneurship Theory & Practice 29 (4): 399−424.

Porter M E. 1985. Competitive advantage: creating and sustaining superior performance [J]. Competitive Advantage Creating & Sustaining Superior Performance, (1): 94.

Porter M E. 1980. Competitive strategy: techniques for analyzing industries and competitors [J]. Social Science Electronic Publishing, (2): 86−87.

Portes, A. 1998. The two meanings of social capital [J]. Sociological Forum, 15 (1): 1−12

Portes A, Sensenbrenner J. 1993. Embeddedness and immigration: notes on the social determinants of economic action [J]. New Institutionalism in Sociology, 98 (6): 1320−1350.

Porter, M. E.and M. B. Fuller. 1986. Coalitions and global strategy [C] //M. E. Porter (ed.), Competition in global industries [M]. Harvard Business School Press, Boston: 315−343.

Powell, W. W. 1990. Neither market nor hierarchy: Network forms of organization [J]. Research in Organizational Behavior, 12 (12): 295−336.

Powell, Thomas C. 2011. Competitive advantage: logical and philosophical considerations [J]. Strategic Management Journal, 22 (9): 875−888.

Powell W W, Koput K W, Smith-Doerr L. 1996. Interorganizational collaboration and the locus of innovation: networks of learning in biotechnology [J]. Administrative Science Quarterly, 41: 116−145.

Powell, Thomas C. 2001. Competitive advantage: logical and philosophical considerations [J]. Strategic Management Journal, 22 (9): 875−888.

Prahalad C. K, Hamel Gary. 1994. Strategy as a field of study: Why search for a new paradigm? [J]. Strategic Management Journal, 15 (Supplement S2): 5−16.

Priyanto S H, Sandjojo I. 2005. Relationship between entrepreneurial learning, entrepreneurial competencies and venture success: empirical study on SMEs [J]. International Journal of Entrepreneurship & Innovation Management, 5 (5): 454−468.

Putnam, R. D. 2000. Bowling alone: The collapse and revival of American community [M]. New York: Simon and Schuster.

Putnam R. D. 2002. Community-based social capital and educational performance [C] //making good citizens: education and civil society [M]. New Haven: Yale University Press.

Putnam R D. 1995. Bowling alone: America's declining social capital [J]. Journal of Democracy, 6 (1): 65-78.

Putnam, R. 1993. Making Democracy Work: Civic Tradition in Modern Italy [M]. Princeton University Press. Princeton.

Ramachandran K, Ramnarayan S. 1993. Entrepreneurial orientation and networking: Some Indian evidence [J]. Journal of Business Venturing, 8 (6): 513-524.

D' Aveni R A, Gunther R. 1994. Hypercompetition managing the dynamics of strategic maneuvering [J]. Das Summa Summarum Des Management, 21 (1): 83-93.

Pieterse, D. Knippenberg, W. Ginkel E., 2011. Diversity in goal orientation, team reflexivity, and team performance [J]. Organizational Behavior and Human Decision Processes, 114 (2): 153-164.

Rumelt R P. 1984. Toward a strategic theory of the firm [C]. In R. B. Lamb (ed.), Competitive Strategic Management. Prentice-Hall, Englewood Cliffs, NJ: 556-570.

Ritter T. 2006. The networking company: antecedents for coping with relationships and networks effectively [J]. Industrial Marketing Management, 28 (5): 467-479.

Roger, P. R. 1983. Gastropod chemoreception [J]. Biological Reviews, 58 (2): 293-319.

Portes A, Sensenbrenner J. 1993. Embeddedness and immigration: notes on the social determinants of economic action [J]. New Institutionalism in Sociology, 98 (6): 1320-1350.

Rodney R., Ge B., Dong B., Swinney J. 2012. Entrepreneurial orientation in cross-cultural research: assessing measurement invariance in the construct [J]. Entrepreneurship Theory & Practice. (4): 1-18.

Roininen S, Parida V, Westerberg M, et al. Network relationships for entrepreneurial orientation and growth: an empirical study of new ventures and small firms (summary) [J]. Frontiers of Entrepreneurship Research, 2010.

Rosenthal E. 1997. Social networks and team performance [J]. Team Performance Management An International Journal, 3 (4): 288−294.

Rowley Tim, Behrens Dean, Krackhardt David. 2000. Redundant governance structures: an analysis of structural and relationalembeddedness in the steel and semi-conductor industries [J]. Strategic Management Journal, 21 (3): 369−386.

Sasovova Z., Mehra A., Borgatti S. P., Schippers M. C. 2010. Network churn: The effects of self-monitoring personality on brokerage dynamics [J]. Administrative Science Quarterly, 55 (4): 639−670.

Selznick, P. 1959. Leadership in administration: A sociological perspective [M]. New York: Harper & Row.

Salancik G R, Pfeffer J. 1978. Uncertainty, secrecy, and the choice of similar others [J]. Social Psychology, (3): 246−255.

Sandberg A, Lansner A. 2002. Synaptic depression as an intrinsic driver of reinstatement dynamics in an attractor network [J]. Neurocomputing, 44 (02): 615−622.

Schulte, Daniel W, Jr. 1999. The effect of international corporate strategies and information and communication technologies on competitive advantage and firm performance: An exploratory study of the International Engineering, Procurement and Construction (IEPC) industry. [D]. The George Washington University.

Schumpeter, J. A. 1934. The Theory of economic development: An inquiry into profits, capital, credit, interest, and the business cycle [J]. Social Science Electronic Publishing, 25 (1): 90−91.

Shane, G. 2000. The commercialization of information infrastructure as technological mediation: The internet access market [J]. Information Systems Frontiers, 1 (4): 329−348 (20).

Shane S, Locke E A, Collins C J. 2003. Entrepreneurial motivation [J]. Human Resource Management Review, 13 (2): 257−279.

Sherif K, Hoffman J, Thomas B. 2006. Can technology build organizational social capital: the case of a global IT consulting firm [J]. Information & Management, 43 (7): 795−804.

Shrader Rod, Siegel Donald S. 2007. Assessing the relationship between human capital and firm performance: Evidence from technology-based new ventures [J].

Entrepreneurship Theory & Practice, 31 (6): 893−908.

Simons, Robert. 1991. Strategic orientation and top management attention to control systems [J]. Strategic Management Journal, 12 (1): 49−62.

Siu W and Bao Q. 2008. Network strategies of small Chinese high-technology firms: A qualitative study [J]. Journal of Product Innovation Management, 25 (1): 79−102.

Slotte-Kock, S.and Coviello N. 2010. Entrepreneurship research on network processes: a review and ways forward [J]. Entrepreneurship theory and practice, 34 (1): 31−57.

Smith A, Lohrke T. 2008. Entrepreneurial network development: Trusting in the process [J]. Journal of Business Research, 61 (4): 315−322.

Smith, J. M. Anagnostakis, K. Ioannidis, S. 2001. Practical network applications on a lightweight active management environment [J]. A Proceedings of the IFIP-TC6 Third International Working Conference on Active Networks, 2207: 101−115. Springer−Verlag.

Smith K G, Christopher J Clark. 2005. Existing knowledge, knowledge creation capability, and the rate of new product introduction in high-technology firms [J]. The Academy of Management Journal, 48 (2): 346−357.

Smirnova M, Naudé P, Henneberg S C, et al. 2011. The impact of market orientation on the development of relational capabilities and performance outcomes: The case of Russian industrial firms [J]. Industrial Marketing Management, 40 (1): 44−53.

Sorenson R., Folker A., Brigham, H. 2008. The collaborative network orientation: achieving business success through collaborative relationships [J]. Entrepreneurship Theory and Practice, (Jul.): 615−634.

Sorenson O, Stuart T E. 2008. Entrepreneurship: a field of dreams? The Academy of Management Annals, 2 (1): 517−543.

Sorenson Ritch L, Folker Cathleen A, Brigham Keith H. 2008. The collaborative network orientation: Achieving business success through collaborative relationships [J]. Entrepreneurship Theory & Practice, 32 (4): 615−634.

Stanton-Salazar R D, Spina S U. 2000. The network orientations of highly resilient urban minority youth: A network-analytic account of minority socialization and its educational implications [J]. Urban Review, 32 (3): 227−261.

Stalk G. 1992. Time and innovation [J]. Canadian Business Review.

Strauss, L.and Corbin, J. 1998. Basics of qualitative research: grounded theory procedures and techniques [J]. Newbury Park, CA: Sage.

Szulanski, G. 1996. Exploring internal stickiness: Impediments to the transfer of best practice within the firm [J]. Strategic Management Journal, 17 (Winter Special Issue (17): 27−43.

Teece, D.J.2008.Explicating dynamic capabilities: the nature and microfoundations of (sustainable) enterprise performance [J]. Strategic Management Journal, 28 (13): 1319−1350.

Teece D, Pisano G. 1994. The dynamic capabilities of firms: an introduction [J]. Industrial and corporate change, 15 (4): 231−249.

Teece, D. J., Pisano, G.and Schuen, A. 1997. Dynamic capabilities and strategic management [J]. Strategic Management Journal, 18: 509−533.

Tidd, Joseph, Bessant, J. R, Pavitt K. 1997. Managing innovation: integrating technological, market and organizational change [M]. Wiley, 369−370.

Thomas, C. Y. 1996. Capital Markets, Financial Markets and Social Capital (An Essay on Economic Theory and Economic Ideas)[J].Social and Economic Studies, 45 (2−3): 1−23.

Tidd, Joseph, Bessant, J. R, Pavitt K. 1997. Managing innovation: integrating technological, market and organizational change [M]. Wiley, 369−370.

Trevelyan R. 2009. Entrepreneurial attitudes and action in new venture development [J]. International Journal of Entrepreneurship and Innovation, 10 (1): 21−32.

Tolsdorf, C. C. 1976. Social networks, support and coping: An exploratory study [J]. Family Process, 15: 407−418.

Tsai, W. Ghoshal, S. 1998. Social Capital and Value Creation: The Role of Intrafirm Networks [J]. Academy of Management Journal, 41 (4): 464−476.

Ucbasaran D and Westhead P, Wright M. 2001. The focus of entrepreneurial research: Contextual and process issue [J]. Entrepreneurship Theory and Practice, 25 (5): 57−80.

Ulrich, D., & Barney, J. B. 1984. Perspectives in organizations: resource dependence, efficiency, and population [J]. Academy of Management Review, 9 (3): 471-481.

Uzzi B, Uzzi B. 1997. Social structure and competition in interfirm networks: the paradox of embeddedness [C] // Administrative Science Quarterly: 35-67.

Victor A. 2005. Bringing the firm back in: firm-specific characteristics and the relationship between network position and performance[J]. Doctoral paper of University of Toronto.

Vogel, Myles A. 2005. Leveraging information technology competencies and capabilities for a competitive advantage. [D]. University of Maryland.

Walker K N, Macbride A, Vachon M L S. 1977. Social support networks and the crisis of bereavement [J]. Social Science & Medicine, 11 (1): 35-41.

Wang, S. 2004. An analysis of high tech enterprises development in national high tech districts. China Technology Industries, 7: 28-31.

Watson, J. 2007. Modeling the relationship between networking and firm performance [J]. Journal of Business Venturing, 22 (6): 852-874.

Weerawardena, J., & Mavondo, F. 2011. Capabilities, innovation and competitive advantage [J]. Industrial Marketing Management, 40: 1220-1223.

Weng, W. 2009. Performance measurement in the University of Twente: student perspective [J]. University of Twente Student Theses.

Welter F. 2012. All you need is trust? A critical review of the trust and entrepreneurship literature [J]. International Small Business Journal, 30 (3): 193-212.

Wernerfelt B. 1984. A resource   based view of the firm[J]. Strategic Management Journal, 5 (2): 171-180.

West, G. P. Bamford, C. E. & Marsden, J. W. 2008. Constraining entrepreneurial economic development in emerging latin american economies: Application and extensions of resource-based theory [J]. Entrepreneurship Theory and Practice, 32 (1): 15-36.

Wetzels, S., Kester, L., Van Merriboer J. G. 2011. Adapting prior knowledge activation: mobilisation, perspective taking and learners' prior knowledge [J]. Computers in Human Behavior, 27 (1): 16-21.

William S. 1999. The effect of international corporate strategies and information and communication technologies on competitive advantage and firm performance: an exploratory study of the international engineering, procurement and construction industry [D]. Doctoral dissertation of George Washington University.

Williams C., Lee S. 2009. Resource allocations, knowledge network characteristics and entrepreneurial orientation of multinational corporations [J]. Journal of Small Business Management, 38 (8): 1376−1387.

Wincent J, Thorgren S, Anokhin S. 2014. Entrepreneurial orientation and network board diversity in network organizations [J]. Journal of Business Venturing, 29 (2): 327−344.

Wincent J, Thorgren S, Anokhin S. 2014. Entrepreneurial orientation and network board diversity in network organizations [J]. Journal of Business Venturing, 29 (2): 327−344.

Williamson, O. E. 1975. Markets and hierarchies: Analysis and antitrust implications (A study in the economics of internal organization) [J]. Social Science Electronic Publishing.

Williamson, O. E. 1991. Comparative economic organization: The analysis of discrete structural alternatives [J]. Administrative Science Quarterly, 36(2): 269−296.

Williamson, Oliver E. 1991. Strategizing, economizing, and economic organization [J]. Strategic Management Journal, 12 (S2): 75−94.

Wong, K. Y. M., & Ho, C. 1994. Attractor properties of dynamical systems: neural network models [J]. Journal of Physics A Mathematical General, 27 (15): 5167−5185.

Wong S K. 1998. Multidimensional influences of family environment in education: The case of socialist czechoslovakia [J]. Sociology of Education, 71 (1): 1−22.

Wu, L. 2010. Applicability of the resource-based and dynamic-capability views under environmental volatility [J]. Journal of Business Research, 63 (1): 27−31.

Woiceshyn J, Daellenbach U. 2005. Integrative capability and technology adoption: evidence from oil firms [J]. Industrial & Corporate Change, 14 (2): 307−342.

Wu, L. Wang, C. Tseng C., Wu M. 2009. Founding team and start-up competitive advantage [J]. Management Decision, 47 (2): 345−358.

Wu W Y, Tsai H J. 2005. Impact of social capital and business operation mode on intellectual capital and knowledge management [J]. International Journal of Technology Management, 30 (1-2): 147-171.

Shu-Chen Yang, Cheng-Kiang Farn. 2006. An investigation of knowledge sharing from a social capital perspective: How social capital and growth needs affect tacit knowledge acquisition and individual satisfaction [J]. Journal of Management, 23 (4): 425-436.

Kuo-Shu Yang. 1981. Social orientation and individual modernity among chinese students in taiwan [J]. Journal of Social Psychology, 113 (2): 159-170.

Yli-Renko, H., Autio, E.and Tontti, V. 2000. Social capital, knowledge, and the international growth of technology based new firms, helsinki university of technology [D]. Institute of Strategy and International Business, Working Paper Series, 4.

Yli Renko Helena, Autio Erkko, Sapienza Harry J. 2001. Social capital, knowledge acquisition, and knowledge exploitation in young technology-based firms [J]. Strategic Management Journal, 22 (6-7): 587-613.

Yoshie M. 2011. The role of reflective practices in building social capital in organizations from an hrd perspective [J]. Human Resource Development Review, 10 (2): 222-245.

Yu D, Duan W. 2012. Regional soft environment, entrepreneurial competence, and SME performance [J]. Science Research Management.

Zahra, S. A.and George, G. 2002. Absorptive capacity: a review, reconceptualization, and extension [J]. Academy of Management Review, 27 (2): 185-203.

Zahra Shaker A, Yavuz R. Isil, Ucbasaran Deniz. 2006. How much do you trust me? The dark side of relational trust in new business creation in established companies [J]. Entrepreneurship Theory & Practice, 30 (4): 541-559.

Zahra S A, Garvis D M. 2000. International corporate entrepreneurship and firm performance: The moderating effect of international environmental hostility[J]. General Information, 15 (5): 469-492.

Zhang J., Souitaris V., Soh P., Wong P. 2008. A contingent model of network utilization in early financing of technology ventures [J]. Entrepreneurship Theory and Practice, 32 (4): 593-613.

Zhao L., Aram J D. 1995. Networking and growth of young technology-intensive ventures in China [J]. Journal of Business Venturing, 11 (10): 349−370.

Zhou, K., Li, B. 2010. How strategic orientations influence the building of dynamic capability in emerging economies [J]. Journal of Business Research, 63 (3): 224−231.

Zikmund, W. G. 2002. Business research methods (7th Edition) [M]. Mason, Ohio: Thompson Learning/South-Western.

Zollo, M., Winter, S. 2002. Deliberate learning and the evolution of dynamic capabilities [J]. Organization Science, 13 (3): 339−351.

Zott, C., Huy, Q. N. 2007. How entrepreneurs use symbolic management to acquire resources [J]. Administrative Science Quarterly, 52 (1): 70−105.

附　录

附录1　调研访谈提纲

访谈之前说明访谈目的：解释如何使用所收集的资料，并说明保密情况。希望对方能够合作，认真提供信息。

访谈顺序：先介绍企业的情况，再介绍企业对构建网络联系的想法以及目前企业网络关系的发展情况，接着是企业的竞争优势，最后是企业的创业能力开拓情况。

第一部分　企业基本情况

1. 能否描述一下贵公司的基本情况？

　　内容：贵公司的产品或服务？

　　　　　贵公司的市场网络在哪里？

　　　　　贵公司创建以来，其发展态势如何？

　　　　　贵公司大致的发展阶段如何？

2. 简要描述企业的发展目标？

　　内容：贵公司近期的目标是什么？（现金流、市场份额等）

　　　　　贵公司将来的发展方向如何？

　　　　　贵公司具体的运营规划如何？

第二部分　企业的外部联系情况

1. 请总体上简要介绍一下公司创建网络联系时的考虑？

2. 请简要介绍一下公司与外部联系或者主要伙伴的合作情况？这种联系对企业各项能力（具体哪方面的能力由被试者决定）的影响？

3. 请简要介绍一下对于网络联系企业所关注的焦点主要是哪几个方面？这种关注对企业各项能力的影响或者对企业运营管理的作用或借鉴？

4. 您将如何规划您公司的外部联系？如何建立与其他企业的战略联盟？

第三部分　企业的竞争优势

1. 就贵企业目前的状况，您认为公司的主要优势体现在哪些方面？

　　提醒：产品、服务、质量、技术、成本等，或者您认为重要的其他方面。

2. 与竞争对手相比，您认为您的企业有竞争力吗？

　　内容：有竞争力，是如何获得的？表现在哪些方面？

　　　　　为什么没有？

　　　　　是什么因素导致了贵公司具有/没有这种竞争力？

　　　　　与其他公司相比，贵公司是如何做到与众不同的？

　　　　　您认为影响企业竞争力/竞争优势的主要原因是什么？

3. 在提升公司竞争力方面，您有何建议？

第四部分　企业能力的发展

前提：介绍企业的创业能力的内涵，以便管理人员理解创业能力的含义。

1. 您认为贵公司的创业能力与对手相比如何？

　　内容：2个方面，机会能力如何、运营管理能力如何？

2. 公司采取了何种措施来对外部机会进行有效地适应与回应？

3. 公司采取了何种措施来提升机会能力？

4. 公司采取了何种措施来加强运营管理能力？

附录2 新创企业竞争优势调查问卷

_____女士/先生钧鉴：

您好！这是为完成国家自然科学基金项目和吉林大学平台基地项目（编号：71202063 和 2014PT012T）而设计的一份调查问卷，目的在于了解企业的网络导向、创业能力与竞争优势的关系，以此指导我国新创企业的网络构建，促进企业的成长以及企业竞争优势的持续性改进，为促进企业增强竞争力、参与国际竞争服务。感谢您在百忙之中惠赐宝贵意见，以完成这份重要的问卷。学术研究应当以实践为基础，源于实践并指导实践，这样才能发现其应用价值！

本次调研的最终研究成果将与企业共享，争取使企业受益。我们对您的真诚合作致以衷心的感谢。我们郑重承诺，您所填写的所有内容均只用于纯粹的学术研究，并严格保密，绝不对外公开，若违反我们愿承担法律责任。请您仔细阅读问题及说明后做出选择。

恭祝

商祺！！

吉林大学创业研究中心

创业研究课题组

若您有任何问题，请致电：

董保宝 博士

电话：xxxxxxxxxxxx

电邮：markruby@126.com

地址：吉林省长春市人民大街 5988 号吉林大学南岭校区管理学院

问卷编号：_____

一、问卷

请您详细阅读以下内容并根据贵企业的实际情况在与数字对应的圆圈中划"√"。"1"表示您完全不同意这种说法，"2"表示您不同意此观点，"3"表示一般，"4"表示您同意此观点，"5"表示您完全同意这种说法。

1. 企业在竞争优势方面的表现

		完全不同意 ←同意程度→ 完全同意				
	企业竞争优势就是在竞争过程中,企业相对于其他企业获得目的性资源所表现出来的优越性状态,即企业竞争优势就是指一个企业在向消费者提供具有某种价值的产品或服务的过程中所表现出来的超越或胜过其他竞争对手并且能够在一定时期之内创造超额利润或获取高于所在行业平均盈利率水平的属性或能力。	1	2	3	4	5
CA1	企业以较低于其他竞争者的生产成本获得较高的利益和价值	○	○	○	○	○
CA2	与行业竞争对手相比,企业的多元化的发展,能提供更多选择的产品和服务	○	○	○	○	○
CA3	与行业竞争对手相比,企业提供的产品和服务能够满足客户的特定需求	○	○	○	○	○
CA4	与行业竞争对手相比,企业能提高性能高、稳定性强、持久性以及优美外观的产品	○	○	○	○	○
CA5	与行业竞争对手相比,企业能够快速响应客户的需求变更	○	○	○	○	○
CA6	与行业竞争对手相比,企业能够缩短反应、生产和回应时间,并创造更多价值	○	○	○	○	○

2. 企业在网络导向方面的表现

		完全不同意 ←同意程度→ 完全同意				
	网络导向主要研究企业与网络中其他成员建立连接的态度和期望。	1	2	3	4	5

(1)网络合作性

NCO1	企业内部经常交换准确的信息以解决问题	○	○	○	○	○
NCO2	企业内部经常互相说出各自的想法,以促进问题能以最优的方式解决	○	○	○	○	○
NCO3	企业内部经常一起工作,以更好地认识存在的问题	○	○	○	○	○
NCO4	企业经常与外部联系主体交流以认识自身的不足	○	○	○	○	○
NCO5	企业经常与外部联系主体交流以识别有价值的机会	○	○	○	○	○
NCO6	企业经常与外部联系主体交流以互换所需的资源	○	○	○	○	○

		完全 不同意		同意程度		完全 同意

网络导向主要研究企业与网络中其他成员建立连接的态度和期望。

		完全不同意 1	2	同意程度 3	4	完全同意 5
（2）网络关注度						
NFO1	企业经常从外部关系方取得信息资讯	○	○	○	○	○
NFO2	企业很重视从外部关系方获得的相关意见或建议	○	○	○	○	○
NFO3	企业经常吸收采纳外部关系方所关注的问题及想法	○	○	○	○	○
NFO4	企业很重视自身所参与的网络范围	○	○	○	○	○
NFO5	企业很重视与网络成员之间的联系紧密度	○	○	○	○	○
（3）网络开放性						
NOP1	企业内部沟通氛围宽松,管理非常灵活并且去集权化	○	○	○	○	○
NOP2	企业鼓励职工积极参与内部管理	○	○	○	○	○
NOP3	企业经常对员工所关注的问题和想法进行评估	○	○	○	○	○
NOP4	企业内部关系非常人性化,成员能够畅所欲言	○	○	○	○	○
NOP5	企业内部经常进行团队沟通,一致性程度较高	○	○	○	○	○
NOP6	企业内部能够及时有效率地互相反馈信息	○	○	○	○	○

3. 企业创业能力的表现状态

创业能力是感知、发现和开发机会以及运营管理新企业、构建组织能力并获取企业成长而具备的能力。

		完全不同意 1	2	同意程度 3	4	完全同意 5
（1）机会能力						
OPC1	本企业能够准确感知和识别到消费者没有被满足的需要	○	○	○	○	○
OPC2	本企业能够花费大量的时间和精力去寻找可以给消费者带来真正有价值的产品或服务	○	○	○	○	○
OPC3	本企业能够捕获到高质量的商业机会	○	○	○	○	○
OPC4	本企业擅长于开发新创意	○	○	○	○	○
OPC5	本企业擅长于开发新产品和服务	○	○	○	○	○
OPC6	本企业擅长于发现新的市场区域	○	○	○	○	○
OPC7	本企业擅长于开发新的生产、营销和管理方法	○	○	○	○	○

创业能力是感知、发现和开发机会以及运营管理新企业、构建组织能力并获取企业成长而具备的能力。	完全 不同意 1	同意程度 2	3	完全 同意 4	5

（2）运营管理能力

OMC1	本企业能够领导和激励员工达到目标	○	○	○	○	○
OMC2	本企业能够合理地将权力与责任委派给有能力的下属	○	○	○	○	○
OMC3	本企业能够制定合理的规章制度来规范员工的工作	○	○	○	○	○
OMC4	本企业能够保持组织顺畅的运作	○	○	○	○	○
OMC5	本企业能够及时调整目标和经营思路	○	○	○	○	○
OMC6	本企业能够快速地重新组合资源以适应环境的变化	○	○	○	○	○
OMC7	本企业能够制定适宜的战略目标与计划	○	○	○	○	○
OMC8	本企业能够组织内部不断地学习，实现资源共享	○	○	○	○	○
OMC9	本企业拥有较强的柔性，能够适应市场的变化	○	○	○	○	○

二、基本情况

1. 您的年龄：①20～30岁　②30～40岁　③40～50岁　④50岁以上
2. 您的最高学历：
   ①研究生及以上　②本科　③大专　④高中或中专　⑤初中及以下
3. 您的职务：①总裁　②董事长　③总经理　④财务总监　⑤运营总监
4. 您所属的部门：＿＿＿＿＿＿＿＿＿＿
5. 您所属城市/区域：＿＿＿＿＿＿＿＿＿
6. 您所属企业的类别：①高科技企业　　②传统企业
7. 企业成立时间：
8. 企业股权性质：
   ①个人独资　②民营企业　③私营企业　④外商独资企业
9. 企业人数：本企业人数大约为＿＿＿＿＿人
10. 是否家族企业：①是　②否

个人信息（若方便，请填写）：

电话：＿＿＿＿＿＿＿　　电子邮件：＿＿＿＿＿＿＿＿＿

您对新创企业提升竞争优势的看法或建议：＿＿＿＿＿＿＿

感谢您的参与，若要共享研究成果，请填写上述电子邮件或其他联系方式。

附录3　变量简写(缩写)表

中文表述	全称	简写
网络导向	Network Orientation	NO
网络合作性	Network Cooperation	NCO
网络关注度	Network Focus	NFO
网络开放性	Network Openness	NOP
创业能力	Entrepreneurial Capability	EC
机会能力	Opportunity Capability	OPC
运营管理能力	Operational and Management Capability	OMC
竞争优势	Competitive Advantage	CA

后　记

　　从 2007 年开始跟着葛宝山和蔡莉两位教授开始了对中国新创企业的研究，这期间也与国外的一些专家进行了沟通和交流。通过学术研讨和大量的文献阅读，我发现创业网络是一块值得研究但却并未得到很好开发的"试验田"，我感觉这个领域将"有所作为"，因而开始投入大量的时间和精力来关注它。同一年，我拜读了 Teece 等学者关于动态能力的文章，立刻对这一选题有了浓厚的兴趣，并将这个选题作为我的博士论文加以研究，且于 2010 年完成了我的博士论文《基于网络结构的动态能力与企业竞争优势关系研究》，此后在创业网络、组织能力以及竞争优势方面开展了大量研究。

　　在 2012 年，蔡莉教授主持的国家自然科学基金重点项目结题时，我对相关研究成果进行了梳理与分析，发现网络导向是一个全新的课题，课题组在这方面的研究成果并不多。这一课题极大地吸引了我的注意力，我依托创业网络的相关研究开始关注网络导向与组织能力的关系以及它们的关系对新创企业竞争优势的影响，并根据我对三者关系的理解申请了国家自然科学基金青年项目，很荣幸获批。

　　基于此项目，我开始了漫长的三年研究生涯。在这三年的研究过程中，我重新认识了资源基础观、网络观和能力观，以及网络导向和创业能力，发现将它们与竞争优势进行整合并不容易，如何整合更是难上加难。于是，我开始联系国外的著名学者寻求帮助，先后联系了德州大学 Rodney Runyan 教授、圣托马斯大学欧珀斯商学院 Ritch Sorenson 教授以及密歇根大学社会学系著名的 Mark Mizruchi 教授，让他们给我的研究框架提出意见。很荣幸，在邮件发出后的 10 天之内分别收到了来自德州和圣托马斯的回信，心情略有小激动。Sorenson 教授在网络导向方面为我的研究提出了诸多有益的意见，Runyan 教授在研究框架方面提出了许多宝贵意见。这些意见让我受益匪浅，也极大地鼓励我进一步深入挖掘网络导向、创业能力与竞争优势的关系。但是，一年多过去了，我给 Mizruchi 教授所发的 10 多封邮件都石沉大海，未收到他的反馈。然而，就在我来到美国的第五个月，也就是 2015 年 5 月 3 日，我在参加弗吉尼亚大学主办的一次创业研究会议上遇到了 Mark Mizruchi 教授，他当时正在组织一个 workshop 并发表专题演讲，其演讲的题目正好与我的研究息息相关。会后与 Mizruchi 教授进行了十多分钟的交流并做了录音，汲取了他的主要观点。我根据他们的指点开始整理零碎的研究，并利用国外图书馆的优势开始阅读大量的文献和书籍，努力找到相关证据和理论支撑。

在 2014 年 3 月，我形成了正式的调研问卷，并开始发放。截止到 6 月份，我收回了 300 多份问卷。通过对问卷的初步分析我发现这些数据可用，因此而有些沾沾自喜。在此基础上，我开始了这本专著的创作。有幸的是，我基于此课题发表了一些论文，这些论文对我的这本专著起到了很好的支撑作用。让我在写作的过程中游刃有余，轻松不少。

在专著即将完成之际，我非常感谢带我进入学术研究领域的两位导师：葛宝山和蔡莉老师。每次与两位老师研讨都让我受益匪浅，每次都让我有眼前一亮的感觉，两位老师是我的榜样和标杆，"榜样的力量的确是无穷的"！现在回忆专题研究的过程还是意犹未尽，虽然辛苦但却充满幸福感。专著的完成对我来说只是万里长征走完了第一步，我很高兴我终于创造出一份真正属于我自己的成果，当初过程的艰辛，现在都成了美味成熟的果实。很感谢同门师兄弟以及师妹的帮助，与他/她们观点、想法的冲突鼓励我去思考，也让我发现了一些重要的议题，更让我在争辩中去探求研究的内涵与意义，尽力践行"学以致用"。

我关注网络与能力已经 8 年了，这 8 年来我为此做了很多工作，写了很多论文，作为一个阶段性研究，虽然专著出版了，但研究并未停止，仍有不少问题还有待于深入探讨和研究。2015 年对于我来说是重要的一年，我将研究重心转移到了网络导向、网络响应能力、机会—资源一体化开发行为对竞争优势的影响方面，以深度探讨网络和能力的组合对创业行为以及新创企业竞争优势的深层次影响机理，并申请了国家自然科学基金面上项目，有幸获批。对我而言，这一研究远没有结束，我仍将继续努力，勇往直前，义无反顾。

路漫漫其修远兮，吾将上下而求索！

董保宝

2015 年 8 月 1 日于美国 ODU